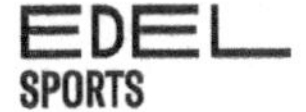

von **ALEX RAACK**
MIT MARIUS VON CYSEWSKI UND ALEXANDER SCHULTE

DIE JAHRTAUSEND TALENTE

WIE ZWEI JUNGE FUSSBALLER IHREN GROSSEN TRAUM LEBTEN

INHALTSVERZEICHNIS

PROLOG

Das alte Jahrtausend endet mit einem Versprechen: Im Oktober 1999 steht Sebastian Deisler vor seinem Debüt als deutscher Nationalspieler. Deisler gilt als eines der größten Fußballtalente der vergangenen Jahre. Im Sommer ist er für 4,5 Millionen Mark von Borussia Mönchengladbach zu Hertha BSC gewechselt. Ein Spielgestalter, ein begnadeter Techniker. Ein Sehnsuchtsfußballer. Und selten war die Sehnsucht nach Talenten in Deutschland so groß wie jetzt.

Ein Jahr zuvor, bei der Weltmeisterschaft 1998 in Frankreich, ist die DFB-Auswahl im Viertelfinale an Kroatien gescheitert. Den aufregenden Fußball haben andere Nationen gespielt: Brasilien, Dänemark, Holland – vor allem aber der Weltmeister Frankreich, dessen Triumph auch das Ergebnis einer intensiven Talentförderung ist.

Das jüngste Mitglied im deutschen Kader bei der Weltmeisterschaft war Jens Jeremies gewesen, 24 Jahre alt. Symbolfigur dieser in die Jahre gekommenen Auswahl ist Lothar Matthäus, geboren am 21. März 1961. Die Verantwortlichen im deutschen Fußball hatten sich von den Erfolgen der Vergangenheit und der Wiedervereinigung blenden lassen. Nach dem Sieg bei der WM 1990 hatte sich Teamchef Franz Beckenbauer auf der Pressekonferenz am eigenen Erfolg berauscht: „Wir sind jetzt die Nummer eins in der Welt. Wir sind schon lange die Nummer eins in Europa. Jetzt kommen die Spieler aus Ostdeutschland noch dazu. Ich glaube, dass die deutsche Mannschaft über Jahre hinaus nicht zu besiegen sein wird."

Zwar wurde Deutschland 1996 tatsächlich noch einmal Europameister, doch die Folgen der jahrelangen Überheblichkeit waren bereits deutlich sichtbar. Ein modernes Konzept zur Förderung des Nachwuchses wird von Experten seit Jahren gefordert, passiert ist so gut wie nichts. Ende des Jahrtausends ist das ganze System veraltet. Umso größer sind die Hoffnungen, die nun auf den schmalen Schultern von Sebastian Deisler ruhen.

Kurz vor seinem anstehenden Debüt in der Nationalelf muss der 19-Jährige bereits Vergleiche mit dem ehemaligen Weltfußballer Lothar Matthäus aushalten, der einige Monate nach Deislers Geburt seine ersten Spiele für Deutschland bestritt – und noch immer im DFB-Kader steht. Deisler scheint bereits zu ahnen, wie schwer es für ihn in den kommenden Jahren werden wird: „Die wollen aus mir einen Popstar machen. Dabei will ich nur ein guter Fußballer sein."

Vier Monate nach diesem Zitat spielt Deutschland vor 50 000 Zuschauern ein Freundschaftsspiel gegen Holland in Amsterdam. Beide Teams treten bei der anstehenden Europameisterschaft an, die Holländer als Gastgeber, die Deutschen in ihrer Rolle als ewige Turniermannschaft.

Wie weit die DFB-Auswahl allerdings von einem Titel entfernt ist, zeigt sich in den ersten 45 Minuten. Die Taktik von Trainer Erich Ribbeck stammt nicht nur aus dem letzten Jahrtausend, sie offenbart auch, wie wenig Möglichkeiten diese Nationalmannschaft eigentlich hat. Zur Halbzeit können die Deutschen froh sein, dass es nur 1 : 2 steht. All das, was Ribbecks Riege nicht zu bieten hat, zeigen die Gastgeber: Spielwitz, Raffinesse, Kreativität. Das Ergebnis einer langjährigen hochmodernen Jugendarbeit.

Dies ist die Situation, in der Sebastian Deisler sein Debüt feiert. In der zweiten Hälfte kommt er für den glücklosen Zoltan Sebescen. Die Niederlage kann auch er nicht mehr abwenden.

Das Ergebnis des Testspiels gegen Holland verstärkt die Diskussionen um die Nachwuchsarbeit in Deutschland. Karl-Heinz

Rummenigge orakelt düster: „In der Nachwuchsarbeit moniere ich seit Jahren extreme Mängel. Mit Rennen, Kämpfen und Kondition allein kann man heute nichts mehr gewinnen. Die Spanier, die Portugiesen, die Niederländer, die Engländer und Franzosen sind bei den Junioren rechts und links an uns vorbeigezogen."

Immerhin: Es bewegt sich was im deutschen Fußball. Der DFB denkt laut darüber nach, die Lizenzvergabe für die Bundesliga an entsprechend ausgestattete Jugendinternate zu knüpfen, so wie es in Frankreich bereits seit Jahren der Fall ist. Als Vorbild dient ausgerechnet ein Markenzeichen der untergegangenen DDR: das Modell der „Kinder- und Jugendsportschulen", kurz KJS. 19 der 22 Sportinternate existieren noch. Während man im wiedervereinigten Deutschland über dieses sportsozialistische Erbe jahrelang die Nase gerümpft hat, kopierte und modernisierte Holland das Modell. Nun, knapp ein Jahrzehnt nach dem Fall der Mauer, gelten Sportinternate plötzlich als Heilsbringer.

Mit viel Pomp eröffnet im Februar 2000, stellvertretend für viele andere Traditionsklubs der Bundesliga, der Hamburger SV sein neues Jugendleistungszentrum. HSV-Cheftrainer Frank Pagelsdorf zeigt sich begeistert: „Solche Bedingungen hätte ich als jugendlicher Spieler auch gerne gehabt."

Im April 2000 werden in Frankfurt am Main die Weichen für die Zukunft des deutschen Fußballes gestellt: Vom 1. Juli 2001 an müssen Lizenzvereine Leistungszentren und qualifizierte Ausbilder für den Nachwuchs nachweisen, um die Lizenz zur Teilnahme am Spielbetrieb in der Ersten und Zweiten Bundesliga zu erhalten. „Das ist keine Revolution", sagt DFB-Teammanager Bernd Pfaff, „wir schließen nur zu anderen Ländern auf."

Ein weiteres Detail dieses längst überfälligen Konzeptes sieht vor, dass alle Klubs mindestens 60 Prozent der Förderverträge mit für Deutschland spielberechtigten Talenten abschließen müssen. Das Ziel ist klar: Mittelfristig soll damit auch das Leistungsniveau der Nationalmannschaft angehoben werden.

Kurzfristig ist der DFB-Auswahl nicht mehr zu helfen. Bei der Europameisterschaft schickt Deutschland eine Mannschaft ins Rennen, die im Schnitt 28,5 Jahre alt ist und von einem Trainer angeführt wird, über den Mittelfeldmann Carsten Ramelow später sagen wird: „Ich glaube schon, dass er Ahnung hatte. Aber das brachte er nicht rüber."

Der 23-jährige Michael Ballack und der 20-jährige Sebastian Deisler sind die einzigen jungen Hoffnungsträger in diesem Kader, doch auch sie können nicht verhindern, dass das Turnier zu einem Fiasko wird. Das Niveau dieser EM ist beeindruckend hoch, doch die Deutschen gehören zu den großen Verlierern und scheiden bereits in der Vorrunde aus.

Was noch schlimmer wiegt als der sportliche Misserfolg, ist die Art und Weise, wie sich die Spieler ihrem Schicksal ergeben. „Vier Jahre nach dem Triumph von Wembley", schreibt der *Spiegel*, „ist das deutsche Team am absoluten Tiefpunkt angekommen."

Nachdem der erste Schock überwunden ist, sucht das Land nach den Ursachen für das sportliche Desaster – und findet sie in der jahrzehntelang vernachlässigten Jugendarbeit. „Die Besten sind uns in dieser Hinsicht zehn Jahre voraus", analysiert der in der Realität angekommene Franz Beckenbauer. Berti Vogts fordert in einem Brandbrief in der *Welt am Sonntag* „ein totales Umdenken. Wir müssen – vor allem in der Nachwuchsförderung – völlig neue Wege gehen. Wir brauchen neue Strukturen, neue Arbeitsweisen und neue Philosophien, um unseren Fußball auf längere Sicht wieder dahin zu bringen, wo er einmal war."

Was hier zu Beginn des neuen Jahrtausends passiert, ist die Grundlage für den WM-Sieg 2014 und Fundament für all das, was in diesem Buch steht.

2011, elf Jahre nach dem Debüt von Sebastian Deisler, ist in der offiziellen Broschüre der Deutschen Fußball-Liga zu lesen: „Das Aus in der Vorrunde bei der EM 2000 war der Schlüsselmoment:

Zu Beginn des 21. Jahrhunderts stand der deutsche Fußball am Abgrund – es fehlte ihm jegliche professionelle Basis. Was folgte, war eine Revolution der Jugendarbeit."

Am 27. Januar 1999 kommt Alexander Schulte zur Welt. Ein Jahr später, am 5. Januar 2000, wird Marius von Cysewski geboren.

Dies ist die Geschichte zweier Jahrtausend-Talente.

OTTENDORF-OKRILLA

Als Alexander Schulte drei Jahre alt ist, schenken ihm seine Eltern einen Fußball und Markierungshütchen.

Das Wohnzimmer der Schultes in Ottendorf-Okrilla, einer 10 000-Einwohner-Gemeinde im Landkreis Bautzen, wird zum ersten Stadion im Leben des zukünftigen Nationalspielers. Stundenlang dribbelt er mit dem Ball um die Hütchen herum. Das gibt's doch gar nicht, denkt sich Vater Ralf und erkennt bald, dass in den kleinen Füßen seines Sohnes ein ganz besonderes Talent steckt. Sport liegt bei der Familie in den Genen: Schwester Larissa ist fünf Jahre älter und eine hochbegabte Schwimmerin. Auch ihr Bruder ist ein natürliches Bewegungstalent. Im Wendehammer, an dem die Doppelhaushälfte liegt, finden regelmäßig heiß umkämpfte Rollhockeywettkämpfe statt.

Dem Alex musstest du nur irgendein Spielgerät hinwerfen, und nach ein paar Minuten hatte der das drauf, erinnert sich Ralf Schulte.

Angelika und Ralf stammen aus dem Sauerland. Für Ralfs Studium ging das Paar nach München, 1995 kam hier Larissa zur Welt. Einige Jahre später zog es die Kleinfamilie nach Ottendorf-Okrilla, wo Ralf als selbstständiger Handelsvertreter tätig wird. Die Schultes wollen ihren Kindern eine heimelige Umgebung schaffen, dazu gehört auch die Möglichkeit, sich sportlich auszutoben. Zehn Minuten entfernt wartet ein Ascheplatz auf die Ausbildung der Stars von morgen. Der gemeinsame Gang dahin wird zum Ritual von Vater und Sohn. Immer mit dabei: Hütchen und Ball. Dribbeln und Abschluss, dribbeln und Abschluss. Alex wird nicht müde, der Ball sowieso nicht, und mit jeder Übungsstunde verschmelzen beide mehr zu einer Einheit.

Eine weitere Gewohnheit wird der morgendliche Wettbewerb auf dem Rasenstück zwischen Haustür und Gartenzaun. Tagessieger ist, wer zuerst drei Tore erzielt hat. Meistens gewinnt Alex. Er ist vier Jahre alt, als er sein erstes Probetraining absolviert. Für die Ausbildung seines Juniors kommen eigentlich nur zwei Vereine infrage. Der SC Borea Dresden, ein Klub, der für seine gute Jugendarbeit bekannt ist, und natürlich das Aushängeschild der Region, die SG Dynamo Dresden.

Anfang der Nullerjahre ist der achtfache Meister der DDR gerade dabei, sich von den Nackenschlägen der jüngeren Vergangenheit zu erholen. Bis 1995 hatte sich Dynamo in der Bundesliga halten können, wurde dann jedoch wegen finanzieller Versäumnisse mit dem Zwangsabstieg in die dritte Liga bestraft und stieg zur Jahrtausendwende gar in die Oberliga Nordost ab. Vier Jahre später, als die Schultes auf der Matte stehen, ist der Traditionsklub jedoch wieder zweitklassig und hat trotz der Berg-und-Tal-Fahrt nichts von seiner Anziehungskraft in der Region eingebüßt. Auch Alex war schon im Rudolf-Harbig-Stadion, hat die stürmische Leidenschaft der Dynamo-Fans erlebt, die bei dem fußballbegeisterten Jungen einen bleibenden Eindruck hinterließ. Einmal darf Alex als Einlaufkind mit auf den Rasen, sogar an der Hand von Publikumsliebling Joshua Kennedy, einem 1,94 m großen Australier mit langen

Haaren. An den Geruch von Kennedys Menthol-Kaugummi kann sich Alex bis heute erinnern.

Die Trainer von Borea Dresden würden Alex am liebsten gleich dabehalten. Doch Dynamo ist eben Dynamo, und deshalb entscheidet er sich schließlich für die Bambini der SGD. Es ist der Beginn einer jahrelangen Beziehung zwischen dem Ausnahmetalent und seinem Ausbildungsverein.

DIE HEIDE RENNT

Etwa ein Jahr später wird auch Marius von Cysewski erstmals bei einem Verein vorstellig. Der SV Heide Paderborn liegt nur zwei Fußminuten vom Haus der von Cysewskis entfernt. Das erste Vorspielen seines jungen Lebens endet für Marius mit einer Niederlage: Er sei zu klein, sagen die Übungsleiter. Kommen Sie doch noch mal in ein paar Monaten wieder. Marius heult wie ein Schlosshund. Aber ein paar Monate später ist er tatsächlich wieder da, und diesmal darf er bleiben. Die Tränen sind da längst vergessen.

Leyla von Cysewski ist geboren und aufgewachsen im türkischen Amasya, einer 100 000-Einwohner-Stadt in der nördlichen Schwarzmeerregion. Mit neun Jahren zog sie gemeinsam mit ihren Eltern nach Bottrop. Für eine Ausbildung zur Arzthelferin kam sie Jahre später nach Paderborn und lernte dort Theo kennen, einen Steuerberater mit eigener Kanzlei mitten in der Stadt. Zweieinhalb Jahre nach Marius' Geburt kommen die Zwillinge Lukas und Katharina zur Welt. Sie werden zu den ersten Bewunderern der Spielkunst ihres großen Bruders, der nur selten ohne Ball am Fuß anzutreffen ist. Bei den von Cysewskis geht es trotz der türkischen Wurzeln von Leyla ziemlich deutsch zu. Als sie ihrem Junior einmal versucht, ein paar

Brocken Türkisch beizubringen, reagiert der mit einer Heulattacke. Das Projekt Zweisprachigkeit wird abgeblasen.

Der Marius, sagt Alex Schulte, ist der größte Alman überhaupt.

Auf dem Weg zum Kindergarten oder zur Schule ist dieser Alman mit den dunklen Haaren Maradona, ohne Ball geht nichts. Zu Hause kämpft er tapfer für sein Recht, zumindest die erste Halbzeit von wichtigen Champions-League-Spielen im Fernsehen zu verfolgen. Das erste Lied, das er auswendig singen kann, ist der Klassiker „Die Elf vom Niederrhein", ein Liebeslied für Borussia Mönchengladbach. Ein Freund der Eltern hat es ihm beigebracht.

Der Fußball in Bundesliga und Königsklasse ist für Marius ein Mythos. So groß und so entfernt von seiner eigenen Realität in Paderborn, dass der Wunsch, irgendwann einmal Teil dieses Mythos zu werden, immer größer wird. Die ersten Schritte in diese Richtung macht er bei den Minikickern des SV Heide. Nach ein paar Trainingseinheiten und Spielen gesteht der Trainer den Eltern, dass er schon viele kleine Jungs trainiert habe, aber solch ein Talent wie Marius noch nie. Stolz beobachtet Vater Theo, wie sein Ältester, anders als dessen Mitspieler, beim Dribbeln den Kopf hebt und sich so eine Übersicht über das Spielfeld verschafft.

Die Sommerferien verbringt Marius in einer Fußballschule. Eine Woche lang Fußball jeden Tag, was für ein Fest! Zum Abschluss werden die Sieger in den Wettbewerben Elfmeterschießen, Torwandschießen und Dribbling-Parcours gekürt. Marius wird zweimal Erster und einmal Zweiter. Seinen Eltern ist das fast schon unangenehm. Ihr Sohn hat nur noch das Kicken im Kopf.

An die Erfolge ihres Nachwuchses müssen sich Leyla und Theo jedoch gewöhnen. Einen der größten Siege in seiner

Kindheit feiert Marius bei der im Vorfeld der Europameisterschaft 2008 ausgetragenen Paderborner „Mini-EM". Mit Team Portugal erreicht er das Finale gegen Team Russland und gewinnt spektakulär im Elfmeterschießen.

In meinem Team bist du Cristiano Ronaldo, lobt ihn der Trainer – ein größeres Kompliment kann es für einen fußballverrückten Jungen gar nicht geben.

Was das Turnier außerdem so außergewöhnlich macht: Vor so vielen Zuschauern hat Marius noch nie gespielt. Eine Erfahrung, die den Traum vom Profifußball noch verstärkt. Das Zeitungsfoto am nächsten Tag zeigt einen wilden Haufen jubelnder Kids in Portugal-Trikots und mit bunt angemalten Gesichtern.

Ein anderes Turnier findet in Ibbenbüren statt. Drei Tage Fußball mit Jugendmannschaften aus ganz Europa. Die Kinder übernachten auf Sportmatten in einer Turnhalle. Marius bekommt einen ersten Eindruck davon, was für eine Dynamik diese spezielle Mischung aus verschworener Gemeinschaft und Turniermodus haben kann – als jüngerer Jahrgang kegeln die Jungs ihre ein Jahr ältere E1 aus dem Wettbewerb und werden am Ende sensationell Zweiter. Was nicht nur an Marius liegt. Der 2000er-Jahrgang vom SV Heide ist ein goldener, mindestens vier Spieler ragen heraus, und als Heide ein Jahr später wieder in Ibbenbüren zu Gast ist, gewinnt die Mannschaft das Turnier souverän – mit 8 : 0 im Endspiel gegen die eigene Zweite.

Als Fußballer besitzt Marius eine beeindruckende Auffassungsgabe, ein in die Wiege gelegtes Talent. Er lernt wahnsinnig schnell. Nur nicht, wie man anständig verliert. Weil er bei Niederlagen regelmäßig anfängt zu weinen, scherzen seine Eltern schon, dass er auch Werbung für Taschentücher machen könne – und geben ihm gleichzeitig eine wichtige Lektion mit auf den Weg: Tränen sind erlaubt. Nur nicht, wenn der Ball noch rollt.

Das Prinzip der Auslese gehört zum Fußball wie das Tornetz und der Schiedsrichter. Die vermeintlich besten Spieler stehen auf dem Platz oder in der ersten Mannschaft, und wer besonders herausragt, der bekommt das schon früh in Form von Auswahleinladungen mitgeteilt. In Marius' Fall sogar sehr früh, denn als er erstmals für die E-Jugend-Auswahl im Kreis Paderborn nominiert wird, ist er eigentlich noch zwei Jahrgänge von dieser Kategorie entfernt. Doch selbst im Duell mit den talentiertesten Kickern aus dem Jahrgang 98 ragt er heraus. Seine Eltern sehen dies durchaus kritisch, sie wollen nicht, dass der Junge von düpierten Älteren zusammengetreten wird. Hinzu kommt, dass sich Theo und Leyla zwar schon viele Zukunftspläne für ihren Sohn ausgemalt haben, eine Tätigkeit als Berufsfußballer in diesen Gedankenspielen aber noch nicht vorkam.

Der hatte Köpfchen, sagt Leyla. Und noch ganz andere Qualitäten als bloß Fußball. Papa Theo ist es vor allem wichtig, den von allen Seiten in den Himmel gelobten Junior auf dem Boden der Tatsachen zu halten: Marius, denk daran, dass es immer jemanden geben wird, der besser ist als du, schärft er ihm regelmäßig ein. Ein Satz, den er auch noch dann wiederholen wird, als der Wechsel zu Borussia Dortmund bereits in trockenen Tüchern ist.

Marius' Eltern ist es wichtig, sich nicht zu sehr in das Hobby ihres Sohnes einzumischen. Sie wissen, dass zu einer vernünftigen Ausbildung in einem Mannschaftssport auch die Kommunikation zwischen Spielern und Trainer gehört und dass neugierige Eltern in einer Kabine nichts zu suchen haben. Weil Theo aber selbst mal Fußball gespielt hat und weil das schließlich sein Sohn ist, fragt er ihn nach jedem Spiel, ob er die Meinung des Vaters hören wolle. Meistens sagt Marius Ja.

„Alles, was ich im Leben über Moral oder Verpflichtungen des Menschen gelernt habe, verdanke ich dem Fußball", hat der Literaturnobelpreisträger (und Torwart!) Albert Camus mal gesagt, und Marius weiß ganz genau, was damit gemeint ist. Beim SV Heide bekommt er auf spielerische Art und Weise vermittelt, wie sich ein Mensch in der Gemeinschaft zu verhalten hat und dass die vermeintlich Stärkeren in der Pflicht sind, die vermeintlich Schwächeren unter ihre Fittiche zu nehmen. Im Spitzenfußball kann man diese Prinzipien schnell verlernen, aber bei all dem Geld, dem Glitzer und dem Glamour hat noch keine Fußballmannschaft dieser Welt Erfolg gehabt, ohne ein gewisses Maß an Moral und Verantwortungsgefühl an den Tag zu legen.

Marius ist ein sportlicher Überflieger. Einer, der das Spiel an sich reißt, den Rhythmus bestimmt wie ein routinierter Dirigent und schon in der E- und D-Jugend wunderschöne Torvorlagen gibt. Aber noch mehr reift er mit jedem Jahr zu einem immer besseren Mannschaftsspieler. Stellt sich die Frage, wie lange so ein Fußballer noch beim SV Heide bleiben wird.

EIN TOR FÜR DEN HUND

Kurz bevor Alex eingeschult wird, zieht Familie Schulte um und findet ein neues Zuhause im Dresdener Stadtteil Leutewitz. Larissa braucht nicht mehr im Internat des Sportgymnasiums zu wohnen und Alex nicht mehr 40 Minuten zum Training kutschiert zu werden. Vater Ralf, fußballbegeistert seit jeher, besitzt einen Trainerschein und coacht zunächst den Jahrgang 1997, Alex hat ihn schließlich in seinem letzten Jahr in der F-Jugend als Trainer an der Seite stehen. Keine leichte Aufgabe, denn nur allzu schnell läuft man in so einer Position Gefahr, den Vorwurf zu hören, den eigenen Nachwuchs zu bevorzugen. Ralf wählt die bestmögliche Option und wird fortan zum größten Unterstützer, aber auch schärfsten Kritiker seines Juniors. Dazu gehört auch eine klare Ansage: Wenn wir auf dem Platz stehen, bin ich dein Trainer. Wenn das Spiel vorbei ist, bin ich wieder dein Vater. Nur folgerichtig, dass Alex seinen Papa beim Fußball respektvoll mit „Trainer“ anspricht.

Tatsächlich könnte sich der Trainer Schulte kaum einen besseren Spieler vorstellen als seinen Sohn. Wenn Alex morgens aufwacht, überlegt er als Erstes, welchen Fuß er heute nehmen soll. Er ist nämlich beidfüßig, kann den Ball rechts wie links zigmal hochhalten. Neben sehr viel Talent besitzt er einen brennenden Ehrgeiz, der sich manchmal in Tränen der Wut, in der Regel aber in Toren und Pokalen zeigt. Sein erster individueller Preis – für den besten Spieler des Turniers – ist ein kleiner Becher. Im Laufe der Zeit wird die Vitrine im Kinderzimmer immer voller. Wenn er mal Ladehemmung hat, braucht sein Vater-Trainer ihn nur bei der Ehre zu packen, und schon startet die Nummer 11 der kleinen Dynamos durch. Jetzt mach mal was!, ruft Ralf nach dem ersten, unspektakulären Spiel eines Hallenturniers, und Alex zündet den Turbo. Ergebnis: Auszeichnung als bester Spieler und Torschützenkönig. Wie so oft in dieser Zeit. Solche Titel sind Alex wichtig. Tore sind seine Währung, sie sind für ihn die Bestätigung, dass er gut Fußball spielen kann.

Einmal darf die F-Jugend im Vorfeld der Profis ran. Zwar nicht auf dem Rasenplatz im Stadion, aber auf einem Kunstrasenfeld im Windschatten der Tribüne. Knapp 100 Fans haben sich hier versammelt und vertreiben sich die Zeit bis zum Anstoß. Für die Nachwuchskicker ist das ein Highlight. Ganz besonders für Alex, der an diesem Tag außergewöhnlich torhungrig ist und neun Tore schießt: je einen Treffer für Mama, Papa, Schwester und weitere Familienmitglieder. Als ihn sein Trainer aus dem Spiel nimmt, protestiert er lautstark: Tor Nummer zehn wäre doch für seinen Hund gewesen! Auf diese spezielle Würdigung muss das Haustier allerdings verzichten, Alex wird nicht mehr eingewechselt.

Was Albert Camus über sich sagte, nämlich dass er dem Fußball alles verdanke, was Moral und Courage angeht, trifft auch auf den jungen Torjäger aus Sachsen zu. Er muss dabei an seinen Mitspieler Noah denken, einen Afrodeutschen, der bei einem Auswärtsspiel rassistisch beleidigt wird. Prompt stellt sich die ganze Mannschaft vor ihn und beweist ihre Solidarität gegen den Hass der anderen.

Nicht nur als Vater, auch als Trainer hat Ralf Schulte großen Anteil an der Entwicklung seines Sohnes.

Als Elternteil, sagt er, gibt man sich der naiven Begeisterung für eine rosige Zukunft des eigenen Kindes als Leistungssportler nur zu gerne hin. Jedes Mal, wenn wieder ein Trainerkollege, Zaungast oder ein anderer Beobachter das Potenzial von Alex lobt, erfüllt das Ralf mit Stolz. Ab und an erlaubt er sich Tagträume: Wenn der Junge schon bei Dynamo Dresden spielt und dort in manchen Spielen zehn Tore schießt, wenn er regelmäßig zu Lehrgängen eingeladen und in Auswahlmannschaften berufen wird, dann stehen die Chancen doch vielleicht ganz gut, dass er irgendwann mal einen Profivertrag erhält – oder etwa nicht? Ralf weiß allerdings nicht genau, wie die Welt im Profisport wirklich aussieht, für ihn ist der Fußball eine heile Märchenwelt und das Dasein als bezahlter Kicker ein Traumjob.

Er ist nicht der einzige Elternteil, der so denkt. Viele der Mütter und Väter der jungen Dynamos haben ähnliche Vorstellungen, träumen denselben Traum und sind fest davon überzeugt, dass die eigenen Kinder gut genug sind, diesen Traum irgendwann zu leben. Das führt zu einer speziellen Stimmung innerhalb der Elternschaft am Seitenrand. Im Laufe der Zeit bildet sich eine verschworene Clique, was es Vätern und Müttern von Neuzugängen schwierig macht, in diesen inneren Zirkel vorzudringen.

Ralf sieht das mit gemischten Gefühlen. Auf der einen Seite weiß er, wie wertvoll so eine innige Unterstützung für die Entwicklung der Kinder sein kann, auf der anderen Seite kann diese Unterstützung auch schnell eine Temperatur erreichen, die weder für die Kicker noch die Eltern gesund ist. Alex' Vater erfährt das am eigenen Leib, als er den Jahrgang 97 trainiert, wo die Cliquenwirtschaft am Spielfeldrand zum Teil toxische Züge annimmt.

Einmal bekommt Ralf einen Anruf von einem Vater seiner Schützlinge: Ob er ein Problem mit seinem Jungen habe, weil er beim letzten Spiel keinen Elfmeter schießen durfte? Ein andermal gibt es eine Beschwerde, weil der Sohnemann nach dem Schlusspfiff vom Trainer nicht lobend genug über den Kopf gestreichelt wurde.

Von solchen Geschichten hat Ralf einige auf Lager. Mütter, die Buch führen über die Einsatzminuten ihres Kindes; Väter, die bei einem Hallenturnier kurzerhand das Tor verschieben, um Gegentreffer zu verhindern. Oder jener Vater, den Ralf im Verdacht hat, seinen Sohn gegen Alex aufgehetzt zu haben, auf dass er im Training mit gezielten Tritten die Konkurrenzsituation löse. Ein gewisses Verständnis will er nicht verhehlen, auch sein Herz schlägt ja schneller, wenn Alex über den Rasen sprintet. Doch der zunehmend Normen und Regeln überschreitende Ehrgeiz mancher Mütter und Väter irritiert ihn sehr – und ist ein Vorbote für das, was sein Junge in den kommenden Jahren noch erleben wird.

ADIDAS PREDATOR

Schach hat er ausprobiert, Leichtathletik auch, doch gegen die Fußballbegeisterung ist bei Marius kein Kraut gewachsen. Er ist noch keine zwölf Jahre alt, als er das erste Angebot seiner Karriere erhält. Wer im Kreis Paderborn für die U12-Kreisauswahl nominiert ist, wechselt eigentlich automatisch zum größten Klub in der Region, dem SC Paderborn. Viele von Marius' Freunden gehen zum SC, doch er zögert. Er fühlt sich wohl in seinem Klub, hat Erfolg und tolle Trainer – und dazu einen Vater, der über den SCP sagt: Für mich ist das der mit Abstand beschissenste Verein überhaupt.

Was auch mit Theos eigener Vita zu tun hat: Als junger Kerl galt er ebenfalls als Talent, vorrangig aber als waschechter Straßenfußballer, der seine Magie im Park versprühte. Irgendwann hatten die Verantwortlichen aus Paderborn ihm so viel Honig ums Maul geschmiert, dass er dem Verein beitrat, dort allerdings schnell merkte, wie viel schöner das freie Spiel auf der Wiese gewesen war. Kicken konnte Theo, nur hatte er bald keine Lust mehr. Um wieder Spaß am Fußball zu bekommen, wechselte er zu einem kleineren Verein, doch die Paderborner verschlampten es, rechtzeitig seinen Spielerpass weiterzureichen. Ein elender bürokratischer Eiertanz, der dafür sorgte, dass Theo die Fußballschuhe an den Nagel hängte. Allerdings beteuert Theo, dass er Marius damals nicht mit seiner Geschichte belastet, sondern seinem Sohn die Entscheidung vollkommen selbst überlassen habe.

Marius bleibt beim SV Heide und macht damit nicht nur seine Mitspieler und Trainer, sondern auch den eigenen Papa glücklich. Er wird für ein DFB-Stützpunkt-Turnier des 1999er-Jahrgangs in der Halle nachnominiert und überzeugt dort so nachhaltig, dass ihn die Trainer von da an auf dem Zettel haben. Doch es geht noch besser: Mit seinem 2000er-Jahrgang spielt er beim Arag-Cup in Kaiserau, der Heimstätte des legendären Sportzentrums. Der Arag-Cup ist ein Sichtungsturnier für die Westfalenauswahl, der Vorstufe der Nationalmannschaft.

Und tatsächlich erhält Marius bald danach eine offizielle Einladung des Verbandes zum nächsten Lehrgang der Westfalenauswahl in die Sportschule Kamen-Kaiserau. Knapp 80 junge Talente kommen hier zusammen, um die Trainer bei äußerst widrigen Bedingungen von ihren Fähigkeiten am Ball zu überzeugen. Besonders gefragt sind Basics wie der erste Kontakt, Ballannahme, Ballmitnahme, Passspiel. Viele der Jungs finden das langweilig. Marius weiß um die Bedeutung dieser vermeintlich simplen Fähigkeiten, haut sich voll rein und ist bald der einzige Spieler im Kader, der nicht bei einem namhaften Klub untergebracht ist. Jeden Tag wird die Gruppe kleiner, auch Marius' schweigsamer Zimmernachbar von Wattenscheid 09 ist bald nicht mehr dabei. Marius aber bleibt – und wird bis zur U18 Teil der Westfalenauswahl bleiben.

Ab der D-Jugend spielt der SV Heide auf einem halben Großfeld, die Tore werden an den Rand des 16-Meter-Raumes gestellt, jedes Team spielt mit neun Leuten in der Startaufstellung. Für Zentrumspieler Marius bedeutet das: mehr Platz und mehr Raum, um sich und seine Ideen zu entfalten. Seine

Vorbilder heißen Mario Götze und Ilkay Gündogan – Fußballer, die nicht nur über ein hohes Maß an Talent und Ballgefühl verfügen, sondern vor allem über ein großes Spielverständnis, das sie von anderen Kickern abhebt.

Wie gut Marius wirklich ist, weiß natürlich auch Heide-Trainer Christopher Bolte. Nachdem sein bester Mann darauf verzichtet hat, zum SC Paderborn zu wechseln, nimmt er Theo von Cysewski an die Seite und sagt: Ich habe gute Kontakte zum BVB. Irgendwann werde ich da mal ein Probetraining für Marius organisieren.

Zunächst aber schafft es Bolte, die Dortmunder für ein Testspiel zum SV Heide zu holen. Da sind sie dann an einem warmen Sommertag: die U12-Junioren vom großen BVB in ihren schicken, schwarzgelben Trikots mit dem berühmten Wappen auf der Brust. Der kleine SV Heide ist krasser Außenseiter, aber auch dank eines starken Marius im Mittelfeld verlieren die Heider am Ende nur knapp mit 6 : 8. Marius ist überrascht, wie gut er mit den Jungs vom BVB mithalten konnte. Gleichzeitig käme er niemals auf die Idee, sich auf eine Stufe mit den Dortmunder Jungstars zu stellen.

Nach dem Schlusspfiff zieht er sich um und macht es sich im Vereinsheim gemütlich. Currywurst mit Pommes zur Feier des Tages. So bekommt er gar nicht mit, dass unten am Spielfeld eine entscheidende Weiche für seine Zukunft gestellt wird. Der Dortmunder Trainer hat sich nach dem Sieg seiner Mannschaft beim gegnerischen Coach nach dem schmalen Jungen mit den dunklen Haaren erkundigt. Christopher Bolte verweist auf Marius' Vater Theo, und wenige Minuten später erfährt der, dass der BVB seinen Sohn zum Probetraining einladen möchte.

„Perspektivspieler" nennen die Borussen solche unentdeckten Talente, ein viel zu umständliches Wort für die simple Freude, die diese Nachricht bei Marius auslöst. Der kurze Heimweg, erinnert er sich gut zehn Jahre später, fühlte sich an diesem Tag ewig an.

Leicht vor Glück fliegt Marius wie auf Flügeln nach Hause. Dass er gut Fußball spielen kann, wusste er schon vor dem Spiel. Aber dass tatsächlich eine reelle Chance besteht, seinen Traum vom Profifußball wahr werden zu lassen, das weiß er erst jetzt. Er ist stolz. Glücklich. Motiviert. Und kann irgendwie kaum glauben, dass das wirklich passiert. Die Schuhe von damals – Adidas Predator – hat er bis zum heutigen Tag aufgehoben.

ENTSCHEIDEND IS AUFM PLATZ

Alex macht seinen nächsten großen Schritt auf dem Weg zum Leistungssportler in der fünften Klasse. Die Grundschulzeit ist vorbei. Zur Wahl für eine weitergehende Schule stehen das Städtische Gymnasium und das Sportgymnasium, das auch seine Schwester besucht.

Vorteil Städtisches Gymnasium: Es ist nur zehn Minuten Fußweg von zu Hause entfernt, und alle Freunde aus der Grundschule werden hier hingehen. Vorteil Sportgymnasium: Nur hier bekommt Alex die sportliche Förderung, die so ein Talent wie er verdient hat. Er entscheidet sich für die Schule seiner Schwester und steckt bald in einem eng durchgetakteten Wochenplan, wie ihn selbst die meisten Erwachsenen nicht kennen. An seinen längsten Tagen verlässt er morgens um halb sieben das Elternhaus und ist erst abends um halb neun wieder zurück.

Ohne seine Eltern wäre dieses Pensum gar nicht möglich – sie bringen den Sohn zur Schule, holen ihn zum Mittagessen ab und fahren ihn anschließend zum Training von Dynamo. Ein enormer Aufwand und Alex weiß nicht erst seit heute, wie sehr seine Eltern ihm und seiner Schwester zur Seite standen.

Umgeben von Turnerinnen, Leichtathleten oder Wassersportlerinnen beginnen die meisten Tage für den Fußballer Alex um 7.15 Uhr mit einem Training in Kleingruppen. Seine Trainer dort kennt er zum Teil auch von Dynamo. Jeden Mittwoch steht außerdem das DFB-Stützpunkt-Training an, das Alex auch benötigt, um sich für eine Prüfung zu qualifizieren, die nach der sechsten Klasse darüber entscheiden wird, ob er das Sportgymnasium weiterhin besuchen darf.

Und ja: Überflieger Alex darf bleiben! Seine Eltern sind sehr stolz, zumal der Nachwuchs auch sonst mit guten Noten nach Hause kommt und die Doppelbelastung aus Schule und Sport offenbar gut wegsteckt. Doch so langsam scheint Alex dem System Dynamo Dresden zu entwachsen. Vater Ralf weiß genau, was bei der SGD funktioniert und was nicht. Auf den zahlreichen Turnieren und Lehrgängen kommt er mit vielen anderen Vereinen ins Gespräch. Zwar hat Dynamo in Sachsen einen Namen, aber was wäre, wenn sich irgendwann mal ein größerer Klub mit mehr Möglichkeiten für Alex interessierte?

So abwegig sind diese Gedanken nicht. Mehr als ein Jahrzehnt nach dem Restart im deutschen Nachwuchsfußball boomt das Geschäft mit jungen Talenten. Bei allen wichtigen Turnieren sind die Tribünen voller Scouts, und das Netzwerk der Berateragenturen wuchert wie Unkraut. Einer dieser Scouts aus der Berateragentur von Michael Ballack spricht Ralf Schulte nach einem Turnier an.

Mensch, der Alex kann ja super kicken! Wenn ihr Interesse habt, würde ich gerne mal meine Karte dalassen. Und meldet euch, wenn ihr Schuhe braucht!

Tss, denkt Ralf. Als ob er die Zukunft seines Jungen von einem Paar neuer Fußballschuhe abhängig machen würde. Gleichzeitig erfüllt ihn das Interesse mit Stolz. Sein Sohn steht bei wichtigen Leuten auf dem Zettel.

So hoffnungsvoll die Auftritte von jungen Fußballern, so schillernd die Träume von Kindern und Eltern auch sein können – im Leben eines Nachwuchssportlers droht jederzeit die Gefahr, den Anschluss zu verpassen, physisch oder psychisch stehen zu bleiben. So mancher Überflieger hatte seine beste Zeit in der D-Jugend und endet als motivierter Hobbykicker. Was nicht von Nachteil sein muss, ganz im Gegenteil. Doch wenn man so brillant ist wie Alex und Marius in jungen Jahren, dann wächst mit jeder neuen Spielzeit der Anspruch, wird die Auslese strenger, werden die Anforderungen größer. Der Wechsel vom Klein- aufs Großfeld ist für jeden jugendlichen Fußballer die Reifeprüfung. Neun gegen neun oder elf gegen elf sind ein großer Unterschied zum Kleinfeldfußball, und diesen Sprung muss man erst mal schaffen. Es gehört zur besonderen Geschichte dieser beiden Ausnahmetalente, dass sie ihre eigenen Möglichkeiten auf dem Großfeld sogar noch potenzieren.

Alex erlebt den Wechsel auch als Metamorphose eines Mannschaftssportes. Schon immer haben ihm der Zusammenhalt und die Gemeinschaft gefallen, doch jetzt, in der C-Jugend, betrachtet er den Fußball noch einmal aus einer anderen Position. Taktik und Mentalität werden wichtiger. Mannschaften können sich auf dem Großfeld mit klugem Positionsspiel einen Vorteil verschaffen, defensiv wie offensiv. Entsprechend variantenreich wird auch das Training. Wie verhält man sich in einer Viererkette? Wie schafft es die Defensive, den Gegner ins Abseits zu schicken? Welche Chancen ergeben sich bei plötzlichem Ballbesitz?

Als ob all das nicht schon aufregend genug ist, bekommt er auch noch einen neuen Trainer. Michael Weiss heißt der Mann, ein erfahrener Übungsleiter, der bei Dynamo einen sehr guten Ruf genießt. Weiss ist nicht mehr der Jüngste, entsprechend angestaubt sind zum Teil seine Trainingsmethoden. Doch besitzt der neue Coach große Qualitäten im zwischenmenschlichen Bereich und ist – fast noch wichtiger – ein sehr guter Techniklehrer. Wie stellen sich seine Jungs zum Ball? Wie weit muss dabei die Hüfte eingedreht sein? Es sind solche Details, an denen Weiss sorgfältig feilt. D-Jugend-Spieler Alex spielt in einem Team voller C-Jugendlicher, eine zusätzliche Herausforderung, die noch dadurch gesteigert wird, dass die Dynamos in Alex' erstem Jahr gegen den Abstieg kämpfen. Ein Umstand, den Alex nicht gewöhnt ist, der für seine Entwicklung aber von enormer Bedeutung sein wird.

Die Hinrunde beenden die Spieler von Michael Weiss auf Platz 14. Erst in der Rückrunde greifen einige der vielen Dinge, die mühsam im Training einstudiert wurden – die Mannschaft beendet die Saison auf dem 7. Platz. Mit Alex Schulte auf der Sechs, einer ungewohnten Position für ihn, der zuvor stets in der Spitze oder auf den offensiven Außenpositionen gespielt hat. Als Stammkraft in dieser hart umkämpften Spielzeit lernt er, Verantwortung zu übernehmen, dahin zu gehen, wo es wehtut, und bei aller Leidenschaft ruhig zu bleiben. Temperament ist gut, Spielkontrolle ist besser.

Die neue Saison in der U15 startet dann jedoch mit einer schlechten Nachricht: Michael Weiss ist erkrankt und wird als Trainer nicht mehr zur Verfügung stehen. Sein Nachfolger wird Eric Schmidt, der zuvor die A-Jugend gecoacht hat.

Für mich persönlich, sagt Alex, begann damit eine der prägendsten Spielzeiten meines Lebens.

Schmidt stellt Alex – der erneut zu den Jüngsten im Kader gehört – auf dem linken offensiven Flügel auf. Von dort kann er beobachten, wie sich allein durch die Anwesenheit des neuen Trainers die Mentalität der Mannschaft komplett ändert. Schmidt, Dreitagebart, Strubbelfrisur und leichtes Lispeln, vermag es, seine Hingabe und Leidenschaft für das Spiel auf seine

Jungs zu übertragen. Sein Selbstbewusstsein ist so ansteckend, dass Alex noch Jahre später anerkennend feststellt: Der ließ sich von niemandem vor die Tür kacken.

Was sich vor allem in einer Szene zeigt, die gleich zu Beginn der Saisonvorbereitung im Trainingslager an der Nordsee stattfindet und die nicht nur den restlichen Verlauf der Saison bestimmen wird, sondern die gesamte Entwicklung von Alex.

Schmidt lässt seine Spieler auf einem kleinen Feld zwei gegen zwei spielen, jede Mannschaft muss zwei Mini-Tore verteidigen. Als die ersten Duelle in eher gemächlichem Gang sind, unterbricht der Coach das Geschehen. Wütend schreit er die Jungs an: Ihr daddelt hier nur rum! In jedem Training will ich, dass ihr Vollgas gebt! Auf so eine Einstellung habe ich keinen Bock. Ende, aus, alle in die Kabine!

Wie reagiert darauf die Mannschaft? Nach einer kurzen Besprechung tritt der Kapitän vor den Trainer und bittet darum, die Spielform noch einmal wiederholen zu dürfen. Schmidt lässt sich nichts anmerken, aber innerlich ballt er die Faust zum Jubel – und gibt seinen Jungs noch eine Chance. Von der ersten Sekunde an ist nun Feuer drin, Pässe und Dribblings haben eine ganz andere Geschwindigkeit, Zweikämpfe eine ganz neue Intensität. Eben noch daddelten die Jugendlichen im Schongang durch die Übungsform, jetzt wird um jedes Tor gefightet, als ginge es um Sieg oder Niederlage im alles entscheidenden Ligaspiel. Die Atmosphäre ist so rau, wie sie nur auf einem Sportplatz sein darf. Schimpfwörter und Blutgrätschen wechseln sich ab, Alex hat vor Wut und Energie Tränen in den Augen.

Als das Training in einer Massenkeilerei zu enden droht, pfeift der Coach ab. Das reicht! Alle mal herkommen! Da stehen sie in einem Kreis, knapp 20 dampfende junge Männer, denen vielleicht gerade mal die ersten Haare auf der Oberlippe sprießen, Wut und Kampfgeist in den Gesichtern. Da beginnt Trainer Schmidt zu klatschen und hört erst auf, als die ersten Spieler anfangen zu grinsen.

Jungs, ich bin stolz auf euch. Ihr habt den Schalter umgelegt. Wichtig ist aber auch: Alles, was auf dem Platz passiert, bleibt auch auf dem Platz.

Aus der U15 von Dynamo Dresden ist eine Mannschaft geworden.

Die Methoden des Mentalitätsmonsters an der Seitenlinie haben auf alle Kicker eine nachhaltige Wirkung. Aber keiner saugt die Botschaften so gierig auf wie Alex. Der kleine Junge mit der großen Leidenschaft für den Fußball ist nun ein Jugendlicher, der sein Ziel fest im Blick hat und mit jeder Trainingseinheit noch mehr lernt, wie wichtig im Fußball die richtige Einstellung ist. Er hat jetzt das, was es braucht, um aus der Masse der guten Fußballer hervorzustechen: den unbedingten Willen, den nächsten Zweikampf zu gewinnen, das nächste Tor zu schießen, das nächste Match für sich zu entscheiden – und den brennenden Ehrgeiz, allen zu beweisen, was für ein großartiger Fußballer er jetzt schon ist. Und später sein wird.

Typen wie Alex sind für Trainer Gold wert. Denn es reicht manchmal, das seltene Edelmetall einfach weiterzuschmieden. Deshalb lässt Schmidt Alex in einigen Testspielen auf der Bank schmoren und beobachtet zufrieden, wie der Junge seine Enttäuschung in die nächsten Trainingseinheiten schmeißt. Er weiß genau, was er an diesem Fußballer hat: beidfüßig, mit Blick für die Tiefe des Raumes, zweikampfstark, ehrgeizig, kommunikativ, torgefährlich. Außerdem kann sich Alex unterordnen und zeigt trotz seines Talentes den nötigen Respekt vor seinem Coach und den älteren Mitspielern.

Als die neue Saison beginnt, steht er in der Startelf.

WENN DU MÖCHTEST, KANNST DU NÄCHSTES JAHR BEIM BVB SPIELEN

Knapp vier Monate nach dem folgenreichen Testspiel bei Borussia Dortmund sitzt Marius gemeinsam mit seinen Trainern vom SV Heide im Auto seines Vaters und denkt an das, was gleich passieren wird. Im Winter 2011 ist der BVB einer der aufregendsten Vereine Europas. Unter Trainer Jürgen Klopp hat der Verein im Sommer die erste Meisterschaft seit neun Jahren geholt und dabei einen Fußball zelebriert, in den sich Millionen Fans heiß und innig verknallt haben. Noch nie waren die Schwarzgelben so beliebt wie jetzt, da ein charismatischer Coach mit jungen und hungrigen Fußballern jedes Spiel in ein Abenteuer verwandelt. Wer schon vorher Dortmund-Fan war, fliegt wie im Rausch durch die Bundesliga. Wer es bislang noch nicht war, lässt sich vom BVB nur allzu gerne verzaubern.

Marius braucht man mit schwarzer und gelber Magie nicht zu kommen. Wenn er heute einfach cool bleibt und seinen Stiefel runterspielt, dann ist es nicht unwahrscheinlich, dass auch er bald Teil dieses Vereins ist. Zum Perspektivspielertraining sind all diejenigen Spieler eingeladen, die den Trainern und

Scouts der BVB-Nachwuchsteams in den vergangenen Monaten aufgefallen sind. Im ewigen Ausleseprozess ist das der nächste Schritt und die große Chance, sich den Verantwortlichen des amtierenden Deutschen Meisters zu präsentieren.

Die Reisegruppe aus Paderborn ist früh losgefahren an diesem kalten Wintertag. Bloß nichts riskieren. Überpünktlich erreicht sie das Trainingsgelände der Nachwuchs-Borussen. Fußballplatz reiht sich an Fußballplatz. Der Boden des Empfangsbereiches ist frisch poliert, an den Wänden Fotos der BVB-Helden, eingekleidet in frisch gewaschene Trainingsanzüge wuseln die Stars von morgen – U16, U17, U23 – durch die Räume. Manche schütteln Marius im Vorbeigehen die Hand, jeder grüßt freundlich. Marius ist ganz erschlagen von den ersten Eindrücken. Dann muss er sich von seinem Vater verabschieden, die nächsten zwei Stunden ist Marius auf sich allein gestellt.

In der Kabine herrscht eine angespannte Atmosphäre. So viele neue Gesichter aus allen möglichen Vereinen, und alle denken nur an die bevorstehenden Prüfungen. Niemand redet, man hört nur das Rascheln der Jacken und das Klackern der Stollenschuhe. Als Marius aus der Kabine tritt, ist er einer der wenigen, der kurze Hosen trägt. Na, Junge, wolltest du gleich mal zeigen, wie hart du bist, ruft ihm einer der Trainer im Vorbeigehen zu.

Etwas irritiert nimmt er die paar Betonstufen runter auf den kleinen Kunstrasenplatz. Aber dann rollt der Ball, und die aus Paderborn mitgereiste Anspannung löst sich auf. Marius ist jetzt ganz in seinem Element, außerdem hat er sich das richtige Mindset für diesen Tag zurechtgelegt. Was soll schon schiefgehen? Wenn es nichts wird mit dem BVB, hat er wenigstens eine großartige Geschichte, die er beim SV Heide noch jahrelang erzählen kann. Er hat nichts zu verlieren, und so gelassen, wie das klingt, so spielt er auch.

Am Seitenrand steht Theo und beobachtet seinen Sohn. Diese Selbstsicherheit, diese Coolness – woher hat er die? Noch während der Übungen stellt sich einer der Scouts neben ihn.

Ihr Sohn ist mit Abstand der beste Mann auf dem Platz.

Die Worte gehen runter wie Öl. Und auch Marius erfährt noch beim Training, dass ihm die Generalprobe offenbar geglückt ist. Während einer Passform fragt ihn einer der Coaches beiläufig, wie lange man denn eigentlich brauche von Paderborn bis Dortmund.

Nach knapp 100 Minuten ist das Training beendet, die Spieler traben in die Kabinen. Marius spürt, dass er abgeliefert hat. Frisch geduscht im Auto, erzählt ihm sein Vater, was der Scout zu ihm am Seitenrand gesagt hat. Noch ein Grund mehr, das schöne Nachgefühl zu genießen. Er hat sein Bestes gegeben – und wahrscheinlich nicht das letzte Mal auf dieser Anlage Fußball gespielt.

Zu Hause erwartet ihn seine Mutter. Ihr stolzer Blick brennt sich in sein Gedächtnis ein. Am nächsten Morgen schwebt er immer noch auf Wolke sieben.

Von diesem Tag an ist Borussia Dortmund ein Teil des Lebens von Marius von Cysewski. Wenige Monate nach dem ersten Probetraining wird er zu einem Turnier eingeladen, auch hier kann er überzeugen, sodass weitere Trainingseinheiten folgen. Doch noch ist er Spieler vom SV Heide, und daran wird sich erst mal auch nichts ändern. Wie intensiv sich die Dortmunder allerdings bereits mit ihm beschäftigen, zeigt sich daran, dass ihm die Trainer vor dem Start in die neue Spielzeit davon abraten, erneut mit dem älteren Jahrgang zu kicken. Doch Marius liebt die Herausforderung und ignoriert den Ratschlag. Auch er ist jetzt auf dem Großfeld angekommen, elf gegen elf statt neun gegen neun. Mit Heide sorgt er für eine kleine Sensation, als die Mannschaft gegen den Nachwuchs vom FC Bayern ein

0 : 0 erkämpft – ein Jahr zuvor hatte es an gleicher Stelle eine 0:17-Klatsche gegeben. Dass der kleine Klub aus Paderborn dem Giganten aus dem Süden im zweiten Match ebenbürtig ist, liegt vor allem an Marius. In Dortmund hören sie solche Nachrichten gerne, die Pläne liegen längst in der Schublade.

Im Sommer 2012, der Jubel über die zweite Dortmunder Meisterschaft hallt noch immer durch das Ruhrgebiet, wird Marius zu einem dreitägigen Trainingslager in Hamburg eingeladen. Mit seinem Klub hat er den Aufstieg geschafft, jetzt packt er die Tasche mit den Trainingsklamotten in Schwarzgelb und macht sich auf ins nächste große Abenteuer. Die Übungseinheiten waren eine Sache, nun aber soll er in einem echten Spiel für die Dortmunder auflaufen.

Gemeinsam mit zwei Mitspielern wohnt er drei Tage lang bei einer Gastfamilie. Nachts träumt er von den vorangegangenen Spielen gegen den HSV, Hansa Rostock und Gastgeber Eichede. Allein schon das BVB-Wappen auf seiner Brust hat ihn über den Rasen fliegen lassen. Auf seiner Position im linken Mittelfeld hat er gegen Rostock ein Tor geschossen, am Ende gewinnt seine Mannschaft den Pokal. Marius ist überglücklich. Und stellt mitten in dieser kindlichen Freude fest, wie routiniert seine Teamkollegen den Turniersieg aufnehmen. Wieder eine Lektion gelernt: Wer für Dortmund spielt, ist zum Siegen verdammt. Eine Erwartungshaltung, die er selbst beim erfolgsverwöhnten SV Heide nicht kannte. Heute sagt er: Diese Tage in Hamburg steigerten meine Motivation noch einmal, den nächsten Schritt zum Profi zu machen.

Den richtigen Weg hat er schon mal eingeschlagen.

Die Saison 2012/13 könnte nicht besser laufen. Beflügelt von dem anhaltenden Interesse des BVB und den regelmäßigen Einladungen zu Auswahlspielen und Lehrgängen, führt Marius seine U15 zum umjubelten Aufstieg in die Landesliga. Die meisten seiner Mit- und Gegenspieler sind zwei Jahre älter als er, trotzdem lassen ihn manche gegnerischen Trainer in Manndeckung nehmen, so sehr sticht sein Talent heraus. Für seine weitere Entwicklung ist diese harte Schule sehr wichtig. Der Teenager lernt, sich durchzuboxen, und eignet sich die Härte an, die in einem Vollkontaktsport notwendig ist.

Das Selbstvertrauen des umworbenen Youngsters ist grenzenlos. König auf dem Schulhof ist, wer am Wochenende seine Fußballmannschaft zu Siegen führt und von dem es heißt, er würde später mal in der Bundesliga landen. So muss man King Marius auch verzeihen, dass er seine BVB-Tasche voller Stolz nur für die Trainingseinheiten und Auftritte mit dem BVB verwendet.

Zum Jahreswechsel 2012/13 bekommt Theo von Cysewski einen Anruf. Am anderen Ende der Leitung ist Peter Wazinski. Wazinski – graue Kurzhaarfrisur, große Brille, Jahrgang 1969 – ist eine Legende in der Dortmunder Nachwuchsabteilung. Seit 1992 trainiert er beim BVB, in den 90ern führte er seine A-Jugend zu fünf Meisterschaften in Folge. Zwei seiner früheren Schützlinge sind Mario Götze und Nuri Sahin. Sahin steht zu der Zeit bei Real Madrid unter Vertrag, Götze wird Deutschland in 18 Monaten zum Weltmeister schießen. Wazinski stellt sich als zukünftiger Coach der Dortmunder U14 vor. Er hat Marius zwar noch nie spielen oder trainieren sehen, trotzdem will er ihn unbedingt in seiner Mannschaft haben. Ob man sich nicht mal treffen könne? Theo lädt ihn in seine Paderborner Kanzlei ein.

Hier sitzen sie nun an einem kalten Wintertag und sprechen über die Zukunft von Marius. Welche Bedingungen erwarten den Teenager in der fremden Stadt? Welche Herausforderungen gilt es zu bestehen? Und welche Erwartungen hat ein Mann wie Peter Wazinski an einen Jungen wie Marius?

Als die entscheidenden Dinge besprochen sind, reichen sich die Männer die Hand. Wazinski fährt zurück nach Dortmund, Theo zum Sportplatz vom SV Heide. Marius hat gerade Training. Er weiß, dass sich sein Vater mit dem Trainer vom BVB getroffen hat. Ein kleiner Weg aus Waschbetonplatten führt von den Parkplätzen Richtung Kunstrasenplatz. An der Eckfahne bleibt Theo stehen und beobachtet seinen Sohn. Wie elegant und geschmeidig er sich bewegt. Wie leicht das alles aussieht, wenn er einen Ball am Fuß hat. Wie unbedarft sein Junge ist. Wie jung und wie zerbrechlich. War es nicht erst gestern, als er ihn auf seinem Arm in den Schlaf gesungen hat? Wie lange ist es her, dass das Kind mit seinen kleinen Füßen den großen Ball durch die Pylonen im Wohnzimmer geführt hat? Mehr als ein paar Monate können es eigentlich nicht gewesen sein, jedenfalls fühlt sich das gerade so an. Und jetzt? Sein Sohn wird Spieler bei Borussia Dortmund. Sein Sohn erobert vielleicht die Fußballwelt.

Aus den Augenwinkeln hat Marius längst erspäht, dass sein Papa die Anlage betreten hat. Sein Trainer bedeutet ihm: Geh ruhig kurz zu deinem Vater. Betont lässig trabt Marius an die Eckfahne. Sein Herz rast. Vater und Sohn begrüßen sich.

Also, wenn du möchtest, sagt Theo, dann kannst du nächstes Jahr beim BVB spielen.

Wer strahlt gerade heller, Marius oder Theo? In diesem Moment, an einem Tag im Winter 2013, geht für Marius ein Traum in Erfüllung. Alles dreht sich vor Glück, als er wie betrunken zurück zu seinen Mitspielern läuft.

Knapp zehn Jahre später sagt Marius: Dieser Moment hat mein Leben für immer verändert!

In diesen Tagen scheint es für ihn keine Grenzen zu geben, keine Hindernisse, die auf dem Weg in den Fußballolymp unüberwindbar wären. Marius von Cysewski wird Spieler von Borussia Dortmund. Wie krass ist das denn, bitte?

DORTMUND HAT ANGERUFEN

Da ist er wieder. Der berühmte Sabberfaden von Coach Schmidt. Alex und den anderen Jungs ist das völlig egal, sie hängen an den Lippen ihres Trainers, der es auf eine ganz besondere Weise verstanden hat, einen Zugang zu den Teenagern zu finden. Dieser kleine Sabberfaden am Kinn ist für die jungen Fußballer nichts anderes als der sichtbare Beweis dafür, dass ihr Trainer seinen Job ernst nimmt. Dass er nicht mehr und nicht weniger verlangt, als dass seine Spieler genauso hungrig nach Erfolg sind wie er.

Schmidts Ehrgeiz, sein fußballerischer Sachverstand und sein charismatisches Auftreten passen fantastisch zum werdenden Fußballspieler Alex. Für die Kreisauswahl ist er längst zu gut, in der Sachsenauswahl – wohlgemerkt die des Jahrgangs 1999 – steigt er bald zum Kapitän auf. Wer so begehrt ist, muss seine Zeit klug einteilen. Bald kommt es, wie es kommen musste. Alex ist am Freitag zu einem Spiel der Sachsenauswahl eingeladen. Es ist ein offenes Geheimnis, dass Scouts vom VfL Wolfsburg anwesend sein werden. Eine große Chance. Allerdings steht bereits einen Tag später das Spitzenspiel gegen den

Nachwuchs von RB Leipzig an. Alex ruft seinen Trainer an und legt die Karten auf den Tisch.

Schmidt sagt: Okay, mach das am Freitag. Aber am Samstag brauche ich dich in Topform. Ich hol dich ab, damit du pünktlich bist.

So viel Vertrauen ist für einen so talentierten Jungen wie Alex ganz entscheidend. Und natürlich steht er am Freitag auf dem Platz und liefert am Samstag einen starken Fight gegen Leipzig ab.

Zuckerbrot und Peitsche, die ewigen Werkzeuge für Erfolg und Weiterentwicklung. Regelmäßig lobt Schmidt Alex für seine Auftritte, seine dynamischen Sprints auf der linken Seite, seinen Einsatz, seinen Ehrgeiz. In Sachen Talent, Spielweise und Einstellung, sagt er, erinnerst du mich an Maxi Arnold. Jenen Fußballer aus Riesa, der bis 2009 bei Dynamo ausgebildet wurde und beim VfL Wolfsburg zum Nationalspieler reifte. Und wenn das Alex dann runtergeht wie Öl, holt sein Trainer den Laptop raus und zeigt ihm gute Szenen von Spitzenspielern auf seiner Position. Und jetzt guck mal, wie weit du noch entfernt bist von den Profis. Alex schaut sich das begierig an und lernt.

Wie sehr er in dieser Saison zu einem besseren Fußballer wird, zeigt noch eine andere Szene. Als es im Kabinengespräch darum geht, mit welcher Taktik die kommenden Spiele bestritten werden sollen, geht Alex zur Taktiktafel und verschiebt schüchtern ein paar Magneten. Als er bei der Frage der Besetzung für die Position auf der linken Seite herumdruckst, ruft sein Trainer:

Alex, du kannst ruhig sagen, dass du auf dieser Position spielst. So gut, wie du trainierst, stehst du auf jeden Fall in der Startelf.

Alex wird rot und reißt sich beim nächsten Spiel den Hintern auf für seinen Coach.

Zum vorläufigen Highlight dieser Spielzeit kommt es während der Hallensaison. Zunächst gewinnen die Dynamos – mit Alex als späterem „Spieler des Turniers" – souverän die Dresdener Stadtmeisterschaft und qualifizieren sich für die Sachsenmeisterschaft. In einem der Gruppenspiele knallt der Dresdener Kapitän so heftig mit seinem Kopf gegen die Bande, dass er sich eine Gehirnerschütterung zuzieht und nicht mehr weiterspielen kann. Jetzt zeigt sich, wie gut die Mannschaft zusammengewachsen ist. Der Ausfall des Anführers sorgt nicht etwa für Schockstarre und Planlosigkeit, sondern lässt das Team noch enger zusammenrücken.

Im Endspiel steht die SGD dem Rivalen Erzgebirge Aue gegenüber. Es wird ein dramatisches Finale. Spät geht Aue in Führung, doch 30 Sekunden vor dem Abpfiff ist es Alex, der bei einem Konter auf der linken Seite den Ball erhält, volles Risiko geht und den Ball zum 1 : 1 in die Maschen haut. Im Elfmeterschießen gewinnen die Dresdener mit 5 : 4 und fahren als sächsischer Hallenmeister zur Nordostdeutschen Meisterschaft nach Berlin.

Anders als bei den vorherigen Wettbewerben spielt in Berlin jeder gegen jeden. Dresden ist gut, Dresden gewinnt Spiele, doch am Ende muss das Team auf eine Niederlage mit drei Toren Unterschied von Energie Cottbus hoffen, um den Titel zu gewinnen. Endergebnis dieser Partie: 1 : 4 aus Cottbusser Sicht. Der neue Nordostdeutsche Meister im U15-Hallenfußball heißt SG Dynamo Dresden! Für Alex hält die Veranstaltung noch ein anderes Highlight parat. Bei der Siegerehrung präsentieren die Verantwortlichen ein von DFB-Trainern ausgewähltes Allstar-Team. Und Alex – ein Jahr jünger als die Konkurrenz – ist mit dabei.

Den Schwung aus der Halle nehmen die jungen Dynamos auch mit in die Rückrunde. Was Alex nicht wissen kann, aber schon lange hofft: Seine regelmäßig guten Leistungen als jüngerer Spieler im älteren Jahrgang haben bei vielen Personen Interesse geweckt. Regelmäßig melden sich Spielerberater bei dem Teenager. Manche texten ihn ungefragt auf den sozialen Netzwerken an, andere bieten ihm neue Schuhe oder kostenlose Tickets für die Bundesliga. Alex ist noch fast ein Kind, aber doch schon so reif und erfahren, dass er solche und ähnliche Annäherungsversuche als das begreift, was sie sind: unmoralische und unprofessionelle Versuche, das schnelle Geld zu machen.

Im Frühjahr 2013, knapp 13 Jahre nach dem bitteren Vorrundenaus bei der Europameisterschaft 2000, kann der deutsche Fußball die Früchte seiner damals begonnenen Jugendarbeit ernten. Das Durchschnittsalter des Kaders für die Qualifikation zur Weltmeisterschaft 2014 in Brasilien beträgt nur 23,7 Jahre und wäre sogar noch niedriger, wenn nicht Altmeister Miroslav Klose mit seinen 35 Jahren den Schnitt nach oben drücken würde. Prunkstück dieser Auswahl ist das Mittelfeld mit dem 22-jährigen Toni Kroos, dem 20-jährigen Mario Götze, dem erst 18-jährigen Julian Draxler und dem 22-jährigen Mittelfeldstrategen Ilkay Gündogan. Starspieler wie Mesut Özil, Bastian Schweinsteiger oder Sami Khedira sind nur wenige Jahre älter.

Allein die eben genannten Fußballer werden in den kommenden Jahren unzählige Transfermillionen einbringen und ihre Berater sehr reich machen. Die Suche nach neuen Talenten auf dem Profifußballmarkt hat sich zu einem Goldrausch entwickelt. Je mehr Geld im Umlauf ist, je mehr Profit möglich erscheint, desto unseriöser wird die Branche.

Die Berateragentur Rogon gehört zu den seriösen Anbietern in der Branche. Was sich schon daran zeigt, dass die Vertreter den Kontakt zu Alex ausschließlich über seine Eltern suchen.

Rogon-Mitarbeiter Jürgen Schatzschneider nimmt den Hörer in die Hand und klingelt im Hause Schulte an. Ihr Sohn ist uns aufgefallen – diesen Satz haben Ralf und Angelika schon einige Male gehört. Was Schatzschneider und seine Kollegen heraushebt, ist die präzise und defensive Handhabung dieser ersten Kontaktaufnahme. Keine schicken Schuhe, keine Freikarten fürs Stadion, keine verrückten Versprechen, lediglich der Wunsch nach einem ersten Kennenlernen – und zwar zunächst ohne Alex. Der Gedanke dahinter ist so simpel wie naheliegend: Wenn man über die Zukunft eines 14-Jährigen sprechen möchte, sollte man das auch mit den Erziehungsberechtigten tun.

Kurz vor dem Osterfest 2013 sitzt Schatzschneider gemeinsam mit Scout Markus Hein im Wohnzimmer der Schultes. Alex steht schon eine ganze Weile auf dem Zettel der erfahrenen Experten, das spektakuläre Hallenturnier war das Tüpfelchen auf dem i. Dieser Junge, da sind sich Schatzschneider und Hein sicher, hat das Zeug zum Profifußballer.

Während sich die Erwachsenen unterhalten, ist Alex noch beim Training. Eine Stunde dauert das Gespräch bereits, als er dazustößt. Wie soll es für ihn weitergehen? Soll er in Dresden bleiben, bei einem Klub, der zwar einen großen Namen und einen guten Ruf in der Nachwuchsförderung genießt, dessen Möglichkeiten und Kapazitäten allerdings begrenzt sind? Oder ist es jetzt an der Zeit, den nächsten Schritt auf dem Weg Richtung Fußballprofi zu gehen? Schatzschneider und Hein sind fest davon überzeugt, Alex bei jedem Verein im deutschen Fußball unterbringen zu können. Das ist mal eine Ansage. Doch schon im nächsten Satz wird klar, dass solch ein Wechsel gut durchdacht sein muss. Die Fähigkeiten von Alex sind unübersehbar, er hat in den vergangenen Jahren mehrfach unter Beweis gestellt, dass er nicht nur Talent, sondern auch den nötigen

Ehrgeiz und Willen besitzt, aber wo hat er die besten Chancen, sein Potenzial so effektiv wie möglich zu nutzen?

Schließlich verabschieden sich Schatzschneider und Hein, und die Schultes haben einen ganzen Sack voll Informationen zu verarbeiten. Den beiden Eltern ist bei der Vorstellung, ihren Jüngsten in eine fremde Stadt ziehen zu lassen, ziemlich mulmig zumute. Gleichzeitig sind sie sich darüber einig, dass sie seine Talente und Fähigkeiten unbedingt fördern möchten.

Unser Sohn, sagt Ralf Jahre später, sollte die bestmögliche fußballerische Ausbildung erhalten. Nicht, weil wir das wollten, sondern weil er den Fußball längst als Leistungssport verstanden und selbst den Ehrgeiz hatte, die nächste Stufe auf dem Weg Richtung Profifußball zu gehen.

Doch die Realität sieht erst einmal anders aus. Noch spielt der Junior in der C-Jugend von Dynamo Dresden, und die Dresdener sind nicht gewillt, ihr Juwel kampflos abzugeben. Im Gespräch mit dem Jugendleiter wird deutlich, dass der Klub Alex unbedingt weiter fördern möchte. Aber es gibt ein Problem. Seine 98er-Truppe wird zur neuen Saison in die U17 aufrücken, der 1999er-Jahrgang Alex müsste dann regelmäßig gegen zwei Jahre ältere Kicker antreten. Fußballerisch machbar, aber es drohen körperliche Risiken. Dynamo reagiert darauf mit einer Idee: So könnte Alex doch unter der Woche mit den Jungs der U17 trainieren, um dort entsprechend gefördert und gefordert zu werden, und am Wochenende mit seiner U15 spielen. Eine etwas merkwürdige Notlösung, zumal der Teamplayer Alex dann zwischen den Stühlen hängen würde.

Vielleicht war genau das der letzte Hinweis, den das Team Schulte noch gebraucht hatte, um erneut das Gespräch mit Rogon zu suchen. Alex ist bereit für den Sprung ins Ungewisse, bereit für den nächsten Schritt auf der Leiter.

Wo würdest du denn hingehen wollen, wenn du eine Wahl hättest, fragen die Berater Alex beim nächsten Treffen, und der antwortet: : RB Leipzig. Seine Schwester plant ebenfalls einen Wechsel nach Leipzig, außerdem ist das der nächstgrößere Ort, Leipzig scheint die logische Wahl. Gerade ist der Klub dabei, mit den Millionen eines österreichischen Brausehändlers den deutschen Fußball zu erobern. Die Rogon-Mitarbeiter nicken, sie bringen allerdings noch zwei andere Vereine ins Spiel: den 1. FC Nürnberg und Borussia Mönchengladbach. Klubs, die über eine exzellente Jugendarbeit verfügen.

Doch bevor Alex den Beratern das endgültige Go geben will, um einen neuen Klub zu suchen, geht er in sein Zimmer im Erdgeschoss, schließt die Tür und denkt intensiv nach.

Wenn du in Dresden bleibst, sagt er sich, dann verpasst du was. Der große Fußball wird im Westen gespielt. Und wenn es nicht funktioniert bei einem anderen Verein, dann kannst du wenigstens später sagen, dass du es versucht hast.

Fußball ist eine Sache. Seine Freunde und die Freundin eine andere. Dresden zu verlassen, um sich woanders voll und ganz dem Sport zu widmen, würde auch bedeuten, sich von seinem gewohnten Umfeld zu verabschieden – und die erste Liebesbeziehung seines Lebens zu beenden. So reif ist er schon, dass ihm klar ist, dass eine Fernbeziehung in diesem Alter keine Überlebenschance hätte. Die Entscheidung ist hart, und sie fällt ihm keineswegs leicht – aber als Alex wieder aus seinem Zimmer tritt, ist ihm klar, dass er Dynamo Dresden verlassen wird.

Er hat drei Optionen: Leipzig, Mönchengladbach, Nürnberg. Seine erste Erkundungstour auf dem Weg in die Zukunft führt ihn nach Leipzig. Dort sprechen die Verantwortlichen von ihren Zielen, ihren Vorstellungen, von ihren großen Ideen, aus dem jahrelang vernachlässigten Fußballstützpunkt

Leipzig eine Hochburg des ostdeutschen Fußballes zu machen. Stellvertretend für diese Ideen ist der im Aufbau befindliche Jugend-Campus, eine hochmoderne Anlage.

Alex fühlt, es ist etwas Großes, was sie ihm hier anbieten. Er glaubt den Verantwortlichen, wenn sie davon sprechen, was alles möglich sei. Aber er merkt auch, dass sich alle Visionen sowie der Campus noch in der Bauphase befinden. Hinzu kommt, dass sich herumgesprochen hat, mit welcher Taktik die Leipziger in Rekordzeit zu den großen Playern der Szene werden wollen. Überall aus dem Land werden vielversprechende Jugendkicker nach Leipzig gelotst, um aus der schieren Masse die besten Kicker herauszufiltern. Wer bei RB seine Leistung nicht bringt, wird schnell fallen gelassen, heißt es. Und das macht es Alex leichter, die Offerte der Sachsen abzulehnen.

Seine zweite Station auf der Suche nach dem geeigneten Ausbildungsplatz für eine Zukunft als bezahlter Fußballspieler führt den Dresdener tief in den Westen. Borussia Mönchengladbach hat ein vergleichsweise kleines Internat, gut 10 junge Männer werden von einer Herbergsmama betreut – in Leipzig wären es knapp 50 Internatsschüler gewesen. Damit sich die lange Reise lohnt, kann Alex zwei Nächte im Internat verbringen. Zur Begrüßung gibt es frische Trainingsklamotten, einen Rundgang über die beeindruckende Anlage der „Fohlen" und die Einladung zu einem Einzeltraining. Der umworbene Dresdener ist stolz wie Bolle.

Dreieinhalb Stunden nimmt der zuständige Co-Trainer den Aspiranten aus dem Osten kräftig auseinander, lässt ihn sprinten, schießen, dribbeln und so oft zum Ball hechten, dass er am Abend mit Schrammen und blauen Flecken ins Internat kommt und seine Kurzzeit-Herbergsmama in heiligen Ärger bringt. Alex selbst ist fix und fertig – doch die spezielle Behandlung hat ihm gut gefallen. Ein großer Verein mit langer Tradition, ein Klub, der den Stolz über den eigenen Nachwuchs gar im Spitznamen verankert hat, fantastische Trainingsbedingungen und ein Team von Verantwortlichen, das ihn zur neuen Saison unbedingt in der Mannschaft haben will. Die Voraussetzungen könnten kaum besser sein. Der einzige Grund, warum Alex am Ende doch nicht bei Borussia Mönchengladbach landet, ist denkbar banal: Ein junger Amerikaner aus der U23 bekommt das letzte freie Zimmer. Damit ist auch die Option Gladbach vom Tisch.

Bleibt der 1. FC Nürnberg. So gemütlich wie in Mönchengladbach ist es im Frankenland nicht. Jedenfalls nicht im Internat. Statt Herbergsmama knurrt hier ein Pförtner, der die Essensvorräte im Blick hat und Buch darüber führt, wann die jungen Fußballer das Internat verlassen und wann sie es wieder betreten. 20 Kicker wohnen hier, die meisten in Doppelzimmern. Was Alex hingegen beeindruckt, ist die professionelle Fürsorge, die offensichtlich in der Nachwuchsabteilung der FCN vorherrscht. Bei seinem ersten Probetraining verletzt sich ein Mitspieler an der Hand und muss den Platz verlassen. Als Alex nach der Einheit die Kabine betritt, trägt sein Kollege bereits einen Verband und kennt die Diagnose: Knochenbruch. Selbst der OP-Termin am nächsten Tag steht schon fest. Alex mag noch ein Teenager sein, aber er erkennt instinktiv die gute Arbeit, die in Nürnberg geleistet wird.

Zudem findet er schnell einen Draht zum Trainer. Er bleibt drei Tage in Nürnberg. Seine Eltern sind, wie schon nach Mönchengladbach, mitgekommen; die komplette Familie Schulte ist Zeuge, wie aus dem Dresdener Alex ein zukünftiger „Clubberer" wird. Selbst die Bedenken wegen des strengen bayerischen Schulsystems werden beiseitegewischt, denn Alex ist überzeugt davon, genau hier den nächsten erfolgreichen Schritt auf der Karriereleiter zu gehen. Klub und Spieler verabschieden sich mit einer mündlichen Zusage. Die Rückrunde ist in vollem Gange, nach Saisonende soll Alex zum 1. FC Nürnberg wechseln.

Und jetzt, sagt er zehn Jahre später, wurde es kompliziert.

Denn jetzt spielt er erst mal die Rückrunde mit Dynamo Dresden und fällt dabei so auf, dass er am Ende der Saison als Mitglied der sächsischen Landesauswahl zu einem großen Sichtungsturnier des DFB fahren darf. Aus den besten Spielern der Landesauswahlen im ganzen Land filtert der Verband am Ende die 22 stärksten Spieler für die U15-Nationalmannschaft. Der Vorteil solcher Sichtungsturniere: Die Zuschauerränge sind voll mit Trainern, Scouts und Nachwuchsleitern. Für Jungs wie Alex kann es keinen besseren Ort geben, um sich für die großen Klubs interessant zu machen. Wobei er das eigentlich gar nicht mehr nötig hat, schließlich hat er sich ja mit den Nürnbergern bereits auf einen Wechsel geeinigt. Aber natürlich tritt er trotzdem an. Anders als im Verein spielt er für die Landesauswahl im zentralen Mittelfeld.

Das erste Match bestreiten die Sachsen gegen Brandenburg. Von Beginn an ist Alex der Boss auf dem Platz. Seine klaren Anweisungen strukturieren das Mittelfeld, er ist erster Verteidiger, erster Angreifer und Impulsgeber für das gesamte Team. Seinen starken Auftritt illustriert eine Szene in der zweiten Halbzeit, als er den Ball im Mittelkreis erobert, unwiderstehlich Richtung gegnerischen Strafraum zieht, dort gefoult wird und den anschließenden Elfmeter selbst versenkt. Auf der Tribüne machen sich viele Menschen sehr viele Notizen.

Die zweite Partie müssen die Vertreter aus dem Osten gegen den Landesverband Bayern austragen, sie werden von einer starken Auswahl regelrecht dominiert. Auch Alex findet keinen Zugriff, am Ende verliert seine Mannschaft klar. Zwei Spiele: ein Sieg, eine Niederlage.

Am Abend nach der Pleite gegen die Bayern telefoniert Alex mit seinem Vater, der diesmal zu Hause geblieben ist.

Hi Papa, was gibt's?

Alex, wir möchten dir was sagen, es gibt gute Neuigkeiten.

Holen die sich jetzt einen Hund, oder was, denkt Alex.

Dortmund hat angerufen. Die wollen dich unbedingt haben!

RITTERSCHLAG AUS LISSABON

An dem Tag, als Familie von Cysewski davon erfährt, dass Sohn Marius bald für Borussia Dortmund spielen wird, findet abends eine kleine Feier statt. Die Stimmung ist ausgelassen, die Nachricht macht sofort die Runde. Papa Theo sitzt in der Ecke und bekommt das stolze Grinsen nicht mehr aus dem Gesicht. Sein Junge beim BVB! Im Geiste sieht er sich schon im vollen Westfalenstadion stehen und seinem Sohn zujubeln, während der die gelbe Wand zum Kochen bringt. Marius ist erst 13 Jahre alt, aber den roten Teppich in Richtung Profifußball haben sie ihm schon ausgerollt.

Ein paar Wochen später steht Marius in seinen neuen Trainingsklamotten am Frankfurter Weg in Paderborn und wartet auf seinen Shuttleservice. Um die Spieler aus dem Umland einzusammeln, schicken die Dortmunder einen schwarzen VW-Bulli los, der nun auch das erste Mal eine Mitfahrgelegenheit für den jungen Neuzugang vom SV Heide sein soll. Als der Bus den Frankfurter Weg erreicht, ist Marius schwer beeindruckt. An der Seite prangt groß und breit das schwarz-gelbe Wappen des BVB. Als er seine Tasche in den Kofferraum packt und in den Wagen steigt, scheinen ihn die Blicke der Passanten zu verfolgen. Ein erster Hauch von Promistatus – und Marius gefällt, was er dabei fühlt.

Als er dann das erste Mal als BVB-Spieler auf dem Rasen steht und die Übungen absolviert, verstärkt sich das gute Gefühl. Marius merkt, dass er nicht nur mithalten kann, sondern auch auf diesem Niveau und mit diesen Mitspielern zu den Besten gehört. Außerdem stimmt der Spirit im Team, dem Neuling wird das Ankommen leicht gemacht. Nach dem Training geht es im Bulli wieder nach Paderborn – eine Strecke, die der Teenager in den kommenden zwei Jahren unzählige Male absolvieren wird.

Noch vor der Vorbereitung auf die Saison 2013/14 fährt die U14 von Borussia Dortmund zu einem Turnier nach Aschaffenburg. Mit dabei ist der neue Mann im zentralen Mittelfeld, der erst vor wenigen Wochen mit seinem Heimatverein in die Landesliga aufgestiegen ist. In Aschaffenburg sind nur Topteams vertreten: Bayern München, TSG Hoffenheim oder der VfB Stuttgart. Für Marius der erste Härtetest. Trainingseinheiten sind eine Sache, Abliefern gegen namhafte Konkurrenz ist eine andere.

Das erste Mal als fester Spieler beim BVB streift sich Marius das Trikot von Borussia Dortmund über. Als er das Leibchen straffgezogen und die Haare gerichtet hat, schaut sich der Neuzugang in der Kabine um. Geöffnete Sporttaschen, überall Schwarz und Gelb. Das Vereinswappen mit den drei Buchstaben und dem Gründungsjahr. BVB 09. Nervöse Gesichter, es sind alles Teenager mit einem großen Traum im Kopf und im Herzen. Die Spieler der U14, die Elite eines ganzen Jahrgangs, versammelt in einer Kabine. Und mittendrin Marius, der sich in diesem Moment denkt: Noch vor ein paar Monaten hast du diese Jungs für unerreichbar gehalten. Jetzt bist du einer von ihnen.

Unwirklich ist dieses Gefühl. Aber auch stark und intensiv. Und es verstärkt sich noch, als die Dortmunder die Kabine verlassen und von den anderen Spielern und den Besuchern in Aschaffenburg angeschaut werden. Mit so einem berühmten Wappen auf der Brust rumzulaufen, bemerkt Marius, sorgt für eine besondere Ausstrahlung. Das gibt dir was, sagt er heute, das zeigt was.

Und doch ist auch in der U14 „wichtig aufm Platz", und da trifft Borussia Dortmund bereits in der Vorrunde auf Bayern München. In der Bundesliga ist dieses Duell längst ein Klassiker, und auch im Jugendbereich sorgt die Paarung der beiden besten Vereine der vergangenen Jahre für eine dramatische Atmosphäre. Die Tribünen sind voll mit Trainern, Scouts, Beratern, Journalisten und Fußballexperten; solch ein Turnier dient den Klubs nicht nur als Vorbereitung auf den Wettkampf, es ist auch ein großes Schaulaufen. Und auf dem Rollrasen, der hier die Welt bedeutet, steht heute Marius von Cysewski, der sich dieser großen Bühne zwar bewusst ist, aber der auch deshalb so gut kickt, weil er sich sofort nach dem Anpfiff nur noch auf Ball und Spieler konzentriert. Sein Coach Peter Wazinski hat ihn gegen die Bayern im zentralen Mittelfeld aufgestellt, als eine Mischung aus Sechs und Acht. Für Marius ein Vertrauensbeweis, weiß er doch genau, dass auf dieser Position im modernen Fußball das Tempo der eigenen Mannschaft bestimmt wird. Als er Mitte der zweiten Halbzeit einen gegnerischen Angriff abfängt und mit einem herrlichen Pass den Gegenangriff einleitet, wird ihm bewusst: Junge, du kannst hier nicht nur mithalten. Du bist sogar richtig gut!

So gut, dass das Spiel gegen die Bayern mit 1 : 0 gewonnen wird. Im Halbfinale treffen die Dortmunder auf den FC Augsburg, die enge Partie muss im Elfmeterschießen entschieden werden. Jeder Trainer darf drei Schützen benennen, Marius ist einer von ihnen. Als er mit dem Ball unter dem Arm Richtung Elfmeterpunkt marschiert, die Stimmung auf der Anlage aufsaugt und daran denken muss, dass er jetzt gleich einen Elfer für Borussia Dortmund schießen wird, empfindet er das erste Mal in seinem jungen Sportlerleben Druck. Den Druck, gewinnen zu müssen. Den Druck, nicht zu versagen. Dieses Gefühl wird ihn von nun an regelmäßig begleiten.

In Aschaffenburg hält er dem Druck stand. Das Wappen über seinem Herzen macht ihm keine Angst, es macht ihn stark. Unten links, unhaltbar für den Keeper, geht der Ball ins Tor. Als der Einzug ins Endspiel feststeht, fühlt es sich für Marius an, als hätte ihm einer heimlich eine Spritze Selbstvertrauen verpasst. In diesem Moment fühlt sich der Neue aus Paderborn endgültig angekommen in seiner neuen Mannschaft. Das tröstet ihn ein wenig darüber hinweg, dass die Dortmunder das Finale gegen die TSG Hoffenheim mit 0 : 1 verlieren. Noch eine Lektion für Marius: Auf diesem Niveau ist schon der zweite Platz eine große Niederlage.

Endlich Sommerferien. Während Marius' Freunde in den Urlaub fahren oder Zeit totschlagen, beginnt für ihn die Vorbereitung auf die neue Saison. Das heißt: aufstehen in Paderborn um acht, Abfahrt nach Dortmund um neun, erstes Training um elf, Mittagspause, nachmittags das zweite Training, Rückfahrt nach Paderborn, Ankunft um 19 Uhr. Zehn Stunden BVB, täglich. Drei bis vier Stunden Fahrt inklusive. Und das von Montag bis Freitag. Am Samstag Spiel. Wenn er abends nach Hause kommt, ist er fix und fertig.

Von den Treffen mit der Westfalenauswahl ist er ein hohes Trainingsniveau gewöhnt, doch auch in dieser Hinsicht befindet er sich beim BVB in einer anderen Welt. Nicht nur, dass die Übungen hart und intensiv sind, es ist vor allem die Theorie, die Marius vor ganz neue Herausforderungen stellt.

Seine Trainer sprechen mit ihm und den anderen Spielern über Dinge, von denen er zuvor noch nie gehört hat: Immer den vom Gegenspieler entfernten Fuß anspielen! Denkt an den Schulterblick. Offen stehen! So weit dürft ihr beim Doppelpass von eurem Gegenüber entfernt sein. Wann benutzt ihr welchen Fuß? Wie verteidigt man am besten einen Doppelpass?

Den Coaches geht es in ihrer Arbeit auf diesem Niveau und in diesem Alter um die Grundlagen des Spieles, um das Fundament für jede Profikarriere. Marius weiß das. Und deshalb genießt er das harte Training, die langen Tage, die ständigen Korrekturen. Akzeptiert, dass er weniger Zeit und Energie für seine Freunde hat. Er lebt seinen Traum, liebt das damit verbundene Privileg. Für beides kann ein junger Mensch auf sehr vieles verzichten.

Nach einem Trainingslager im Sauerland geht es zum nächsten Vorbereitungsturnier in die Niederlande, einem Härtetest mit internationalen Gegnern aus dem Nachwuchs der Champions-League-Giganten. Paris Saint-Germain, Benfica Lissabon, Ajax Amsterdam, FC Chelsea. Marius gehört zu den Gewinnern der ersten Wochen, aus dem Neuzugang ist einer der Leistungsträger im Mittelfeld geworden. Er spürt das im Training, und er spürt es beim Härtetest auf Königsklassen-Niveau gegen PSG, als ihn sein Coach im ersten Spiel als Achter aufstellt, also als Verbindungsmann zwischen dem defensiven Sechser und dem offensiven Zehner.

Vor dem Anstoß hat Marius so getan, als würde er schon seit Jahren zu solchen Turnieren fahren, und hat dabei doch mehrfach schlucken müssen, weil er die klangvollen Namen der Gegner bislang nur aus dem Fernsehen oder von seiner Playstation kannte. Aber kaum rollt der Ball, stürzen sich die Dortmunder, angeführt von ihrem neuen Dynamo im Mittelfeld, auf die Franzosen und provozieren mit ihrem irren

Pressing einen ersten Ballverlust. 25 Meter vor dem Tor prallt der Ball direkt vor Marius auf. Er nimmt Maß, trifft das Spielgerät perfekt mit einem Volley und verfolgt ungläubig die Flugbahn. Wie an der Schnur gezogen, klatscht der Ball gegen die Unterkante der Latte und springt knapp vor die Torlinie. Erst dann gelingt es den Parisern, die Situation zu klären. Für einen Moment scheint das Spiel stillzustehen, ungläubig blicken Dortmunder und Franzosen zu Marius, der nach wenigen Spielsekunden um ein Haar ein Traumtor erzielt hätte. Wer ist dieser Typ, und was wird er noch alles auf der Kette haben, scheinen sich die gegnerischen Spieler zu fragen.

Für Marius ist dieser fantastische Schuss das Startsignal zu einem großen Spiel. Noch besser: zu einem großen Turnier. Denn nach dem Auftakterfolg gegen PSG schaffen es die jungen Borussen bis ins Halbfinale, wo Benfica Lissabon zwar knapp gewinnt, Marius aber dennoch zu den Siegern gehört. Als sich die Teams nach Spielende abklatschen, kommt der Trainer von Benfica auf ihn zu, schaut ihm tief in die Augen und sagt: Junge, du bist ein exzellenter Fußballer. Du wirst deinen Weg machen.

Wie lange ist es her, dass er über die Dörfer rund um Paderborn getingelt ist, um dort mit seinen Kumpels von Heide zu kicken? Jetzt darf er sich so ein Lob von so einem Experten anhören. Dafür, dass ihm solche Komplimente zu Kopfe steigen, fehlt Marius glücklicherweise die Zeit, denn schon bittet mit dem FC Chelsea der nächste weltbekannte Klub zum Duell. Das Spiel um Platz 3 gewinnt der BVB. Seine Feuertaufe hat Marius bestanden.

Bevor die Saison beginnt, gilt es, trotzdem noch ein paar neue Erfahrungen zu machen. Zum Beispiel beim Thema Professionalität. Zur Erinnerung: Marius ist noch ein Kind, doch bei der Ausbildung von Leistungssportlern wird dieser Aspekt wenig beachtet. Die jungen Fußballer werden nicht nur so eingekleidet und trainiert wie die Großen, sie haben auch gewisse Verhaltensformen zu verinnerlichen. Familie von Cysewski bekommt das zu spüren, als Mutter und Vater als Zuschauer zu einem Jugendturnier in die Niederlande kommen und dort aus alter Gewohnheit allen Anwesenden Guten Tag sagen. Auch Trainer Wazinski, der anschließend beobachtet, wie Marius von seinem Vater umarmt wird und seiner Mutter artig die Wange zum Kuss hinhält. Als die Eltern wieder hinter der Bande stehen, sagt der Coach zu Marius: Das war das erste und letzte Mal, dass auf dem Platz gekuschelt wurde.

Für Zärtlichkeiten ist ein Bundesligaklub nicht der richtige Ort.

Neu sind auch die Erfahrungen, die Marius im täglichen Training macht. Die Einheiten sind langfristiger und strukturierter angelegt, als er es vom SV Heide kannte, vor allem aber sind sie viel theoretischer. Um den Schülern ihr Spielverständnis zu verdeutlichen, stellen die Trainer auch mal elf Dummys auf und lassen die Spieler so lange von A nach B und weiter nach C laufen, bis das erwünschte Positionsspiel in Fleisch und Blut übergegangen ist.

Marius erkennt, dass die Philosophie Jürgen Klopps nicht nur bei den Profis, sondern bis weit runter in die Jugendmannschaften durchgedrungen ist. Das Einschieben der Außenverteidiger, das Gegenpressing der Offensivspieler, die damit verbundenen athletischen Herausforderungen – all das wird auch in der U14 vorgemacht und trainiert. Marius lernt, wie man richtig sprintet, wie man die Arme hält, welchen Winkel Ober- und Unterschenkel einnehmen, welche Rolle dabei eine vernünftige Fußstabilisation spielt. Beim Passtraining kommt er sich vor wie ein Rennwagen, an dem nach und nach das Feintuning erfolgt. So eine Ausbildung kostet sehr viel Zeit und Energie, doch am Anfang wird Marius von einer Welle der Euphorie getragen, die ihm hilft, die enormen Strapazen auszuhalten.

Die spürt er auch im ersten Saisonspiel gegen den MSV Duisburg. Nach einer hart umkämpften ersten Hälfte steht es 0 : 0. Gegen Mitte der zweiten Halbzeit erobert Marius den Ball, treibt ihn vor sich her und setzt mit einem feinen Pass seinen Teamkollegen so gut ein, dass dem das 1 : 0 gelingt. Zehn Minuten später muss er mit Krämpfen in den Waden ausgewechselt werden. Die Intensität der Partie und die hohe Anspannung sind nicht spurlos an ihm vorbeigegangen. Das 2:0-Endergebnis kann er nur von der Bank aus bejubeln.

Ein paar Spieltage später ist von dieser Erschöpfung nichts mehr zu spüren, im Topspiel gegen Bayer Leverkusen gewinnt der BVB mit 2 : 0. Torschütze zum wichtigen 1 : 0 mit einem Treffer aus 14 Metern: Marius, der zu den besten Spielern auf dem Rasen gehört. Nach diesem Spiel weiß er, dass er endgültig auf Topniveau angekommen ist.

Zu den Ritualen seiner neuen Mannschaft gehört, dass sich die Spieler in der Kabine von ihren Plätzen erheben, um der Ansprache von Wazinski zu lauschen. So auch vor dem ersten Derby in Marius' noch junger Dortmund-Karriere. Da stehen sie und spüren schon jetzt die besondere Anspannung, die so ein Duell mit sich bringt. Diesmal erzählt der Trainer eine Geschichte, die sich nach dem Spiel in der Vorwoche gegen Borussia Mönchengladbach zugetragen hatte. Da sei Lars Ricken, BVB-Legende und aktuell Nachwuchskoordinator, auf ihn zugekommen und habe gesagt: Deine Jungs haben richtig große Qualität. Vor allem die Rückennummer 6 ist mir aufgefallen.

Die Rückennummer 6 gehört Marius, der nun wirklich keine weitere Motivation mehr braucht, um sich gegen den Rivalen aus Gelsenkirchen den Hintern aufzureißen.

Was am Ende aber nichts nützt, die Dortmunder verlieren mit 0 : 4. Eine schlimme Klatsche, die sich noch viel schlimmer anfühlen würde, wenn der Trainer nicht trotzdem lobende Worte finden würde. Die Art und Weise, wie seine Jungs das Match bestritten hätten, habe ihm gefallen. Für Marius sind die vier Gegentreffer spätestens dann restlos verdaut, als sein Coach ihn einen Tag darauf zur Seite nimmt und informiert, dass er zum „Spieler des Monats" gekürt worden sei. Der beste Jugendkicker unter so vielen Ausnahmetalenten! Marius darf sogar ein Interview geben, das samt Foto im Vereinsmagazin abgedruckt wird.

Es passt zu diesen aufregenden Wochen auf der Erfolgswelle, dass das Telefon im Hause von Cysewski nicht mehr stillsteht. Zahlreiche namhafte (und weniger namhafte) Berater und Agenturen melden sich bei den Eltern des Ausnahmetalentes aus Paderborn. Der Berater von Lewis Holtby. Der ehemalige Bundesligastürmer Giovanni Federico. Die Agentur von Toni Kroos. Und eines Tages informiert Vater Theo seinen Sohn darüber, dass soeben Hermann Hummels angerufen hat, der Senior von Jonas und Mats Hummels.

Der hat dich spielen sehen und würde sich gerne mal mit uns unterhalten, verrät Theo und ahnt vermutlich, wie aufgeregt ihm Marius zuhört. Mats Hummels – das scheint jetzt die Kategorie zu sein, in der die Größen der Branche ihn verorten. Theo von Cysewski verabredet sich mit Hermann Hummels – lange Jahre Jugendtrainer bei Bayern München, inzwischen als Berater tätig – am Rande des Dortmunder Heimspiels gegen Arminia Bielefeld. Gegen die Ostwestfalen spielt Marius erneut überragend und bestätigt seine starken Auftritte der vergangenen Wochen. Nicht nur Hermann Hummels ist begeistert. Direkt nach dem Spiel bitten Nachwuchskoordinator Lars Ricken und Trainer Wazinski Marius und seinen Vater zu einem Gespräch unter acht Augen. Der Teenager vom SV Heide hört staunend dem früheren Supertalent und Champions-League-Sieger Lars Ricken zu, wie der eine wahre Lobeshymne auf seine Qualitäten und sein Potenzial singt. Nach den warmen Worten legen die BVB-Männer die Karten auf den Tisch: ein Vierjahresvertrag und eine Vergütung von 250 Euro pro Monat im ersten Jahr.

Wow, denkt Marius, so fühlt es sich also an, wenn man mit Fußballspielen sein Geld verdient. Er unterschreibt. In diesen Wochen, in denen sein Sohn ein Highlight nach dem anderen verarbeiten muss, sorgt Theo mit einer regelmäßig wiederholten simplen Wahrheit dafür, dass Marius nicht Gefahr läuft abzuheben: Denk immer daran, sagt er ihm, es gibt immer mindestens einen, der besser ist als du.

Wie schnell ein Spieler auch im Jugendfußball die Hierarchieleiter hochklettern kann, erlebt Marius, als es Diskussionen um seine Rückreise nach einem Auswärtsspiel unter der Woche gegen Bochum gibt. Seine Eltern möchten nicht, dass er so spät am Abend noch allein Zug fährt. Das Problem löst sich, als Wazinski ihm anbietet, ihn nach der Partie nach Hause zu fahren. Von Bochum bis nach Paderborn sind es knapp 90 Minuten, die Fahrt nach Dortmund ist nur unwesentlich kürzer. Drei Überstunden für einen einzelnen Spieler! Für einen Ersatzspieler hätte sein Trainer das bestimmt nicht gemacht.

Während der Fahrt nach Paderborn – das Spiel gegen Bochum ging knapp mit 0 : 1 verloren – erzählt ihm der Trainer, dass sich der bei Puma zuständige Manager für den Jugendfußballbereich bei ihm gemeldet habe und sich gerne mit Marius in Verbindung setzen würde. Klar, warum nicht, sagt der junge Mittelfeldspieler und bekommt wenige Wochen später eine schicke Ledertasche überreicht, in der sich vier brandneue Paar Fußballschuhe mit seinem eingestickten Namen befinden. Dazu gibt es Taschen, Klamotten – und das Versprechen auf ein vierstelliges Budget in den Puma-Stores des Landes. Im zarten Alter von 14 Jahren unterschreibt Marius seinen ersten Ausrüstervertrag. Was soll diesen Burschen auf dem Weg nach oben jetzt noch stoppen?

REMEMBER THE DAY

Im Sommer 2013 ist Alex Schulte einer der begehrtesten Nachwuchsfußballer des Landes. Borussia Mönchengladbach wollte ihn haben, RB Leipzig wollte ihn haben, beim 1. FC Nürnberg hat er zugesagt und bereits einen Vertrag unterschrieben. Und jetzt zeigt sogar Borussia Dortmund heftiges Interesse. Mit diesem Wissen im Kopf muss Alex noch zwei Spiele bei dem Turnier der Landesauswahlmannschaften absolvieren, und in beiden Spielen zeigt er Nerven. Wen wundert es, denn direkt nach dem Turnier reist er nach Nürnberg. Die letzten beiden Schulwochen vor den Sommerferien soll der Jüngling nutzen, um sich in der Fremde einzugewöhnen. Dortmund hin oder her, er hat den Franken zugesagt, und er steht zu seinem Wort.

Doch der Start in Nürnberg geht ziemlich in die Hose. Rein sportlich ist er beim FCN gut aufgehoben, das steht außer Zweifel. Aber im Internat muss er sein Zimmer mit einem 19-Jährigen teilen, der sich kaum für den Neuling interessiert und sein eigenes Ding durchzieht. Die beiden Jungen müssen sogar in einem Doppelbett schlafen, stundenlang bleibt Alex abends wach, weil sein Mitbewohner *Two and a half Men* auf dem Laptop guckt. Und so sehr er sich auf dem Fußballplatz auch heimisch fühlt, so sehr fremdelt der Sachse mit dem knallharten bayerischen Schulsystem. Um seine Gymnasialreife zu testen, drücken ihm die Lehrer in den ersten Tagen gleich mehrere Klausuren rein, bei der Matheprüfung rasselt Alex durch. Ist er etwa nach Nürnberg gekommen, um auf die Realschule abgeschoben zu werden? So war das nicht geplant.

Während er versucht, in Nürnberg Fuß zu fassen, ist seine Familie nach Dortmund gefahren, um sich zumindest mal anzuschauen, was der begabte Junior verpassen würde, falls er wirklich nicht zum BVB wechselt. Der Nachwuchskoordinator begrüßt die Schultes, stellt Scouts und Mitarbeiter vor und zeigt die perfekt gepflegten Trainingsplätze. Schwester Larissa schickt Alex ein Foto von einem der Rasenplätze. Guck mal, schreibt sie, was das für ein Rasen ist!

Seine Eltern sind besonders angetan vom vereinseigenen Internat, das in einer alten Dortmunder Stadtvilla untergebracht ist und von einer Frau namens Conny betreut wird, die dort selbst mit ihrer Familie wohnt. Zehn Nachwuchskicker sind hier dauerhaft untergebracht, die sympathische Gastfamilie und das große Wohnzimmer im Erdgeschoss sorgen für eine angenehme Atmosphäre. All das kabeln die Schultes nach Nürnberg, wo Alex sich immer mehr fragt, ob das Frankenland die richtige Wahl gewesen ist.

Wie fühlst du dich auf einer Skala von 1 bis 10, fragt ihn seine Mama, die mit dem Rest der Familie von Dortmund direkt nach Nürnberg gekommen ist. Alex antwortet: 6.

Das ist mir zu wenig, wenn ich dich dort allein lassen soll, entgegnet seine Mutter.

Alex muss nachdenken. Borussia Dortmund ist unter Jürgen Klopp zu einem der spannendsten Vereine Europas aufgestiegen, , die Nachwuchsarbeit wird weit über die Grenzen des Landes hinaus gerühmt, und das Beispiel Mario Götze zeigt ja, wie der Weg von den U-Mannschaften auf die ganz große Bühne aussehen kann. Aber er hat nun mal den Nürnbergern eine Zusage gegeben, ja sogar einen Vertrag unterzeichnet. Der 13-jährige Dresdener ist hin- und hergerissen.

Am nächsten Morgen ruft ihn einer der Berater von Rogon an. Als Alex ihm von seinen Problemen in Nürnberg erzählt, sagt der Berater: Junge, wenn du dich nicht wohlfühlst, gibt es immer einen Ausweg.

In diesem Fall wäre der Ausweg die zweiwöchige Kündigungsfrist, die es Alex ermöglichen würde, das Abenteuer Nürnberg abzubrechen, bevor es richtig begonnen hat. Unter uns, sagt der Mann von Rogon am Ende des Gespräches, so ein Angebot von Borussia Dortmund kriegt man vermutlich nur einmal im Leben. Denk darüber nach!

Jetzt liegen die Karten auf dem Tisch. Entweder Alex bleibt in Nürnberg und versucht, sich in der Schule und im Internat durchzubeißen, oder er zieht die Kündigungsoption, löst seinen Vertrag auf und wechselt zur Borussia. Das einzige Problem: Alex war noch nie persönlich beim BVB. Anders als bei seinem späteren Kumpel Marius hat er keine Möglichkeit gehabt, sich über Wochen und Monate an den großen Klub zu gewöhnen; er würde von Nürnberg aus direkt ins kalte Dortmunder Wasser springen. Den Ausschlag gibt letztlich die Einschätzung seiner Familie. Mama, Papa und Schwester sind sich sicher, dass es Alex beim BVB gefallen würde. Und deshalb wagt er den Schritt Richtung Westen.

Enttäuscht nimmt sein Trainer die Neuigkeit zur Kenntnis. Edeltalent Alex Schulte wird kommende Spielzeit nicht beim 1. FC Nürnberg spielen. Wie kurios dieser Wechsel eigentlich ist, zeigt ein Anruf mitten im Familienurlaub auf Ibiza. Am anderen Ende der Leitung ist ein Mann, der noch eine besondere Rolle in den Karrieren von Alex und Marius spielen wird:

Benjamin Hoffmann. Hoffmann hat Alex noch nie spielen sehen, jetzt soll er mit ihm arbeiten.

Ich wollte mich mal vorstellen, sagt Hoffmann, wir kennen uns ja noch gar nicht.

Auch Alex stellt sich Fragen. Wenn der Urlaub vorbei ist, wird er seine Sachen packen und mehr als 500 Kilometer entfernt von zu Hause die nächsten Schritte in der Ausbildung zum Profifußballer gehen. Seine Familie, seine Freunde, sein gewohntes Umfeld, alles wird er im zarten Alter von 14 Jahren zurücklassen müssen. Was wird sein, wenn er sich trotz der positiven Meinung seiner Familie in Dortmund nicht wohlfühlen wird? Wird er Heimweh haben? Werden seine Freundschaften die große Distanz überstehen? Richtige, wichtige Gedanken sind das, doch in dieser Situation zeigt sich, dass Alex nicht nur physisch bereit ist, sich der Herausforderung zu stellen.

Heute sagt er über sein 14-jähriges Ich: Ganz wichtig für mich war die Erkenntnis, was ich eigentlich wirklich wollte. Das vergleichsweise bequeme Leben in Dresden? Oder die große Chance BVB? Es gibt nicht den einen richtigen Weg. Man muss nur eine Entscheidung fällen und dann auch dazu stehen.

So wie Alex es dann tut, dem trotzdem ganz schön mulmig zumute ist, als er seine Sachen zusammenpackt und mit jeder vollen Tasche das Kinderzimmer leerer wird. Ein großer Trost angesichts des drohenden Heimwehs sind seine Großeltern. Die wohnen in Niederense, eine knappe Autostunde östlich von Dortmund entfernt. Die Strecke Dresden–Niederense kennt Alex im Schlaf, er ist sie schon viele Male mit seiner Familie gefahren. Oma und Opa gleich ums Eck, das macht die ganze Sache etwas leichter.

In Niederense angekommen, braucht Alex erst mal frische Luft. Um der Aufregung entgegenzuwirken, bittet ihn sein

Vater zu einer letzten gemeinsamen Trainingseinheit. Der zukünftige Jugendnationalspieler und Deutsche A-Jugend-Meister zieht sich seine Sportklamotten an und marschiert an der Seite seines alten Herrn mit einem Ball unter dem Arm den Feldweg entlang bis zu dem kleinen Spielplatz mit den beiden Metalltoren. Ralf Schulte dirigiert ein paar Pass- und Technikübungen und lässt sich von Alex die Bälle um die Ohren schießen. So, wie er es immer tat, seit sein Sohn gegen einen Ball treten konnte. Eine besondere Szene ist das, die sich da unweit eines Ackers in Westfalen abspielt. Auf der einen Seite der bewegende Abschied eines Trainerpapas von seinem hochbegabten Sohn, auf der anderen Seite ein Akt der Emanzipation eines Teenagers von seinen Eltern. Als Vater und Sohn verschwitzt und glücklich zurückkehren, ist Alex bereit für den nächsten Lebensabschnitt.

Der nächste Vormittag. Als der Wagen mit Mutter, Vater und Sohn die Ausfahrt Richtung Dortmund-Brackel nimmt, zeigt das Navi noch sieben Minuten Restfahrzeit an. Alex blickt aus dem Fenster und spürt sein Herz bis zum Hals schlagen. Er schaut sich jedes Haus an, jeden Menschen, den er im Vorbeifahren bemerkt. Das hier, denkt er, ist jetzt dein neues Zuhause.

Seine Mutter zeigt auf einen großen Betonbunker, die Geschwister-Scholl-Gesamtschule, Alex' neue Schule. Den Weg kannst du dir merken, sagt sein Vater. Über das neu angelegte Wohngebiet Hohenbuschei geht es in einen Kreisverkehr. Die zweite Abfahrt raus, und das Supertalent aus Dresden ist im Paradies angekommen. Die herrlichen Natur- und Kunstrasenplätze sind von einer gepflegten Parkanlage umrandet, neben den Parkplätzen entsteht gerade das neue Jugendinternat, und über dem Eingangsbereich des Nachwuchsleistungszentrums prangt ein riesiges BVB-Wappen. Alex steigt aus dem Auto, sieht sich um, muss schlucken. Was für ein Moment. Vor ein paar Monaten noch hätte er nicht zu träumen gewagt, einmal hier zu stehen, jetzt wird er bald ein Teil der großen BVB-Familie sein. Der Neue denkt an die großen Dortmunder Erfolge der vergangenen Jahre, den rasanten Klopp-Fußball und vor allem an die vielen blutjungen Spieler, die auf der Bühne namens Westfalenstadion schon performen durften. Da will er hin, das muss das Ziel sein. Alex Schulte ist nicht nach Dortmund gewechselt, um dort Mitläufer zu sein.

An der Eingangstür verabschiedet er sich von seinen Eltern und wird von einem Mittdreißiger mit Dreitagebart abgeholt. Benjamin Hoffmann, Jahrgang 1979, hat selbst von der C- bis zur A-Jugend für Borussia Dortmund gespielt, der glühende BVB-Anhänger war Balljunge im Westfalenstadion und erlebte das siegreiche Champions-League-Finale in München 1997 mit, als Teil der zum Endspiel eingeladenen U19. Als Herrenspieler kam Hoffmann nicht über die Oberliga hinaus, 2002 beendete er seine aktive Karriere in der Verbandsliga und wurde mit nur 22 Jahren Co-Trainer von Peter Wazinski in der schwarzgelben U17. Seit 2009 hat er eine hauptamtliche Trainerstelle beim BVB, ein Jahr später übernahm er die U15. In einem Interview mit *Spox* wird er Jahre später sagen: „Allen Trainern im Nachwuchsbereich sollte klar sein: Der Spieler ist immer am wichtigsten."

Hoffmann begrüßt seinen Neuzugang und führt ihn durch das Foyer in einen langen Flur, der in der Kabine der U15 endet. Ergriffen starrt Alex auf die Bilder an den Wänden: Fotos der Vereinslegenden Susi Zorc, Adi Preißler, Norbert Dickel, Andy Möller. Dann betritt er die Tür zu seinem neuen Wohnzimmer.

In der Kabine ist es mucksmäuschenstill, als der unbekannte Teenager den Raum betritt. Der Jahrgang 1999 spielt seit Jahren zusammen, Neuzugänge sind in diesem Alter selten. Vor allem solche, die vorher noch nicht einmal beim Probetraining waren. Wer ist dieser Typ von Dynamo Dresden, der angeblich einer der besten Mittelfeldspieler seines Jahrgangs sein soll, fragen sich die etablierten Nachwuchskicker. Alex sucht sich einen freien Platz und zieht sich rasch um. Antworten auf die ungestellten Fragen will er am liebsten auf dem Platz geben. Erstmals streift er sich den Trainingsanzug mit dem bekannten Wappen über und geht raus auf den Rasen. Für das Abschlussspiel teilt ihn Trainer Hoffmann als Sechser in der Zentrale ein. In diesem Moment wird Alex klar, warum sie ihn unbedingt nach Dortmund holen wollten. Nicht unbedingt, weil er über ein gottgegebenes Talent verfügt, auch nicht, weil er vor lauter Kraft kaum laufen kann, sondern weil er die Rolle in der Mittelfeldzentrale so interpretiert, wie es sich die Trainer wünschen. In Dresden oder den Auswahlmannschaften hat er sich längst als Lautsprecher einen Namen gemacht, als einer dieser kantigen Tonangeber, die Verantwortung übernehmen und sich selbst in der Pflicht sehen, den Laden am Laufen zu halten.

Wie heißt ihr, fragt er vor dem Anpfiff seine Innenverteidiger und macht Tim und Jules dann klar, wie der Wind weht. Ihr müsst mit mir reden, mir Kommandos geben, erklärt er den verwirrt wirkenden Kollegen. Hier in Dortmund, das merkt er schnell, ist der Ton nicht so rau und direkt wie in Dresden, ist die Intensität nicht unbedingt an der Lautstärke auf dem Rasen zu messen. Kein Grund aber, sich und seine Spielweise zu verändern. Und so rennt und grätscht und organisiert Alex, wird laut, wenn sein Team dem Gegner zu viel Raum gibt, ruft Befehle zum Gegenpressing über den Platz und steht das ganze Spiel über im Fokus. Sein Team gewinnt das Spiel. Die irritierten Blicke seiner neuen Mitspieler versucht er zu übersehen. Genau deshalb wollten sie ihn doch haben.

Oder, um es mit den Worten seines Beraters zu sagen, der den Trainingskick von außen beobachtet hat: Die hast du ganz schön aufgefressen.

Nach dem Training bekommt jeder Spieler eine neue Trainingstasche überreicht, vollgepackt mit Dingen, für die Alex früher zu Fuß nach Dortmund gelaufen wäre. Im Konferenzraum wartet die nächste Überraschung auf den Frischling. Mitarbeiter des BVB-Sponsors Puma haben die neuesten Schuhkollektionen aufgebaut, jeder Kicker darf sich ein Paar aussuchen. In Dresden war Alex immer noch an der Seite seines Vaters Schuhe kaufen gegangen. Das hier ist eine andere Liga. Wie wichtig bei einem so großen Verein allerdings der Zweiklang aus Professionalität und Wohlfühlatmosphäre ist, zeigt sich an der nächsten Station. Gemeinsam mit seinen Eltern, seinem Berater, seinem neuen Trainer und Jugendleiter Edwin „Eddy" Boekamp fährt er ins Dortmunder Kreuzviertel und biegt hinter einer großen Kreuzung in eine lange Auffahrt ein. 50 Meter weiter erspäht Alex sein neues Zuhause: eine alte Stadtvilla, von Bäumen und Pflanzen gut abgeschirmt. Hier hat der BVB sein Internat. Die Tür wird geöffnet von einer blonden Frau in den Dreißigern, die Alex freundlich anlächelt und ihm mitteilt, dass er der jüngste Bewohner in der Geschichte des Internats sei. Conny lebt hier gemeinsam mit ihren beiden Kindern und Ehemann Matthias Kleinsteiber, der bereits seit Jahrzehnten für den BVB arbeitet und zum Zeitpunkt von Alex' Einzug als Torwarttrainer der U19 tätig ist. Wie wichtig die Kleinsteibers für die Entwicklung der Nachwuchstalente sind, zeigt sich daran, dass Matthias Trauzeuge eines ehemaligen und inzwischen sehr bekannten Bewohners war: Marcel Schmelzer.

Conny führt Alex und seinen Tross durch das Gebäude, zeigt ihm den großen Eingangsbereich, das Esszimmer und den nie benutzten Kamin. Im Obergeschoss sind fünf Zimmer eingerichtet, eines davon wird Alex bewohnen: 15 Quadratmeter, ein großer Schrank und zwei Fenster mit Blick auf den nahe gelegenen Friedhof. Nachdem die Schultes ein paar Klamotten ausgeräumt haben, geht es weiter zur nächsten Attraktion: Im Nachbargebäude ist das Café Südwest, ein Ort, in dem Alex künftig viel Zeit verbringen wird. Mit dem BVB hat Besitzer André den Deal, dass jeder Internatsbewohner täglich eine warme Mahlzeit gratis bekommt.

Und dann ist es an der Zeit, sich zu verabschieden. Alex nimmt noch einmal seine Mama in den Arm und lässt sich von seinem Vater drücken. Schließlich rollt das Auto der Eltern vom Hof, und der 14-Jährige steht ganz allein vor der alten Stadtvilla in der Kreuzstraße. Zurück auf seinem Zimmer lenkt er sich damit ab, die restlichen Sachen auszupacken, doch so richtig kann er noch nicht glauben, was an diesem langen Tag alles passiert ist. In der ersten Nacht schläft er wie ein Stein. Der Kaltstart beim BVB hat ordentlich Körner gekostet.

Zeit, um die Eindrücke zu verarbeiten, hat er nicht. Wenige Tage später steht er mit seinen neuen Mitspielern auf dem Rasen des St. George Park in den englischen Midlands und bereitet sich auf ein spektakuläres Turnier vor. Der FC Southampton, Ajax Amsterdam, Manchester City und Manchester United heißen die Gegner, doch in Erinnerung bleibt vor allem die perfekt gepflegte Trainingsanlage, die über eine exakte Kopie des legendären Wembleyrasens verfügt. Bei der Eröffnung der Anlage wenige Jahre zuvor hatte der damalige englische Nationaltrainer Roy Hodgson gesagt: „Die Hauptinspiration für die jungen Spieler kommt von den Sportanlagen, der Qualität des Hotels und insbesondere der Qualität der sportwissenschaftlichen Anlagen, die einfach unglaublich sind." Das ist jetzt das Niveau, auf dem sich Alex bewegen wird. Königsklasse auch in der Ausbildung.

Auf rein sportlichem Gebiet versucht er in diesen Wochen, den Verantwortlichen zu zeigen, warum sie ihn unbedingt haben wollten. Weil er bissig im Zweikampf ist. Weil er klug verteidigt und schlau angreift. Wegen seines sicheren Passspiels. Und vor allem aufgrund seiner Soft Skills als Lautsprecher und Organisator im Mittelfeld. Die Spiele gegen den Nachwuchs der Weltvereine aus Amsterdam oder Manchester sind für ihn ein erster Härtetest, und er besteht ihn. Es gibt noch einen anderen Grund, warum Alex motiviert ist, jeden Tag sein Bestes zu geben. Wegen seines Vereinswechsels wurde er für die ersten drei Monate gesperrt und darf nur in Testspielen auflaufen. Er will seinem Trainer zeigen, dass der sich auf die ersten Pflichtspieleinsätze seines Neuzuganges freuen kann.

Probleme ergeben sich allerdings abseits des Rasens, genauer gesagt im Internat. In den Räumen der alten Stadtvilla sind insgesamt elf Jugendliche untergebracht, Alex ist mit 14 der Jüngste im Haus (und zeitgleich der jüngste Spieler, der bis dahin je im Internat gelebt hat). In der Gruppenrangfolge steht er damit am Ende der Nahrungskette. Dazu passt seine eher devote Haltung, mit der er durchs Haus schleicht. Zu den anderen Jungs ist er höflich, er versucht, sich so gut es geht unsichtbar zu machen. Was in einem Haus mit elf Fußballern natürlich unmöglich ist. Weil er nett sein will und sich so Zugang zu den anderen erhofft, bietet er den Jungs in diesen Wochen regelmäßig an, ihnen Getränke aus der Küche mitzubringen. Irgendwann fragt einer, ob Alex nicht eine größere Portion seines kulinarischen Dauerbrenners Rührei kochen könne. Also kocht Alex mehr Rührei. Beim nächsten Mal fragen zwei andere. Dann noch einer. Und eines Tages stehen dem Jüngling

Tränen der Wut in den Augen, weil er sich hat missbrauchen lassen, für fast die komplette Belegschaft zu kochen und abzuspülen. Eine Demütigung.

Als sich die Jungs feixend auf ihre Zimmer verzogen und es ihrem Youngster überlassen haben, die Küche sauber zu machen, betritt Hendrik den Raum. Hendrik spielt in der U19, ein Rotschopf aus Paderborn, der sich durch seine empathische Art zu einem wichtigen Bindeglied im sozialen Gefüge dieser Junge-Männer-Bubble entwickelt hat. Er nimmt Alex beiseite und sagt: Ist doch klar, dass die dich testen wollen. Du bist neu, du bist der Jüngste, und du lässt dir alles gefallen. Du musst dich behaupten. Manchmal muss man hart sein – und bleiben!

Eine entscheidende Lektion ist das, nicht mehr und nicht weniger. Alex wird sie nicht nur mit dem Internat-Rudel helfen, sondern auch in der Kabine und auf dem Platz.

Früher, erklärt ihm Hendrik, sei es im Internat noch viel krasser zugegangen. Er erzählt davon, wie vor einigen Jahren ein paar U19-Kicker einen jüngeren Spieler zwangen, sich während des Essens in eine Ecke zu stellen. Alex begreift, dass ihn die Demütigung seiner Kollegen verletzt hat, es zur Aufgabe eines angehenden Fußballprofis aber auch dazugehört, sich im sozialen Schmelztiegel zu behaupten, will man nicht auf ewig Rührei kochen oder die Wand anstarren.

Hendrik wird für ihn zu einer Mischung aus Mentor und großem Bruder. Eines Nachts kann Alex nicht schlafen, er muss an den Brief denken, den ihm seine Ex-Freundin geschrieben hat, von der er sich vor seinem Abschied aus Dresden getrennt hatte. Mit vielen Gedanken im Kopf, viel Aufregung im Herzen und ein paar Tränen in den Augen klopft der Teenager bei Hendrik an und bittet um Rat. Ohne etwas zu sagen, holt Hendrik ein Feuerzeug und gibt es Alex.

Gib es mir morgen wieder. Und über die Sache verlieren wir kein Wort mehr.

Alex versteht und verbrennt den Brief im Garten. Sein Herz fühlt sich danach leichter an. Voller Bewunderung für den älteren Fußballer geht Alex auf sein Zimmer. Hendrik hätte ihn auch wegscheuchen oder auslachen können, stattdessen hat er ihn klug unterstützt.

Nach und nach findet der Sachse auch Zugang zu den anderen BVB-Kickern. Die Ansagen von Hendrik haben geholfen, Alex hat klargemacht, dass er sich nicht länger verarschen lässt. Jedenfalls nicht immer. Denn der Umgang im Internat ist zwar herzlich, aber auch hart. Oft hängt er mit den U17-Spielern Till und Jonas ab, die eine interessante, aber für junge Männer ziemlich typische Form der Freundschaft anbieten: Alex wird geneckt, liebevoll beleidigt, wird zum Getränkeholen geschickt – aber am Ende sitzt er mit den Jungs gemeinsam im Zimmer und guckt einen Film. Und wenn es ihm mal schlecht geht, sind Till und Jonas und die anderen für ihn da. Die spezielle Form der Gemeinschaft, das gemeinsame Talent, die gemeinsame Leidenschaft und der gemeinsame Traum vom Profifußball schweißen die Internatsbewohner zusammen. Mit einigen von ihnen pflegt Alex bis heute engen Kontakt.

Und wenn einer die Hilfe der anderen benötigen würde, sagt er im Rückblick, wären wir alle füreinander da.

Die Jungs aus der Stadtvilla, glaubt Alex, haben einen großen Anteil daran, dass er heute so ist, wie er ist.

Drei lange Monate darf Alex kein Pflichtspiel absolvieren. Auf diesem Niveau gehören Trainingseinheit und Testspiele zwar zur wöchentlichen Routine, aber an den Reiz eines Punktspiels reicht keine Übungsform der Welt heran. Eisern arbeitet der Neuling aus Dresden auf seinen ersten Einsatz hin. Innerhalb der Mannschaft hat er schnell seine Rolle gefunden, in seinem Mitspieler Julian „Jules" Schwermann einen tollen Freund, und auch mit Trainer Benjamin Hoffmann kommt er zunächst gut zurecht. In den ersten Wochen holt ihn Hoffmann sogar mal vom Internat ab und lobt ihn während der Fahrt über den grünen Klee. Wenn er dabei sei, würde die Mannschaft gleich ganz anders auftreten, viel mehr Möglichkeiten haben, solche schönen Dinge. Und nach einem Testspiel mit der U16 stellt sich Hoffmann in die Kabine und erzählt, wie ihn sein Trainerkollege nach dem Kick gefragt habe, wie es denn sein könne, dass seine Jungs aus der U15 die besten Spieler waren? Alex hört gerne zu und erlebt einen Coach, der sich aufrichtig freut, einen Spieler wie ihn im Kader zu haben.

Erstaunt registriert er in dieser ersten Zeit, dass das Training in Dortmund einen anderen Schwerpunkt hat. Im Osten waren Basisübungen an der Tagesordnung. 50-mal mit der Innenseite des rechten Fußes gegen die Wand, 50-mal mit dem linken Bein. Gegen die Wand jonglieren, mit den Füßen, den Knien, dem Kopf, dem Spann. Sehr viel Wert auf Technik und Präzision. Dafür ist das Tempo in Dortmund deutlich höher.

Dass der BVB ansonsten in allen Belangen eine andere Hausnummer ist, wird Alex bei einem weiteren Treffen mit dem intern „Puma-Kai" genannten Vertreter des Schuhherstellers bewusst. Im Meetingraum sind knapp 150 Paar nigelnagelneue Fußballschuhe aufgestellt, und als Alex wie geblendet vor den Tretern steht, raunt ihm sein Trainer zu: Na, jetzt biste nicht mehr in Dresden, was?

Wochen vor dem Ablauf der Sperre wird Alex in einem Testspiel vorzeitig vom Platz genommen. Er ärgert sich. Er braucht jede Minute, um in Wettkampfform zu kommen. Doch Hoffmann hat gute Gründe für die Auswechslung. Er nimmt seinen Spieler in den Arm und überbringt die frohe Kunde: Die

Sperre wurde kurzfristig reduziert, bereits am kommenden Wochenende darf Alex endlich sein Debüt feiern.

Kurz nach seinem Wechsel zum BVB hat Alex Post mit dem Adler auf dem Briefkopf bekommen und erfahren, dass er im erweiterten Kader für den nächsten Lehrgang der deutschen U15-Nationalmannschaft steht. Eine schlechte Nachricht verpackt in einer guten. Alex ist kurz vor dem Sprung in die Nationalmannschaft. Aber eben nur fast. Doch dann kommt die ersehnte Info: Einer der nominierten Jungs kann nicht an dem Lehrgang teilnehmen, Alex rutscht für ihn nach.

Den Ablauf im Trainingslager kennt Alex schon aus dem Alltag als Nachwuchshoffnung einer Bundesligamannschaft, doch es macht schon einen Unterschied, dass er jetzt in Trainingskleidung über den Platz rennen darf, die nur für die besten Spieler des Landes bestimmt ist. Drei Tage lang macht er neben späteren Profis wie Jan-Christoph Bartels und Arne Maier eine gute Figur und hinterlässt im abschließenden Trainingsspiel eine Duftmarke, als er den entscheidenden Treffer markiert.

Kurz vor seinem ersten Pflichtspiel für Borussia Dortmund erfährt Alex, dass er in die deutsche U15-Nationalmannschaft berufen worden ist. Die E-Mail mit dem Kader für die Spiele gegen Südkorea öffnet er, während er in Dresden einkaufen ist. Vor Freude macht er einen Luftsprung. 2008, Ballack und der krasse Freistoß gegen Österreich. 2010, Zauberfußball von Özil, Müller und Co, Balotelli 2012. Und jetzt gehört er selbst zum erlauchten Kreis. Jede Fußballerin, jeder Fußballer träumt irgendwann einmal davon, als Nationalspieler aufzulaufen. Sich aufzureihen, die Hymnen zu hören, das eigene Land zu vertreten. Alex war schon ein zweiter Mats Hummels, hat wie Sami Khedira die Fäden gezogen, Pässe gespielt wie Toni Kroos und Gegner abgegrätscht wie Bastian Schweinsteiger. Er hat immer wieder davon geträumt, mit dem Adler auf der Brust aufzulaufen. Und er musste dafür nicht mal schlafen. Jetzt ist er einer von ihnen. Und ganz offiziell einer der besten Fußballer seines Jahrgangs.

Doch zunächst steht sein allerserstes Pflichtspiel für den BVB auf dem Programm. Als er sich vor dem Match das Trikot überzieht, schließt er kurz die Augen, um den Moment zu würdigen. Doch als das Spiel angepfiffen wird, fällt alle Erhabenheit von ihm ab, jetzt ist er ein junger talentierter Mann voller Energie, der sich fühlt, als habe man ihn aus dem Käfig gelassen.

Nach dem frühen Führungstreffer grätscht Alex in einer Szene rechtzeitig vor dem gegnerischen Keeper in den Ball und erzielt das 2 : 0. Ein perfekter Einstand. Auf der so wichtigen Sechserposition organisiert er die Defensive und leitet die eigenen Offensivaktionen mit ein, seine Zweikämpfe und Pässe sitzen, seine Kommandos halten den Laden zusammen. Zur Halbzeit führt der BVB 3 : 0, das dritte Tor hat er selbst vorbereitet. Trainer Hoffmann nimmt Alex und Kumpel Julian Schwermann danach vom Platz. Beide sind für die Länderspiele gegen Südkorea nominiert.

Direkt nach seinem Debüt bringen Mama und Papa Schulte ihren Sohn in die Sportschule Duisburg-Wedau. Überpünktlich sitzen sie gemeinsam im Hotelfoyer, im Hintergrund ragt der unter den Fußballern allseits bekannte „Bettenturm" in die Höhe. Nach und nach trudeln die anderen Spieler ein. Alex kennt diese Situation, er hat sie in der Kreisauswahl erlebt, in der Bezirksauswahl und später in der Sachsenauswahl. Doch das hier ist eben die Endstufe. Das hier ist die Nationalmannschaft. Deren Trainer heißt Frank Engel und ist unter den U-Spielern eine Legende. Der gebürtige Leipziger spielte in den 60er-Jahren für die Nachwuchsmannschaft von Chemie

Leipzig, verletzte sich allerdings früh am Rücken und sattelte um zum Jugendtrainer. In der DDR saß Engel bei sage und schreibe 195 Juniorenländerspielen auf der Bank und trainierte spätere Bundesligastars wie Matthias Sammer, Ulf Kirsten oder Thomas Doll. Nach der Wende arbeitete er im Herrenbereich, seit 2005 ist er im Nachwuchsbereich des DFB tätig. Einer wie Engel erkennt die Stars von morgen. Der starke Auftritt von Alex im Dortmunder Pflichtspiel – von Engel an der Seitenlinie verfolgt – hat dem erfahrenen Trainer gezeigt, was für einen begabten Spieler er da erstmals in seine U15 eingeladen hat.

Kurz darauf sitzen die besten Spieler des Jahrgangs zusammen und erhalten die wichtigen Informationen für die kommenden Tage. Sie alle, die hier in der Sportschule sitzen, sind „Jahrtausendtalente", Produkte der Bemühungen seitens der Verbände und Vereine, die eigene Nachwuchsarbeit langfristig zu verbessern. Alex' Zimmerpartner heißt Yoel, viel zu sagen haben sich die beiden jungen Fußballer nicht. Aber die Ausrufezeichen sollen die Spieler ja eh auf dem Platz setzen.

In den Tagen vor dem Spiel gegen Südkorea geht Frank Engel immer wieder ins Detail und fordert seine Schützlinge auf, intensiv miteinander zu kommunizieren, um so ihre Wissenslücken aufzufüllen. Was ist der starke Fuß meines Nebenmannes? Wie agiert Spieler A bei einem Gegenangriff? Wie Spieler B bei einem Konter der eigenen Mannschaft? Lautsprecher Alex gefällt diese Herangehensweise, die dazu führt, dass sich das neu zusammengewürfelte Team in kürzester Zeit kennenlernt.

Am Spieltag könnte Alex' Motivation nicht größer sein. Im Besprechungsraum erfährt er, dass er gemeinsam mit Kapitän Arne Maier auf der Doppelsechs beginnen wird. Die Trainer haben einen kleinen Film mit Szenen vom Training und den

Abschlussspielen zusammengestellt, die Bewegtbilder sind mit dem Song *Remember the Day* von Capital Lights unterlegt. Mit dem Bus geht es zum Stadion. Dort setzt Alex seine Kopfhörer auf und geht langsam durch den Tunnel, der zur Kabine führt. Auf den Plätzen liegen die Nationaltrikots bereit, Hose, Stutzen. Handys werden gezückt, wahr gewordene Träume fotografiert. An der Seite ist ein kleines Büfett aufgebaut, Alex knabbert ein paar Weintrauben, ehe es zum Aufwärmen nach draußen geht. Zurück in der Kabine schwört Engel seine Jungs ein, in den langen Minuten des Wartens im Spielertunnel spürt Alex die Nervosität kommen. Er muss daran denken, wie ihm und den Mitspielern im Vorfeld der Partie geraten wurde, die deutsche Nationalhymne auswendig zu lernen. Was in seinem Fall gar nicht nötig war.

Und dann steht er da, im Trainingsanzug der Nationalmannschaft, auf der Tribüne seine Großeltern, Mama und Papa. Während der Hymne singt Alex den Text laut mit und ist bereits voll fokussiert. Dann wird das Spiel endlich angepfiffen, und Alex wird zum Lenker und Organisator im Mittelfeld.

Auch bei den DFB-Junioren erwischt er zum Debüt einen Traumstart. Nach einer eleganten Ballannahme zieht er vor das gegnerische Tor und schließt aus 18 Metern mit links ab: 1 : 0 für Deutschland. Tor: Alexander Schulte von Borussia Dortmund. Was für ein Moment! Er wird noch schöner, weil die Deutschen auch dank dieses Tores am Ende mit 2 : 1 gewinnen. In einem Spiel, das Alex in den letzten 20 Minuten als Kapitän bestritten hat. Weil Spielführer Arne Maier verletzt vom Rasen muss, entscheidet Engel, dass er die Binde an seinen Nebenmann im Mittelfeld weitergibt.

Sein Trainer packt im Rückspiel sogar noch einen drauf. Weil Maier geschont werden soll, darf Alex die DFB-Auswahl auf den Rasen führen und mit dem gegnerischen Kapitän die Wimpel tauschen. Tagelanger Regen hat das Geläuf mitgenommen, die Partie wird zu einer Schlammschlacht. Am Ende trennen sich die Teams unentschieden, Alex hat erneut ein starkes Spiel gemacht und damit gleich zwei Ausrufezeichen gesetzt. In den Tagen nach dem Länderspiel veröffentlicht die *Bild* einen Artikel über die deutschen Nachwuchshoffnungen. Schlagzeile: „Diese jungen Adler sollte man sich merken!" Darunter auch ein Foto von Alex Schulte.

GÜNDOGAN MUSS WARTEN

Das Heimspiel gegen den 1. FC Köln spiegelt im Kern die gesamte Saison von Marius wider. Nach 20 Minuten nimmt er einen Ball aus 22 Metern per Dropkick. Ein schwieriger Schuss, aber wer ihn perfekt hinbekommt, sorgt für großes Staunen. In der Millisekunde, da der Ball den Fuß verlässt, denken Trainer und Ersatzspieler auf der Bank dasselbe: Der geht rein. Und wie er reingeht! Rechts oben im Winkel schlägt der Ball ein, ein wunderschönes Tor. 1 : 0 für den BVB. So einen Schuss hämmert nur, wer voller Selbstvertrauen ist, und genau das hat Marius. Das Match gegen die Kölner endet mit 3 : 2 für Dortmunds Nachwuchs, und mal wieder war der Neue mit den dunklen Haaren einer der Besten auf dem Platz.

In den Tagen nach dem Spiel muss Marius zum Physio. Er hat Schmerzen im Knie- und Hüftbereich, in seinem Alter sollte man sich mit dieser Diagnose unbedingt behandeln lassen. Die Ursache – eine Instabilität seiner Wachstumsfuge zwischen Hüftkopf und Schenkelhals – führt zu einem Abrutschen des Hüftkopfes, was erhebliche Handicaps bedeuten kann. Gerade, wenn man dabei ist, die Fußballwelt im Sturm zu erobern. Jedoch sogar im Wartezimmer des Physiotherapeuten fühlt sich Marius wie in einem nicht enden wollenden Spielfilm. Er ist nicht bei irgendeinem Physio, sondern bei einem Mann, über den sein Trainer gesagt hat: Wenn der das nicht hinkriegt, bist du wirklich verletzt.

In der verrückten Welt des Fußballs steigen nicht nur Fußballer und Trainer zu Stars auf, sondern auch Physiotherapeuten, Krankengymnastinnen, Osteopathinnen, Sportmediziner oder Handauflegerinnen. Deshalb sitzt Marius im Wartezimmer auch nicht neben Max Mustermann, sondern neben Ilkay Gündogan, der bei Borussia Dortmund zu einem der besten Mittelfeldspieler des Landes aufgestiegen ist und knapp zwei Jahre später für 30 Millionen Euro zu Manchester City wechseln wird. Und natürlich gehört Physio Heiko zum persönlichen Betreuerstab des späteren Weltmeister-Wunderjungen Mario Götze.

Stumm sitzt Marius auf seinem Stuhl und genießt den Moment. Es wird noch verrückter, als Heiko den Raum betritt und verkündet: Ilkay, dich machen wir später. Ich muss mich erst mal um Marius kümmern.

Fehlt nur noch, dass ihm gleich Franz Beckenbauer im Vorbeigehen auf die Schulter klopft und gute Genesung wünscht.

Aufeinandergestapelte Geilheit, beschreibt es Marius heute virtuos. Zu diesem Zeitpunkt, auf der Massagebank von Heiko, vier Meter Luftlinie von Ilkay Gündogan entfernt, ist der Teenager aus Paderborn eines der heißesten Nachwuchstalente des Landes. In diesen Tagen scheint alles möglich zu sein, scheint der Weg in eine glorreiche Zukunft zwischen Westfalenstadion und Camp Nou geebnet. Während Heiko ihn mit seinen kundigen Fingern bearbeitet und tatsächlich dafür sorgt, dass die Schmerzen verschwinden, gibt sich Marius dem Traum hin, den er schon als 7-Jähriger hatte. Zehntausende Zuschauer, die seinen Namen brüllen. Ein perfekter Rasen, ein perfekter Tag, ein perfektes Spiel. Die ganz großen Namen, der ganz große Fußball. Geniale Pässe. Traumhaft schöne Flanken. Die siegbringende Vorlage kurz vor Schluss. Das Bad in der Menge, die Interviews danach, die Arschbombe ins Abkühlbecken. Wie geil wäre das denn, bitte?

Das Problem: So talentiert und erfolgreich Marius auch ist, dieser Besuch beim Physiotherapeuten markiert den Beginn einer Jahre andauernden Leidenszeit, in der er oft und lange verletzt sein und keinen Fußball spielen wird. Ein Künstler muss Kunst machen, ein Musiker muss musizieren. Und ein Fußballtalent muss Fußball spielen. Messi, Ronaldo, Thomas Müller, sie alle sind nur deshalb zu Weltstars geworden, weil ihr Körper es ihnen erlaubte. Den Weg zum Gipfel im Leistungssport säumen am Seitenrand großartige Talente, deren Physis nicht ausreichend war. Ein gigantischer Ausleseprozess zwischen Nationalhymnen, Puma-Verträgen und Traumtoren. Die schmerzhafte Erkenntnis: Marius wird diesen Prozess am Ende nicht überstehen.

Davon ahnt in diesem Frühjahr 2014 aber nicht einmal Physio Heiko etwas. Denn Marius ist fit und einsatzbereit und liefert Woche für Woche ab. Nicht nur beim BVB, auch in der Westfalenauswahl ist er gesetzt und ein Leistungsträger. Wie wichtig er für seine Mannschaften ist, zeigt ausgerechnet das Derby gegen Schalke 04 kurz vor Saisonende. Das Hinspiel haben die Dortmunder krachend mit 0 : 4 verloren, und wer die Rivalität zwischen Königsblau und Schwarzgelb auch nur halbwegs kennt, der weiß, dass nach solchen Pleiten auch in der U14 der Haussegen schiefhängt. Entsprechend motiviert gehen die Dortmunder Junioren ins Rückspiel. Marius agiert diesmal auf der Zehn, also im Epizentrum des Offensivgeschehens. Er rennt, er grätscht, er passt, er schafft Räume und schließt sie, er kreiert Chancen und schießt selbst aufs Tor. Zehn Minuten vor dem Abpfiff steht es 2 : 1 für den BVB. Dann durchzucken Krämpfe die Waden des Spielgestalters. Er muss ausgewechselt werden, humpelt in die Kabine, duscht sich ab und kommt just in dem Moment zurück an den Platz, als Schalke ein Tor schießt. Kacke, denkt Marius, 2 : 2. Und das, obwohl die Blauen bis dahin deutlich unterlegen waren. Dann aber erfährt er: Es war das 3 : 2 für Schalke! In den wenigen Minuten seiner Abwesenheit hat der Gegner zwei Tore erzielt. Ein Fiasko.

Bevor sich die Jungs in den Urlaub verabschieden, wartet aber noch ein Highlight, und es wartet in Berlin. Im DFB-Pokalfinale stehen sich Bayern München und Borussia Dortmund gegenüber, und wenn der BVB im Endspiel steht, pflegt er die schöne Tradition, sämtliche Jugendmannschaften nach Berlin einzuladen. Als einer von 76 197 Menschen sitzt Marius am 17. Mai 2014 im Olympiastadion, saugt die Atmosphäre auf und kann sogar die 0:2-Niederlage wegstecken, weil die Stimmung rund um dieses Spiel einfach so fantastisch ist. Irgendwer, vielleicht der Fußballgott, scheint die ganze Hauptstadt in Schwarz und Gelb getüncht zu haben. Die Münchener mögen die bessere Mannschaft haben, außerhalb des Rasens geht der Titel ganz klar an den BVB.

Apropos Urlaub. Als die Planungen für die Sommerpause begannen, hatte der Trainer der Westfalenauswahl sein Team zusammengerufen und gesagt:

Jungs, das ist jetzt wahrscheinlich der letzte Sommer, wo ihr gemeinsam mit euren Familien noch mal in den Urlaub fahren könnt. In Zukunft bestimmt der Fußball eure Terminkalender.

Auch Marius zieht die Option und sagt für die Reise mit seiner Familie sogar einen Lehrgang mit der Westfalenauswahl ab. Von seinem Trainerteam bekommt er ein paar Fitnessübungen mit auf den Weg und den dringlichen Wunsch, gesund aus dem Urlaub zurückzukehren.

Mit dem Auto fährt Familie von Cysewski Richtung Balkan und macht dabei in mehreren Städten Station. Bei einer dieser Etappenpausen besucht Marius mit seinen Leuten das

Puma-Hauptquartier in Herzogenaurach und wird am Eingang von einem Mitarbeiter mit den Worten begrüßt: Nehmt euch mit, was ihr haben wollt!

Der Ausrüstervertrag macht es möglich. Ohne einen Euro zu zahlen, marschieren die Urlauber mit neuen Schuhen und Klamotten aus dem Laden.

Da kommt man sich schon wie ein Star vor, sagt Marius knapp zehn Jahre später.

Und weil er eh gerade schon auf Wolke sieben schwebt, halten die von Cysewskis auf dem Rückweg ihres Kroatienurlaubs in München, um sich mit Hermann Hummels zu treffen. Ein kleiner Schnack mit einem Mann, der womöglich der bekannteste Fußballervater des Landes ist. Und spannende Details von der After-Show-Party der Helden von Rio, die im Sommer 2014 Weltmeister geworden sind, erzählt. Einer dieser Helden ist Hermann Hummels' Sohn Mats. Marius lauscht den Anekdoten, während er im Garten eines feinen Münchener Hotels sitzt und sich ziemlich wichtig vorkommt.

Als die neue U15-Saison beginnt, fühlt sich Marius bereit für die nächsten Abenteuer. Er ist gesund, er ist topfit, er ist voller Selbstvertrauen und voller Talent. Ein Rennpferd, das endlich aus seiner Box gelassen werden will. Bevor die Spielzeit beginnt, wählt die Mannschaft ihre neuen Kapitäne. Marius gehört dazu. In einer Mannschaft ist so eine Wahl ein Ritterschlag. Dieser Typ, so die Message, kann nicht nur gut kicken, er ist auch einer, dem wir auf und neben dem Platz vertrauen, der stets Verantwortung übernimmt und vorangeht. Das passt zum Selbstverständnis von Marius, der ganz genau registriert hat, wie ihn das Trainingslager in der Saisonvorbereitung wieder einen Schritt weitergebracht hat. Er spielt jetzt noch dynamischer, noch direkter, noch zielstrebiger, noch klüger, noch sauberer. Er ist definitiv bereit für die neue Saison.

Dann fährt der BVB für ein Turnier nach Hamburg, genau dorthin, wo Marius zwei Jahre zuvor das erste Mal das schwarzgelbe Trikot überstreifen durfte. Beim Aufwärmen vor dem ersten Spiel spürt er beim Schießen so ein komisches Ziehen im Oberschenkel. Als er das Bein dem Physio zeigt, sagt der: Das fühlt sich nicht gut an.

Marius wird im gesamten Turnier nicht eine Minute spielen. Zunächst gehen die Mediziner von einer Zerrung aus, doch schließlich stellt sich heraus, dass es sich um einen Muskelbündelriss handelt. Bis heute hat er dort, wo die Verletzung passierte, eine sichtbare Muskellücke. Dass zusätzlich auch noch die Faszie gerissen ist, macht die Sache noch komplizierter. Erste Prognose: drei Monate Pause.

Wenn es immer nur bergauf geht, sagt Marius, muss es irgendwann auch mal runtergehen.

Bis heute hat Marius mit der für Fußballer besonders nachteiligen Verletzung zu kämpfen. Welche Auswirkungen auf seine Ausbildung zum Profi sie haben wird, kann in diesen Tagen und Wochen niemand sagen. Während seine Kollegen trainieren und spielen, während sie weiter daran arbeiten, die große Bühne zu erklimmen, absolviert Marius quälend lange Reha-Einheiten. Wie die anderen fährt er abends zum Trainingsgelände, doch während sie, die ja auch Konkurrenten sind, sich dem wunderbaren Spiel widmen, sitzt er im Kraftraum und arbeitet daran, dass sich sein kaputter Muskel wieder erholt. Die weiterhin stattfindenden Gespräche mit Beratern lenken ein wenig davon ab, machen Marius aber auch deutlich, dass die Fallhöhe bei Leistungssportlern enorm ist. Einmal Pech gehabt, eine krasse Verletzung, und du bist erst mal weg vom Fenster. Abgemeldet und in der Werkstatt wie ein Sportwagen nach einem Unfall.

Als sich die Herbstferien ankündigen, hat der Kapitän der U15 von Borussia Dortmund immer noch kein einziges

Saisonspiel bestritten. Dafür steht ihm ein weiterer großer Schritt abseits des Rasens bevor. Die erste Ferienwoche wohnt er zur Probe im brandneuen Nachwuchsinternat seines Klubs. An das Leben in diesem Mikrokosmos voller talentierter Fußballer aller Altersklassen muss er sich erst mal gewöhnen. Seine Mitbewohner spielen Tischtennis oder zocken FIFA, wer Hunger hat, braucht sich einfach nur beim Koch etwas zu essen zu bestellen.

Ihm selbst wird bald langweilig, weil er gar nicht weiß, wie man von hier in die Stadt und wieder zurückkommt, und er deshalb die ganze Woche nur im Internat rumhängt. Abwechslung bietet nur der Sport. Jeden Tag trainiert der Trainer mit seinem verletzten Führungsspieler. Nicht mit Hanteln, sondern endlich wieder mit Fußbällen. Einmal fragt ihn sein Coach, ob er nicht Lust habe, sich gemeinsam mit ihm ein Spiel der Westfalenauswahl anzusehen. Die Signale sind deutlich: Da will ein Trainer unbedingt seinen Spieler wiederhaben.

Bis zum Saisonende wird Marius weiter bei seinen Eltern in Paderborn wohnen und dort auch aufs Gymnasium gehen. Viermal die Woche pendelt er nun von dort nach Dortmund und zurück. Unter der Woche fährt er morgens mit dem Rad zur Schule und danach in hohem Tempo nach Hause. Dort wartet schon seine Mutter auf ihn, mit Trainingstasche und Mittagessen steigt er ins Auto und wird zum Treffpunkt gefahren, wo ein Fahrdienst vom BVB ihn einsammelt und Richtung Trainingsplatz bringt. Ankunft 17.30 Uhr, Trainingsbeginn 18 Uhr, Abfahrt Richtung Büren, Lippstadt, Soest oder Paderborn 20 Uhr, Ankunft am Treffpunkt circa 21.15 Uhr, Abendessen mit seinen Eltern und ab ins Bett. Marius' Arbeitstag beginnt um 6.30 Uhr und endet um 22 Uhr.

Soll noch einer sagen, die jungen Fußballer hätten zu viel Freizeit. Die Freizeit von Marius jedenfalls besteht aus Fahrten zum Fußball und vom Fußball zurück. Die Stunden in der Schule versucht er zur Erholung zu nutzen, was nicht immer gelingen will. Manchmal kommt er mit Kopfschmerzen nach Hause, manchmal einfach nur sehr müde, für seine Freunde hat er fast gar keine Zeit. Sein Leben besteht nur aus Schule und Fußball, Fußball und Schule, was aber sofort leichter wirkt, wenn er sich vor Augen führt, warum er all diese Strapazen in Kauf nimmt: sein großer Traum vom Fußballprofi.

Von Leistungssportlern wird oft behauptet, sie hätten ihre Jugend geopfert. Aber was heißt hier „geopfert", wenn man all das freiwillig und voller Überzeugung getan hat? Marius, ein Junge, der tatsächlich seine komplette Teenagerzeit dem Traum vom Profisport untergeordnet hat, ohne später auch nur mit einer Minute Profifußball belohnt zu werden, sagt: Ich wollte gar keine normale Jugend haben. Ich tat genau das, was ich tun wollte.

Manchmal fragen sich auch seine Eltern, ob das nicht alles etwas viel für ihren Sohn ist: Macht dir das alles noch Spaß? Er erzählt ihnen dann von den Zehntausenden Zuschauern, die auf ihn warten. Von dem großartigen Fußball, den er einmal spielen wird. Für diese Ziele ist er bereit, eine Menge zu opfern.

Endlich ist die Verletzung auskuriert. Im November 2014 steht er wieder auf dem Platz. Die ersten beiden Spiele zeigen, dass es noch einige Zeit brauchen wird, ehe Marius wieder so dominant spielen kann, wie er es vor dem Muskelriss tat. Fußballer müssen sich nicht nur auf ihre Technik, ihre Erfahrung und ihren Willen verlassen können, sondern vor allem auf ihren Körper: Gelenke, Knorpel, Sehnen, Muskeln.

Ende November, während einer Trainingseinheit, spürt Marius bei einem Ausfallschritt einen Schmerz, den er nur zu gut kennt. Diesmal allerdings im linken Oberschenkel. Das kann nicht sein, denkt er, das darf auch gar nicht sein. Also trainiert er unter Schmerzen zu Ende. Am nächsten Morgen sind die Schmerzen immer noch da. Die Diagnose ist grausam: Erneut hat sich Marius einen Muskelfaserriss zugezogen, erneut darf er wochenlang keinen Fußball spielen. Reha statt Training, was für ein Albtraum!

Noch mehr als die Verletzung schmerzt, dass diesmal auch sein sonst so besonnener Trainer Peter Wazinski kurz die Fassung verliert, als er von dem erneuten Ausfall seines Spielers erfährt.

Was ist denn jetzt mit dir, fährt er ihn an.

Trainer, ich hab keine Ahnung, antwortet Marius.

Wie das nur passieren könne, er ernähre sich doch gesund, lebe so professionell. Der Trainer schickt ihn zum Zahnarzt, zum Hals-Nasen-Ohren-Arzt, zum Blutabnehmen, irgendwo in diesem Körper muss sich ein Entzündungsherd verstecken, den es rasch zu finden gilt. Eine klare Antwort auf die Fragen des Jugendtrainers finden die Mediziner aber nicht. Vermutlich liegt es am Stress, sagen sie.

Immerhin: Nach seiner Genesung steht Marius den Großteil der Rückrunde auf dem Rasen, unter anderem beim 3:2-Sieg im Derby gegen Schalke. Und auch von den Notizzetteln der Scouts und Berater ist sein Name nicht verschwunden. Zwischenzeitlich zeigt sogar der FC Arsenal Interesse an dem Jüngling. Doch an seine Topleistungen aus der Vorsaison kommt Marius nicht heran. Für ihn scheint die ganze Saison ein einziges Aufbautraining zu sein. Er hat nicht ein Spiel bestritten, von dem er heute behaupten könnte, es sei wirklich gut gewesen.

Oft hört man von Auswahlspielern, die im Verein eine schwere Zeit durchleben, aber in ihren Auswahlteams aufblühen. Fußballmannschaften sind sensible Konstrukte. Ein fehlender Baustein, und das ganze System kann in sich zusammenfallen und muss neu aufgebaut werden. Der ehemalige Fußballer Andreas Brehme, Torschütze im WM-Finale 1990, hat mal den wunderbaren Satz gesagt: „Haste Scheiße am Fuß, haste Scheiße am Fuß."

Marius klebt in dieser BVB-Saison tatsächlich Pech am Stiefel. Für Carsten Busch, den Trainer der Westfalenauswahl, ändert das nichts an der Tatsache, dass er ihn für einen der besten Kicker im westdeutschen Fußball hält. Beim traditionellen Turnier der 16 Verbandsauswahlteams zahlt ihm sein Schützling das Vertrauen zurück.

Drei Spieler hat Busch für die Sechserposition mitgenommen, alle werden die gleiche Spielzeit bekommen. Und doch sticht Marius heraus. In den Begegnungen gegen Baden-Württemberg, Berlin, Niedersachsen und Hessen spürt er ein Vertrauen in seinen Körper und seine Fähigkeiten wie schon seit Langem nicht mehr. Prompt spielt er so gut wie in den besten Tagen vor seinen Verletzungen und führt seine Mannschaft auf den zweiten Platz. Zur Belohnung erhält er nach dem Turnier eine Einladung zum Sichtungsturnier des DFB. Am Ende dieser für Marius so deprimierenden Saison ist der Traum von der Nationalmannschaft auf einmal ganz nah.

Und noch etwas bahnt sich an. Kurz vor dem Ende dieser U15-Saison steht die sogenannte Greenhorn-Woche im Internat auf dem Programm. Die neuen Bewohner sollen sich dadurch besser eingewöhnen. Hier hat er das erste Mal Kontakt mit einem dünnen blonden Jungen, der ein Jahrgang über ihm spielt. Gemeinsam besuchen sie Einführungskurse in der Schule, ab und an quatschen sie miteinander, aber noch ist nicht abzusehen, dass mit diesem ersten Kennenlernen eine Freundschaft fürs Leben beginnt. Der dünne blonde Junge ist Alex.

HELLS BELLS

Kurz vor Weihnachten 2014 fliegt die U15 von Borussia Dortmund zu einem Turnier in die Karibik. Nicht nach Pirna oder Leipzig, nein: in die Karibik! Der Sachse Alex kommt aus dem Staunen nicht mehr raus. Die Gegner heißen jetzt Sporting Lissabon und Paris Saint-Germain, das hier ist die Königsklasse, das hier sind die besten U15-Spieler des Planeten. Zwischen den Spielen sitzt Alex bei 30 Grad am Meer und fragt sich, was wohl andere Gleichaltrige eine Woche vor den Weihnachtsferien so machen. Der BVB unterliegt PSG im Halbfinale, kleiner Dämpfer einer großen Reise.

Alex geht mit gemischten Gefühlen in das neue Jahr. Er weiß nicht, wie er seinen Trainer einschätzen soll. Benjamin Hoffmann macht seine Laune sehr von den Leistungen seiner Spieler abhängig. Weil Alex gemeinsam mit Kumpel Julian Schwermann zu den Besten beim 2:1-Sieg im Spitzenspiel gegen Leverkusen gehörte, gibt er ihnen zwei der raren Karten für den anstehenden Bundesligaklassiker Dortmund gegen Bayern.

Ein paar Spiele später ruft er Alex in sein Büro. Er sagt: Zurzeit läuft es nicht so gut bei dir, aber wir bringen dich schon wieder zu alter Form.

Dabei ist sein Schützling erst seit einem halben Jahr in der Mannschaft und seit wenigen Monaten überhaupt spielberechtigt. Das ungute Gefühl von Alex ist allerdings begründet. Schon bald wird es zu einem einschneidenden Vorfall kommen.

Zunächst jedoch steht ein Umzug an. Das neue Internat für die Nachwuchshoffnungen des BVB ist bezugsfähig. Etwas wehmütig verabschieden sich Spieler und Internatsfamilie von der alten Stadtvilla, doch dass sie alle zusammenbleiben, erleichtert die Sache. Auch Conny und ihr Mann Matthias werden samt Anhang nach Dortmund-Brackel umziehen. Zehn Spieler belegen zunächst das brandneue Internat direkt neben den Trainingsplätzen. Auf zwei Etagen ist Platz für insgesamt 22 junge Fußballer, jeder Kicker hat sein eigenes Zimmer und teilt sich das Badezimmer in einer Art Mini-WG mit einem anderen Bewohner. Die Zeiten, in denen Frischlinge wie Alex zum stundenlangen Rühreibraten verdonnert wurden, sind vorbei. In der hochmodernen Küche nehmen zwei Köche die Wünsche der Stars von morgen entgegen. In der schicken Lounge stehen Beamer, Fernseher und Videospielkonsolen parat, im Innenhof warten Basketballkorb und Tischtennisplatte. Alex wird seine gesamte restliche Zeit als Nachwuchsspieler bei Borussia Dortmund in diesem Internat verbringen, länger als jeder andere Fußballer in der Geschichte des BVB.

Die Rückrunde beginnt mit einem Schock. Julian Schwermann, Bollwerk in der Innenverteidigung, bricht sich in einem Spiel das Sprunggelenk. Die Saison ist für ihn gelaufen. Die dadurch entstandene Lücke in der Defensive bekommt Trainer Hoffmann nicht gefüllt. Wenige Spieltage nach der Verletzung spielt der BVB bei Arminia Bielefeld. Erstmals in seiner Laufbahn als Innenverteidiger dabei: Alex, der schon vor dem Anpfiff ahnt, dass diese Partie nicht karrierefördernd sein wird. Sein Gegenspieler ist ein pfeilschneller Stürmer, der nach der

Saison Mitspieler von Marius werden wird. Viele Klubs haben den Arminen auf dem Zettel. Im Duell gegen Alex zeigt er, warum.

Als die Teams in die Halbzeit gehen, führt Bielefeld mit 3 : 1. Der schnelle Stürmer hat zwei wunderschöne Tore erzielt, auch weil sich Alex zweimal verschätzt hatte. Als richtiges Kackspiel wird er seinen Auftritt in dieser ersten Hälfte später beschreiben. Richtig kacke ist aber das, was in der Kabine folgt. Vor der versammelten Mannschaft dreht Benjamin Hoffmann seinen überforderten Aushilfsverteidiger durch den Wolf. Fußballer sind einen rauen Ton gewöhnt, schon in der frühen Jugend gibt es Trainerinnen und Trainer, die sich benehmen, als müssten sie Soldaten bei der Bundeswehr anleiten und keine Kinder und Jugendlichen. Doch was Alex hier und jetzt erlebt, nachdem er auf einer Position, die er noch nie im Leben gespielt hat, von einem der besten Angreifer des 2000er-Jahrgangs zerpflückt wurde, ist schon eine herbe Show. Hoffmann brüllt und tobt und lässt seine Wut über die schwache erste Halbzeit vor allem an Alex aus. Was dieser Quatsch solle! Wie grottenschlecht er spiele! Warum er die Leistung der Mannschaft verschlechtere, wo er doch eigentlich gekommen sei, um das Niveau zu heben! Dass er jetzt endlich beweisen müsse, warum er Nationalspieler sei. Und dann sagt er etwas, was Alex in seiner Erinnerung so abgespeichert hat:

Wenn du hier so eine Scheiße spielst, komm ich glatt auf die Idee, deinen Vertrag zu zerreißen. Dann gehst du zurück nach Dresden!

Die harten Sätze scheppern in Alex' Ohren, aber Zeit zum Nachdenken hat er nicht. Das Adrenalin rauscht, die Pause ist vorbei, die zweite Halbzeit beginnt. Genügend Zeit, um Fehler wiedergutzumachen und das Spiel zu drehen. Doch bereits wenige Minuten nach Wiederanpfiff schießt Alex' Gegenspieler aus 40 Metern ein Traumtor, das kein Gegenspieler der Welt hätte verhindern können. 1 : 4. Na toll. Doch die Dortmunder Jungs fühlen sich an der Ehre gepackt, holen alles aus sich heraus und gewinnen am Ende tatsächlich noch sensationell mit 5 : 4!

Alex aber wird nicht die irre Aufholjagd in Erinnerung bleiben, sondern die Wutrede seines Trainers, rausgebellt vor der ganzen Truppe. Eine öffentliche Demütigung, eine harte Zurechtweisung, eine übertriebene Kritik. Zur Erinnerung: Alex ist 14 und erst seit sechs Monaten Spieler von Borussia Dortmund.

Als er aus der Dusche kommt, klopft ihm sein Trainer auf die Schulter: Na also, geht doch. Für Hoffmann scheint die laute Ansprache Methode gewesen zu sein, vermutlich wollte er seinen Heißsporn Alex so zu einer besseren Leistung motivieren. Rein sportlich mag das funktioniert haben, aber weiß Hoffmann eigentlich, wie der Abend nach dem 5:4-Sieg gegen Bielefeld für Alex weiterging? Möglicherweise ist es in seiner Welt ja unvorstellbar, dass ein Eliteschüler wie Alex nach dem Match auf dem Parkplatz ins Auto steigt und dort in Tränen ausbricht. Alte Freunde aus Dresden sind zu Besuch, sie versuchen, ihren Kumpel zu trösten. Es war nicht unbedingt die Lautstärke des Trainers, die den jungen Mann so aus dem Konzept gebracht hat, er ist auf Fußballplätzen aufgewachsen und die mitunter brachiale Kommunikation gewöhnt. Aber mit seinen 14 Jahren hat er die in eine Drohung verpackte Motivation seines Coaches missinterpretiert und große Angst, seinen Traum vom Profifußball wieder begraben zu müssen.

Im Nachhinein betrachtet, sagt Alex, war diese Ansprache ein Unding. Für mich war das damals richtig schlimm. Das war vollkommen überzogen.

Auch seine Eltern sind schockiert, als sie von dem Vorfall hören. Und er spricht darüber mit Conny, der Internatsleiterin, die umgehend bei Hoffmann anruft und ihm die Meinung geigt. Bei einer der nächsten Übungseinheiten kommt der Trainer auf Alex zu. Das mit dem Spruch sei ein Fehler gewesen, und Fehler können mal passieren. Mehr nicht.

Und noch etwas hat Alex gelernt. Solange er seine Leistungen bringt, solange er guten Fußball spielt, ist alles in Ordnung. Doch sobald seine Leistungen schwächer werden, wird er links liegen gelassen wie ein kaputtes Auto am Straßenrand. Hier beim BVB, in einer der besten Nachwuchsschmieden des Kontinentes, geht es nur um den nächsten Sieg; hier werden Nachwuchsleiter nicht für gut ausgebildete Fußballer belohnt, sondern für gewonnene Meisterschaften.

Dabei sollte im Jugendfußball die langfristige Entwicklung im Vordergrund stehen, sagt Alex heute. Entscheidet man sich, wie in meinem Fall, einen jungen Spieler zu verpflichten, trägt man eine Verantwortung für diesen Spieler. Man sollte auf sein Potenzial vertrauen und nicht auf die Leistung vom vergangenen Wochenende schauen.

Die Szene in der Halbzeitpause des Bielefeld-Spieles tut der Beziehung zwischen Trainer Hoffmann und Spieler Schulte nicht gut. Das verlorene Vertrauen wird nie wiederhergestellt. Gut möglich, dass der Nachwuchscoach gar nicht ahnt, was er da angerichtet hat bei seinem Schützling, der ja immerhin Nationalspieler ist und damit anerkannt als einer der besten Mittelfeldspieler seines Jahrgangs.

In einem Interview mit *Spox* knapp fünf Jahre nach dem Vorfall wird Hoffmann sagen: „Es geht darum, ihn (den Nachwuchsspieler) an sein individuelles Limit zu bringen, denn jeder entwickelt sich anders und macht zu unterschiedlichen Zeitpunkten einen Sprung. In Dortmund möchte man immer auch den Titel jagen. Am Ende liegt aber die Priorität darauf, die Spieler so gut wie möglich auf den Profibereich vorzubereiten."

War es das, was er mit seiner Ansprache in der Kabine erreichen wollte? Alex und seinen Kollegen einen Vorgeschmack darauf geben, wie es in den Kabinen von Profimannschaften zugeht? Ihn mit der Provokation des angedrohten Vertragsendes an sein „individuelles Limit" bringen? Wie auch immer, das Verhältnis zwischen dem jungen Spieler und ihm ist beschädigt. Alex wird zwar in jedem Spiel der Rückrunde auf dem Rasen stehen – bald auch wieder auf seiner Sechserposition –, aber irgendwie rauschen die Spiele und neuen Erlebnisse an ihm vorbei. Seine Form stagniert, erstmals in seiner noch jungen Laufbahn scheint der Weg nicht steil nach oben zu gehen. Jahrelang wurden Kicker wie Alex bejubelt und gefeiert, selbst Auswahlmannschaften waren nicht gut genug für sie. Jetzt, auf Augenhöhe mit den anderen begabten Nachwuchsspielern und konfrontiert mit den Härten der Ausbildung zum Leistungssportler, müssen sie auf einmal damit klarkommen, dass die Kurve auch mal nach unten gehen kann.

Wie unberechenbar diese Kurve für Alex in dieser ersten Saison für Borussia Dortmund verläuft, zeigen die kommenden Tage. Trotz seiner schwankenden Leistungen im Verein lädt ihn Nationaltrainer Frank Engel zu den Länderspielen gegen die Niederlande ein. Engel ist ein ganz anderer Trainertyp, einer, der seine Kicker nach ihrer Meinung zur Aufstellung fragt und viel Wert auf eine homogene Truppe legt. Auch sein Wort ist Gesetz, aber zumindest fühlen sich seine Schützlinge fair behandelt. Auf dem Platz lässt er den Spielern viel Freiraum, eigenständig zu handeln und nach Lösungen zu suchen.

Vor dem ersten Match gegen den niederländischen Nachbarn holt Engel seine Jungs zu einem Kreis zusammen. Arm in Arm stehen sie da, aus den Lautsprechern knallt *Hells Bells*, der Stadionwachmacher von AC/DC:

I'm rolling thunder, pouring rain.

I'm coming on like a hurricane.

Mitten in die harten Riffs hinein ruft Frank Engel seinem Kapitän zu: Alex, jetzt schwör du die Truppe mal ein!

Und Alex brüllt glasklare Worte in die Runde, so was wie „Alles geben!", „Nur zusammen stark!" oder „Auf jetzt, Männer!", dazu läuten die Glocken aus der Hölle für die Himmelsstürmer mit dem Adler auf der Brust und dem Engel an der Seitenlinie.

Bei ihm durfte ich als Spieler der sein, der ich war, sagt Alex. Laut, temperamentvoll, auch mal etwas drüber. Das letzte Mal so gefühlt hatte ich mich in Dresden.

Gegen die Niederlande macht er ein richtig gutes Spiel, und auch im Re-Match wenige Tage später gehört er zu den Besten auf dem Platz. Voller Selbstvertrauen kommt er zurück nach Dortmund und wird sofort in die Trainerkabine gebeten. „Wie war der Lehrgang?", „Wie liefen die Spiele?", „Hat es dir gefallen?" Solche Fragen erwartet Alex von seinem Heimcoach, doch der hat anderes im Sinn. Als sich sein Spieler gesetzt hat, schaut er Alex in die Augen und sagt:

Ich muss dir mal die Charakterfrage stellen.

Welche Charakterfrage?

Warum spielst du in der Nationalmannschaft so gut und bei uns so schlecht?

Da geht es hin, das Selbstvertrauen. Statt die neugefundene Stärke seines Spielers auszunutzen, zieht Hoffmann bei Alex mit dieser Frage endgültig den Stecker. Falls es vorher noch eine Chance gegeben hätte, die Beziehung zwischen Spieler und Trainer zu reparieren – nun ist sie dahin. Wenn er noch einmal dort sitzen würde, wüsste Alex heute, welche Antwort er auf diese Frage, die ja eigentlich eine Ohrfeige ist, geben würde: Da müsste man vielleicht mal den Trainer fragen.

Damals aber bleibt er stumm, er sehnt sich nach dem Ende dieser Saison und dieser Zusammenarbeit. Und hofft darauf, direkt in die U17 hochgezogen zu werden, wo mit dem jungen Bochumer Hannes Wolf ein Trainer wartet, über den sich die Jugendspieler großartige Dinge erzählen. Nach dem Schlusspfiff im letzten Spiel der Saison klatscht er kurz mit Hoffmann ab. Dann macht er drei Kreuze, weil die Spielzeit vorbei ist.

Wobei, ganz beendet ist sie noch nicht. Bis heute grämt sich Alex darüber, dass er die Einladung der Westfalenauswahl damals nicht höflich ausgeschlagen hat. Nach einer langen, kräftezehrenden Saison hat der Verband zum alljährlichen Sichtungsturnier für die kommende DFB-Auswahl gebeten. Viele Jungs aus der Nationalmannschaft haben abgelehnt und sich in den Urlaub verabschiedet, doch Alex fährt nach Duisburg-Wedau. Dabei macht ihm sein Rücken große Probleme. Vor und nach jedem Spiel muss er lange und intensiv von den Physiotherapeuten behandelt werden, damit er halbwegs beschwerdefrei durch die 90 Minuten kommt.

Wenn das im Alter von 28 bei einem wichtigen Spiel in der Champions League gewesen wäre – gut. Aber mit 15 bei einem Sichtungsturnier? Seine volle Leistung kann er so eh nicht abrufen. Als am Ende die potenziellen Kandidaten für die kommende U16-Nationalmannschaft genannt werden, fällt sein Name nicht. Der nächste Nackenschlag.

Zurück in Dortmund erfährt Alex, dass er in der kommenden Spielzeit nicht in die U17 hochgezogen wird, sondern in die U16 kommt. Die Nachricht trifft ihn hart. Der Gedanke daran, einen so beliebten Coach wie Hannes Wolf zu bekommen, hatte ihn in den vergangenen Wochen über Wasser gehalten. Insgeheim hatte er sich schon fest darauf eingestellt.

Warum auch nicht – als Kapitän der Nationalmannschaft. So endet diese Saison schmerzhaft und hinterlässt einen verunsicherten Teenager, der sich auf der Kreuzfahrt mit seinen Eltern immer wieder die Frage stellt, warum es so kommen musste, und der darauf keine Antwort findet. Wer mit aller Energie seinem Traum hinterherjagt, muss damit rechnen, dass diese Jagd ganz schön lange dauert und sehr viel Körner kostet, immerhin das bleibt als Erkenntnis aus dieser Sommerpause auf hoher See.

Ablenkung verschafft ein erneuter Ausflug ins Puma-Werk nach Herzogenaurach. Hier, im Herzen der deutschen Sportartikelindustrie, darf sich Alex wieder wie ein angehender Profifußballer fühlen. Er hat sich viel von seinem Budget aufgespart, sodass sich jeder in der Familie etwas aussuchen darf. Ein Vorgang, der sich zu einem festen Ritual entwickeln wird und für Alex auch eine Bestätigung seiner Fähigkeiten und Arbeit ist.

Die U16 beginnt mit der Vorstellung eines neuen Trainers. Christian Flüthmann, 1982 in Münster geboren, ist über Bielefeld und Osnabrück beim BVB gelandet, später wird er als Chefanalytiker und Co-Trainer von Daniel Farke bei Norwich City arbeiten, 16 Spiele lang die Geschicke von Eintracht Braunschweig leiten und 2021 die Leitung der Nachwuchsabteilung von Rot-Weiss Essen übernehmen. Um seine neue Mannschaft kennenzulernen und seine Ideen zu präsentieren, lädt Flüthmann Spieler und Eltern ein. Beim Treffen berichtet er vom großen Vorbild FC Barcelona und wie er gedenkt, seine jungen Supertalente noch besser zu machen. Klingt vielversprechend, denkt Alex, wenngleich er den neuen Coach als ziemlich hibbelig wahrnimmt.

Zumindest in Sachen Reisefreudigkeit kann man Flüthmann keine Vorwürfe machen. Zunächst spielt seine Mannschaft ein Turnier in Griechenland, dann in Südkorea und schließlich in

Salzburg. Einmal quer um die Welt, um ein paar talentierte Jungs auf eine Fußballsaison vorzubereiten. In Griechenland macht Flüthmann Alex zu seinem Kapitän, der sich dafür mit guten Leistungen bedankt und als bester Spieler des Turniers seine Riege zum Sieg führt. Ein anderes Turnier führt die Mannschaft erneut nach Südkorea. Zwar scheidet Dortmund im Achtelfinale gegen den FC Barcelona aus, aber Alex macht erneut wertvolle Erfahrungen. Ein junger Koreaner bittet ihn schüchtern um ein Autogramm – er hat ihn tatsächlich von seinem letzten Besuch in Erinnerung behalten.

Kurz vor dem Saisonstart geht es ins deutlich näher gelegene Salzburg. Hier versammelt sich die Elite des europäischen Jugendfußballes, und hier zeigt sich auch, wie weit entfernt die Dortmunder U16 vom FC Barcelona ist. Spielerisch und taktisch sind die Deutschen der Konkurrenz aus England oder Spanien hoffnungslos unterlegen, jetzt zeigt sich, dass Flüthmanns Fußballtheorie mit der Realität noch nicht vereinbar ist. Die elaborierten Trainingsübungen mögen beim FC Barcelona reibungslos funktionieren, im Dortmunder U16-Alltag tun sie es nicht. Da hilft es auch wenig, wenn der Trainer auf verpatzte Einheiten mit einem trotzigen „Das müssen wir aber hinbekommen" reagiert.

Doch es ist eine andere Geschichte, die in Salzburg dazu führt, dass Alex sein Vertrauen in den Coach verliert, obwohl noch nicht ein Punktspiel stattgefunden hat. Zunächst sucht Flüthmann im Teamhotel ein Gespräch mit seinem Kapitän. Alex erwartet eine taktische Vorbesprechung, wird allerdings eines Besseren belehrt.

Ich möchte gerne mit dir darüber reden, warum du nicht mehr in die Nationalmannschaft berufen wirst, sagt Flüthmann, und Alex ist gespannt, was nun kommen mag.

Die Antwort ist deutlich kürzer als erwartet, was die in ihr enthaltene Ohrfeige nicht mildert. Der Nationaltrainer, erfährt Alex, finde, dass seine Technik nicht gut genug sei, um zum Kreis der besten Spieler des Jahrgangs zu gehören. Damit ist das Gespräch auch schon beendet, und wieder fragt sich Alex, welchen Zweck diese Traineraktion hatte.

Angekratzt von dieser Begegnung bereitet sich Alex auf das Spiel gegen Manchester City vor. Auf dem Rasen verrinnen gerade die letzten spannenden Minuten einer anderen Partie: Deutsche und Engländer haben den Blick auf den Platz gerichtet, während sie das Spielfeld zum Aufwärmen umrunden. So wie Alex, der dadurch übersieht, dass direkt vor ihm einer der Mannschaftsbetreuer aus Manchester gestoppt hat. Alex rast in den Rücken des Mannes, beide geraten ins Stolpern, und weil dem Dortmunder die Aktion peinlich ist, entschuldigt er sich.

Peinlich ist auch, was City mit dem BVB auf dem Rasen veranstaltet. Die Deutschen haben keine Chance gegen die in allen Belangen besseren Briten, entsprechend miserabel ist die Stimmung nach dem Schlusspfiff. Besonders bei dem ehrgeizigen Kapitän, dem die Unterlegenheit schwer zugesetzt hat. Vor dem Kabinentrakt wartet das Dortmunder Trainerteam: Alex, kommst du mal bitte?

Alex erfährt, dass sich offensichtlich der Betreuer des Gegners bei seinen Trainern über das unflätige Verhalten ihres Spielers beschwert hat. Ein harmloses Missgeschick wird zu einer Attacke hochstilisiert, die von den Coaches als feige bezeichnet wird und mit schweren Konsequenzen geahndet werden soll. Nicht nur, dass Alex seine Kapitänsbinde wieder abgeben soll, mit einer Abmahnung und sogar einer Suspendierung rechnen muss, viel schlimmer ist es für den stolzen Teenager, dass seine eigenen Trainer ihn für etwas verurteilen, was er nicht getan hat, dass sie nicht zuerst ihren Spieler fragen, was sich wirklich abgespielt hat.

Mit Tränen der Wut in den Augen läuft Alex zu dem englischen Betreuer und erklärt ihm, dass es sich um ein unbeabsichtigtes Missgeschick gehandelt habe. Der glaubt ihm, und mit einem Handschlag wird die Sache aus der Welt geschafft. Doch die Welt von Alex ist kurzzeitig ins Wanken geraten. Seinen mitgereisten Eltern erklärt er, was passiert ist: Und wegen so einer Scheiße werde ich hier angemacht! Ich hab so was von die Schnauze voll!

All die großen und kleinen Enttäuschungen der vergangenen Monate ballen sich in dieser Emotion. Von der Nationalmannschaft fallen gelassen, beim BVB durchgereicht, von seinen Trainern vorschnell verurteilt – ziemlich viel für einen 15-Jährigen, der eigentlich nur Fußball spielen will. Als er, immer noch wütend, aus der Dusche kommt, stehen da seine Trainer und bitten um Entschuldigung. Der City-Betreuer habe ihnen erzählt, was wirklich passiert sei, alle Strafmaßnahmen sind abgeblasen. Einfach blöd gelaufen, die Sache, das könne er doch sicherlich verstehen. Alex nickt und versteht gar nichts. Zugegeben, er ist kein ganz einfacher Charakter und reagiert schnell empfindlich, wenn sein Verhalten auf und neben dem Platz infrage gestellt wird. Aber er ist auch einer, der sich für seinen Klub, seine Mitspieler und seine Trainer den Hintern aufreißt – wenn man ihm das nötige Vertrauen schenkt. Dieses Vertrauen haben seine Trainer noch vor dem offiziellen Saisonstart massiv beschädigt, bis heute macht ihn die Erinnerung an den Vorfall in Salzburg wütend.

Wenn ich Trainer wäre, wie würde ich reagieren, wenn mein Spieler von einer gegnerischen Mannschaft beschuldigt wird, sich falsch verhalten zu haben? Ich würde doch für ihn einstehen und erst dann handeln, wenn ich seine Sicht der Dinge gehört hätte. Oder etwa nicht?

Im Nachhinein bewertet Alex seine erste Saison bei der U16 als verschenktes Jahr – für alle Beteiligten. Was vorrangig mit der Art von Christian Flüthmann zu tun hat, aber auch mit der Tatsache, dass die Dortmunder U16 erst vor zwei Jahren wieder neu eingeführt worden war und sich in der Landesliga mit viel zu schwachen Gegnern herumschlagen muss. Der Nachwuchs von Rot Weiss Ahlen zum Beispiel reist ohne Trainer an, macht sich zehn Minuten vor dem Anpfiff warm – und wird mit 13 : 0 versohlt. Wie sollen sich die hochgehandelten Talente bei so einer Nichtkonkurrenz weiterentwickeln?

Zumal sich mit jeder Trainingseinheit deutlicher zeigt, dass Flüthmanns Ansprüche sich nicht mit dem Machbaren decken. Die Übungsformen sind entweder zu kompliziert oder wirken wie frisch ausgedacht. Einmal kommt der Coach mit nur einem Ball im Arm auf den Rasen, donnert das Spielgerät in den Himmel und fordert seine Spieler auf, dem Ball hinterherzujagen. Mit dieser Hund-zum-Stöckchen-Übung füllt er tatsächlich die komplette Einheit, was nicht dazu beiträgt, seine Autorität bei der Mannschaft zu festigen. Es mehren sich kritische Stimmen. Als Flüthmann mal wieder dazu auffordert, die Gegenspieler anzulaufen, ruft jemand: Warum soll ich die anlaufen, das bringt doch gar nichts!

Die Frustration wächst mit jedem Tag und tut der Stimmung in der Mannschaft nicht gut.

Wie wenig Gefühl der Trainer für seine Truppe zu haben scheint, zeigt ein anderes Beispiel. In der U17 hat Kollege Hannes Wolf am Ende eines spannenden Spieles einen seiner Innenverteidiger in die Offensive gestellt. Als sich herausstellt, dass der gelernte Defensivmann im Angriff hervorragend funktioniert, schult ihn Wolf nach und nach zum Stürmer um. Flüthmann kopiert das Vorgehen, allerdings mit dem Ergebnis, dass der ausgewählte Abwehrmann ganz und gar nicht mit der neuen Position zurechtkommt. Überhaupt, die Taktik. Sie passt nicht zu dem, was dem Coach an Spielern zur Verfügung steht. Alex erlebt einen Trainer, der seine Spielphilosophie einfach durchzieht, statt auf die Gegebenheiten zu reagieren.

Immerhin kann sich Alex auf seinen Körper verlassen. Bislang ist er ohne schwere Verletzung durchgekommen. Doch das ändert sich während einer Partie in der frühen Phase der Saison. Mit einem weiten Ausfallschritt versucht der U16-Spielführer, einen Schuss seines Gegenspielers abzublocken, was auch gelingt, aber schmerzhafte Folgen hat. Alex spürt, dass im Hüftbereich etwas klemmt und lässt sich vom Physiotherapeuten (Spitzname: Turbo-Torben) sofort behandeln. Diagnose: kein Faserriss, der Muskel ist noch da.

Zur Halbzeit lässt sich Alex dennoch vorsorglich auswechseln. Als er sich am nächsten Morgen seine Hose anziehen will, stellt er erschrocken fest: Er kann sein rechtes Knie nicht mehr richtig anheben. Bei der ärztlichen Untersuchung erfährt er, dass eine Faszie im Hüftbeuger gerissen ist. Mindestens zwei Monate Pause. Auch das noch. Die Verletzung komplettiert, was zuletzt alles schieflief beim BVB. Als deutschlandweit begehrtes Ausnahmetalent war Alex vor mehr als einem Jahr nach Dortmund gekommen, jetzt hat er nicht nur mit seinem Trainer, fehlender Spielfreude und schwindender Akzeptanz zu kämpfen, sondern auch noch mit seiner Gesundheit. Eine schwer zu verarbeitende Gemengelage.

Jetzt aber muss er erst mal seinen Körper wieder in Topform bringen. In wenigen Wochen steht das Derby gegen Schalke an, der einzige echte Gegner in dieser ansonsten schwachen Liga. Wird der Dortmunder Kapitän rechtzeitig fit sein?

Eine Woche vor dem Spiel ist klar: Alex ist noch immer nicht einsatzbereit. Von seinem Coach braucht er deswegen kein Mitleid zu erwarten. Im Gegenteil. Als ihm sein Schützling mitteilt, dass sein Faszienriss noch nicht verheilt ist und er auch den Rest der Hinrunde verpassen wird, reagiert Flüthmann genervt. Was Alex noch mehr verunsichert, schließlich hat er sich die Verletzung am Hüftbeuger nicht absichtlich zugefügt, seit Wochen quält er sich durch die Reha. Zumindest lehrt ihn das Verhalten seines Trainers eine wichtige Lektion: Spaß am Spiel steht auf diesem Niveau nicht im Vordergrund, schon in diesem jungen Alter gilt nur das Leistungsprinzip. Oft ist von einem Haifischbecken die Rede, wenn es um die Auslese im Spitzenfußball geht, und tatsächlich empfindet es Alex so. Um in diesem Becken nicht unterzugehen oder gefressen zu werden, braucht es nicht nur eine stabile Physis, sondern vor allem eine gefestigte Psyche.

Wie hoch die Hürden sind, die die Verantwortlichen beim BVB ihrem Nachwuchs hingestellt haben, zeigt sich am Beispiel eines Mitspielers, dessen Schicksal Alex hautnah miterlebt und der hier Fabian genannt werden soll. Dieser Fabian ist ein Bär von einem Kerl und ein fantastischer Torwart, von dessen Qualitäten sich die Dortmunder im Jahr zuvor während eines Turniers im norddeutschen Eichede überzeugt haben. Als Keeper der gastgebenden Mannschaft stellte Fabian dort sein Riesentalent zur Schau und stach vor allem im Spiel gegen den BVB heraus. Nur folgerichtig, dass ihn die Dortmunder zur neuen Saison in die U16 lockten. Bei seiner Vorstellung hatte Alex innerlich die Faust geballt – Talent erkennt und respektiert sich, auch schon in jungen Jahren.

Wenige Monate später scheint alle Größe und Zuversicht aus dem hünenhaften Fabian gewichen zu sein. Kurz nach seiner Ankunft in Dortmund hat er sich am Fuß verletzt, und je länger die Verletzung andauert, desto schlechter geht es ihm. Was weniger an den physischen Beschwerden liegt, sondern viel mehr daran, dass er von seinen Trainern links liegen gelassen wird. In seinem Heimatklub ein Star, bei der Ankunft in Dortmund erwartungsfroh begrüßt, wird Fabian inzwischen nahezu ignoriert.

Alex kennt das Gefühl, wenn man aus der Ferne zuschauen muss, wie die Kollegen mit immer größeren Schritten die Karriereleiter nach oben zu klettern scheinen, während man selbst in einer Zeitschleife gefangen ist und nur noch das Wappen auf den Trainingsklamotten daran erinnert, dass man Spieler von Borussia Dortmund ist. Ihn selbst hat die Nichtbeachtung durch seine Trainer zwar traurig gemacht, aber auch zusätzlich motiviert. Eine Fähigkeit zur Transformation, die Fabian nicht besitzt. Seiner kräftigen Physis zum Trotz igelt sich der Neuling immer weiter ein, und als Alex eines Abends an seine Tür klopft, um nach dem ausgemusterten Kollegen zu sehen, findet er ein Häufchen Elend vor, das den Tränen nahe ist. Schon in den Wochen zuvor ist ihm aufgefallen, dass der ohnehin zurückhaltende Fabian immer stiller geworden ist. Statt Kontakte zu seinen neuen Teamkollegen zu knüpfen, hockte er meistens allein in seinem Zimmer, telefonierte mit seinen Eltern oder zockte Playstation mit den Kumpels aus der Heimat.

Hey, was ist denn los, fragt Alex und setzt sich zu Fabian aufs Bett. Jetzt laufen die Tränen über das Gesicht des Torhüters: Ich weiß auch nicht. Keiner redet mit mir, ich bin hier noch gar nicht angekommen.

Fabian erzählt Alex von dem Gefühl der Einsamkeit und dass er sich selbst die Schuld an seiner Verletzung gibt, die ja offenbar die Ursache für den Schlamassel ist. Und er sagt, wie sehr er sich wünschen würde, vom Trainer wahrgenommen zu werden.

So ein Quatsch, antwortet Alex, deine Verletzung darf doch kein Grund dafür sein, dass dich der Trainer so behandelt.

Er erzählt ihm von seinen eigenen Erfahrungen, versucht, ihm Mut zu machen, ihn dabei zu unterstützen, sich in diesem Haifischbecken eben nicht auffressen zu lassen. Doch Fabian ist nicht so tough wie Alex, er kann immer weniger verstehen, warum ein Klub wie der BVB ihn erst aus der Heimat in die Fremde holt und dann links liegen lässt, wenn er nicht topfit zwischen den Pfosten herumspringt. Er vermisst seine Jungs aus dem Dorf, vermisst seinen Heimatverein, bei dem alles so viel schöner und einfacher war.

Tja, sagt Alex, mit seinen 15 Jahren schon recht erfahren auf diesem Gebiet, das ist halt das Leistungsprinzip. Wenn man verletzt ist, nützt man hier keinem was. Wer nicht spielt, ist für die Trainer uninteressant.

So sitzen sie da, zwei hochtalentierte Teenager, denen man zwar hochmoderne Trainingsmöglichkeiten zur Verfügung gestellt hat, aber niemanden, der sie in schwierigen Momenten unterstützt. Irgendwann sagt Alex, was zu sagen ist: An dieser Situation wird sich so schnell nichts ändern. Wenn dir das alles zu viel ist, dann ist das hier vermutlich nicht das Richtige für dich.

Einen Tag später packt Fabian seine Sachen und beendet das Kapitel Borussia Dortmund. Damit ist die Karriere eines hochveranlagten Torhüters schon wieder vorbei, ehe sie noch begonnen hat. Entsprechend deutlich fällt das heutige Urteil von Alex aus: Fabian war ein richtig guter Keeper mit sehr viel Potenzial, der nur deshalb die Reißleine zog, weil ihn der Verein und die Trainer nur als Spieler und nicht als Jugendlichen wahrgenommen haben. Hätte unser Coach damals nur ein wenig mehr Fingerspitzengefühl gehabt, wäre Fabian ganz sicher beim BVB geblieben. Und wer weiß, welchen Weg er dann gegangen wäre.

Zu Beginn der Rückrunde 2014/15 hat Alex seine Verletzung auskuriert und kann endlich wieder Fußball spielen, doch er wird das Gefühl nicht los, dass in dieser Saison der Wurm drin ist. Das liegt zum einen an den Duellen gegen die anderen Teams, deren Spieler bis auf die Schalker in der Regel ein Jahr älter sind als die BVB-Boys und die ihre spielerischen Defizite mit körperlicher Härte ausgleichen. Viel Spaß kommt da trotz der hohen Siege nicht auf. Wie soll er sich bei so einem Niveau weiterentwickeln, fragt er sich, und schaut neidisch auf die U17, wo seine ehemaligen Teamkollegen Woche für Woche wirklich gefordert werden.

Zum anderen muss Alex kurz nach seiner Rückkehr auf den Rasen einen neuerlichen Tiefschlag hinnehmen, rückblickend ist es sogar sein sportlicher Tiefstpunkt in den gut eineinhalb Jahren beim BVB. Die Nichtnominierung für die Nationalmannschaft schmeckte schon bitter, ist aber aufgrund der langen Verletzungspause nachvollziehbar. Viel schwerer wiegt es, dass er auch in der Westfalenauswahl keine Beachtung findet und für das anstehende Trainingslager in Bulgarien nur auf Abruf steht. Boah, denkt er sich, als er die Nachricht erhält, wie tief willst du denn noch abrutschen? Vor einem Jahr noch führte er die deutsche Nationalmannschaft im Klassiker gegen die Niederlande auf den Platz, und jetzt gehört er nicht mal mehr zur Westfalenauswahl. Von außen betrachtet, befindet sich Alex immer noch im siebten Fußballhimmel, doch wenn die Ansprüche steigen, fühlt sich jeder Sinkflug umso dramatischer an. Für den 16-Jährigen bedeutet der Absagebrief von der Westfalenauswahl einen Schlag ins Gesicht.

Doch auch im Leistungssport ist des einen Leid des anderen Freud. Wenige Tage später erfährt Alex, dass sich einer seiner Kontrahenten verletzt hat und die Reise nach Bulgarien absagen musste. Nachrücker Nummer 1: Alexander Schulte. Mit dem Flugzeug geht es nach Sofia, wo unter der Leitung von Verbandssportlehrer Maik Halemeier Trainingseinheiten und Testspiele auf dem Programm stehen. Halemeier ist es, der gleich zu Beginn der zweiwöchigen Exkursion eine Änderung vornimmt. Seit seinem Wechsel zu Borussia Dortmund steht Alex im zentralen defensiven Mittelfeld, doch weil Halemeier es auf dieser Position mit anderen Spielern versuchen möchte, informiert er Alex in der Teamsitzung: Dich würde ich gerne mal auf Rechtsaußen stellen.

Eine Nachricht, die für Heiterkeit in der Mannschaft sorgt. Man kennt sich schließlich seit Jahren, und als eleganten Windhund auf der Außenbahn können sich die Kollegen aus Dortmund, Gelsenkirchen oder Bochum Alex offenbar nicht vorstellen. Was keiner von ihnen weiß: Alex hat seine Zeit bei Dynamo Dresden auf Linksaußen im Mittelfeld verbracht und reifte auf dieser Position zu einem der begehrtesten Spieler seines Jahrgangs. Was sich der Coach da für ihn ausgedacht hat, traut er sich also durchaus zu. Zumal ihm der Führungsstil von Halemeier imponiert, der seinem Schützling klare Laufwege zuordnet, ihn aber auch ermutigt, im letzten Drittel auf den eigenen Instinkt zu setzen.

Das Experiment gelingt. In seiner neuen alten Rolle überzeugt Alex so sehr, dass er mit breiter Brust in die Heimat fliegt und dort direkt zum Sichtungsturnier für die U16-Nationalmannschaft in Duisburg weiterfahren darf. Auch hier wird er auf der rechten Seite eingesetzt. Als vor dem ersten Spiel die Aufstellung via Beamer bekannt gegeben wird und ein Foto von Alex im rechten Mittelfeld zu sehen ist, feixt einer der

Kollegen wegen der vermeintlich staksigen Physis von Alex: Axel Bellinghausen kommt heute über Außen!

Gelächter in der Runde, ein feines Schmunzeln bei Alex, den der Spott der anderen zusätzlich motiviert. Prompt erzielt er bei seinem Debüt auf Rechtsaußen einen wunderschönen Treffer und liefert auch im zweiten Spiel ab. Mit dem Ball am Fuß stürzt er sich in die gegnerischen Abwehrreihen, tankt sich durch und verlädt den Torhüter. Das Video von diesem Tor kann man sich heute auf seinem Instagram-Account ansehen. „Believe in yourself and no one will stop you", hat Alex die Bewegtbilder untertitelt. Es ist das Vertrauen in seine Fähigkeiten, das ihn in diesen Tagen beflügelt und das er zuletzt beim BVB so schmerzlich vermisst hat. Nach einem dieser Spiele wird er an der Seitenlinie von zwei Männern zu seiner Leistung beglückwünscht: Sein Ex-Trainer Benjamin Hoffmann und Hannes Wolf haben die Partie aufmerksam verfolgt.

Mensch Alex, ruft Hoffmann, ich wusste ja gar nicht, dass du so gut flanken kannst!

Tja, denkt Alex, ich schon.

Zwar verliert seine Mannschaft später das Finale durch einen Sonntagsschuss aus 30 Metern, doch Alex hat bewiesen, wie viel Talent in ihm steckt – wenn man ihm das nötige Vertrauen schenkt und die richtige Position für ihn findet. Zur Belohnung für den starken Auftritt in Duisburg wird er wenige Tage später zum Trainingslehrgang der U16-Nationalmannschaft eingeladen. So schnelllebig ist der Fußball, selbst in dieser Altersklasse. Gestern noch auf dem Abstellgleis, heute schon auf dem Sprung in den Elitekader. Und was ist mit morgen? Im Training liefert er ab, schießt im Abschlussspiel sogar ein Tor – und doch wird man ihn danach nie wieder zur Nationalmannschaft einladen.

Zurück beim BVB konzentriert sich alles auf das anstehende Derby gegen Schalke 04. Beeindruckt von den Einsätzen seines Schützlings auf ungewohnter Position stellt Trainer Flüthmann Alex im Spiel gegen Schalke ebenfalls auf die rechte Außenbahn. Als es nach gerade einmal sieben Minuten bereits 0 : 2 steht und das zentrale Mittelfeld heillos überfordert ist, beordert der Coach Alex zurück in die Mitte. Es waren die einzigen Minuten in seiner Karriere bei Borussia Dortmund, die der gelernte Außenspieler auf der offensiven Außenbahn spielte. Und so endet diese Saison mit viel Frust und Ärger und einem bitteren Gefühl, das bis heute anhält.

Diese Zeit, urteilt Alex über die unbefriedigende U16-Saison, ist für einen jungen Fußballer sehr wichtig. Ein Entwicklungsjahr, in dem man nicht nur den Übergang vom Kinder- zum Jugendfußball meistern muss, sondern auch mit der Pubertät kämpft. Die fußballerische und körperliche Entwicklung sollte dabei eigentlich im Vordergrund stehen, doch die Praxis sah für ihn anders aus. Siege und Titel waren für die Trainer wichtiger als die Weiterentwicklung der Spieler.

Am Ende dieser ernüchternden Spielzeit steht ein hartes Urteil: Vor allem im spielerisch-taktischen Bereich war es ein verschenktes Jahr.

Alle Hoffnungen des ehrgeizigen jungen Mannes liegen nun auf der neuen Saison. Welche Hürden wird er wohl in der U17 überspringen müssen? Und wird ihm Hannes Wolf dabei helfen?

DEUTSCHLAND, RICHTIG HEFTIG

Abschiedsstimmung im Hause von Cysewski. Statt wie bisher von Paderborn aus zu den Trainingseinheiten und Spielen anzureisen, soll Marius zur neuen Saison im Internat der Borussia untergebracht werden. Die Vorteile liegen auf der Hand: keine stundenlangen Fahrten mehr für Marius und Papa Theo, die Trainingsplätze direkt vor der Haustür. Dieser folgerichtige Schritt auf dem Weg an die Spitze fühlt sich trotzdem traurig an. Tapfer lächelnd fahren Leyla und Theo vom Hof des Internats und sehen im Rückspiegel ihren winkenden Sohn, der mit seinen 15 Jahren bereits flügge geworden ist. Erst als sie außer Sichtweite sind, brechen beide in Tränen aus.

Er war doch noch so jung, sagt Leyla von Cysewski. Ihr geht das bis heute nahe.

Theo denkt wehmütig an die unzähligen Kilometer mit seinem Junior auf dem Beifahrersitz. Vielleicht wird es nie wieder so werden. Er muss lachen, als er an die Nachrichten denkt, die seine Frau und er mit Marius austauschten, wenn er allein mit dem Zug unterwegs war. Einmal schrieb ihm sein Sohn aus Köln: „Papa, hier liegt einer im Gang." – „Mein Gott, wie geht es dir denn?“, hatte Theo zurückgeschrieben. Die trockene Antwort seines Sohnes: „Papa, das bin nicht ich, der da auf dem Boden liegt.“

Das Tolle an der ganzen Reiserei war, dass Marius dadurch auch etwas über das Leben erfahren hat, sagt Vielfahrer Theo. Der war in seinen jungen Jahren schon so selbstständig, den hättest du überall auf der Welt abstellen können. Der wäre schon klargekommen.

Jetzt, im Sommer 2015, ist sein Sohn einer von 22 Nachwuchstalenten, die im frisch errichteten BVB-Internat untergebracht werden. In der obersten Etage, ganz am Anfang des Flures, bewohnt er ein eigenes Zimmer in einer Wohngemeinschaft mit einem der Jungs aus der U17. Der Junge heißt Alex. Die große Freundschaft ist es zunächst nicht zwischen den beiden, bis auf etwas Small Talk findet kaum Austausch statt. Beide sind zwar in derselben Stufe, doch weitere Gemeinsamkeiten scheinen nicht zu existieren. Alex ist ein alter Hase im Internat, Marius ein Frischling, der zunächst damit beschäftigt ist, sein Heimweh zu verarbeiten. Auch wenn er in den vergangenen Monaten meistens nur noch zum Schlafen nach Hause kam – es ist etwas anderes, in einem fremden Internat aufzuwachen als im eigenen Elternhaus, wo einem jede Ecke vertraut ist. Es braucht seine Zeit, ehe Marius es schafft, mit der Einsamkeit umzugehen.

Anders als für Alex ist es für Marius okay, nicht direkt in die U17 hochgezogen zu werden. Die lange Verletzungszeit in der U15 hat seine Entwicklung ausgebremst. Dann wird er eben in der U16 zeigen, was für ein außergewöhnlicher Kicker in ihm steckt. Sein neuer Trainer ist der alte Coach seines Mitbewohners: Christian Flüthmann, der auf Marius zunächst einmal gar keinen Eindruck macht und eher unauffällig wirkt. Sein Assistent ist Eduard „Ede“ Graf, ein Mittzwanziger, der bereits mit 14 das erste Mal eine Mannschaft trainierte und vor zwei Jahren von Lars Ricken unter Vertrag genommen wurde. Etwas unnahbar, denkt Marius nach den ersten Begegnungen. Aber auch: korrekter Typ mit sehr viel Ahnung.

Flüthmann, Graf, Hoffmann – sie alle sind wie ihre Spieler besonders begabt und dazu noch ausgebildet in ihrem Beruf. Auch sie sind Produkte der Entwicklungen im deutschen Nachwuchsfußball der vergangenen eineinhalb Jahrzehnte. Die Jahrtausendfußballer Marius und Alex werden von 80er- und 90er-Trainern trainiert, die erstens ganz anders sozialisiert wurden auf dem Fußballplatz, zweitens eine äußerst leistungsbezogene Ausbildung erlebten und drittens nicht automatisch gute Pädagogen und Menschenversteher sind. Abschlusstabelle schlägt Empathie, Meisterschaft schlägt Persönlichkeitsentwicklung.

Unsere Protagonisten treffen daher auf ehrgeizige Männer, die keine altruistischen Helfer auf dem Weg ihrer jungen Schützlinge, sondern vom Erfolgsdruck getriebene Angestellte eines der bekanntesten Fußballklubs der Welt sind. Und an sich ist das ja der richtige Ansatz. Jungs wie Marius und Alex machen sich auf in eine Welt, in der man unglaublich schnell zu Geld und Ruhm kommen kann, die aber auch oberflächlich, brutal, schnelllebig und erfolgsgeil ist. Wer es am Ende seiner Jugendzeit unter die besten 20 Fußballer von Borussia Dortmund schafft, wird Millionen verdienen und Millionen emotionalisieren. Und wenn schon die U16 vom BVB ein Haifischbecken ist, dann ist die erste Mannschaft ein Aquarium voller Piranhas und Wasserschlangen. Hier muss man verdammt tough sein. Die Flüthmanns und Hoffmanns sieben nicht nur sportlich aus, sondern auch menschlich.

So ist es zwangsläufig, dass sich Fußballer dem System unterwerfen müssen und nicht umgekehrt. Marius, der es als zentraler Mittelfeldspieler in die Jugendnationalmannschaft geschafft hat, soll von nun an auf der Rechtsverteidigerposition spielen. Er ist zwar noch jung, aber er weiß ganz genau, dass er in der Zentrale besser aufgehoben wäre. Doch er hält den Mund und fügt sich den Anweisungen. Die Trainer scheint es auch nicht groß zu interessieren, was die Spieler von ihren Ideen halten.

Mündige Fußballer, sagt Marius, werden sich immer wieder gewünscht, aber im Nachwuchsbereich wird das nicht gefördert. Dabei gehört genau das zu einer guten Ausbildung.

Während eines Trainingslagers in Aalen soll sich entscheiden, welcher Spieler die Mannschaft zur kommenden Saison anführen wird. Marius trug die Kapitänsbinde zwar in der Vorsaison, doch er glaubt nicht daran, dass dies auch in der U16 passiert. Zumindest im Mannschaftsrat sieht er sich aber und ist irritiert, als sich die Trainer für andere Teamkollegen entscheiden. Ein erster Dämpfer in dieser noch jungen Spielzeit. Dass mit diesen Coaches nicht zu spaßen ist, zeigt sich bei einem Turnier in Salzburg. Nach Siegen gegen die internationale Konkurrenz, unter anderem den Nachwuchs von Juventus Turin, steht der BVB im Halbfinale, muss sich dort allerdings einer Auswahl aus Afrika geschlagen geben. Vor dem Spiel um Platz 3 gegen Manchester City – mit einem jungen Mann namens Jadon Sancho auf dem Rasen – ist die Luft bei den Deutschen raus. Lust- und kraftlos schenken sie das Match ab und bringen ihre Trainer damit auf die Palme. In einer überdachten Salzburger Fußballhalle müssen die Teenager zu Steigerungsläufen antreten, die erst dann enden, als sich ein paar Spieler vor Erschöpfung übergeben. Eine an sich wertvolle Turniererfahrung endet in Frust und Unverständnis, kein guter Nährboden für schwarz-gelbes Selbstvertrauen.

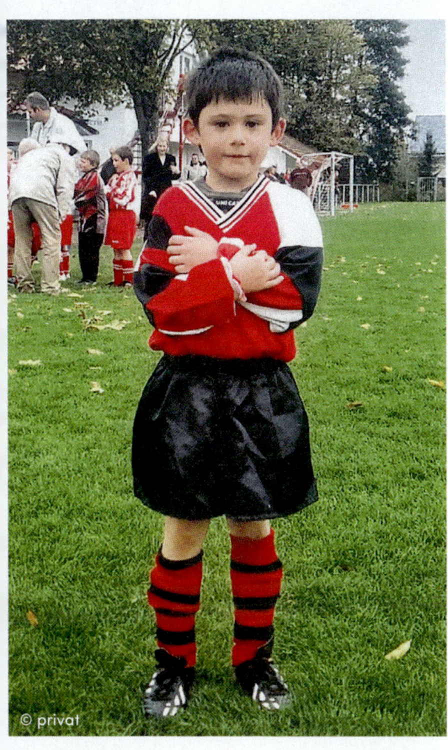

Jeder fängt mal Mini an: Marius als Bambini bei seinem Heimatverein SV Heide Paderborn. Die Haltung zeigt schon: hier wächst ein zukünftiger Jugend-Nationalspieler heran.

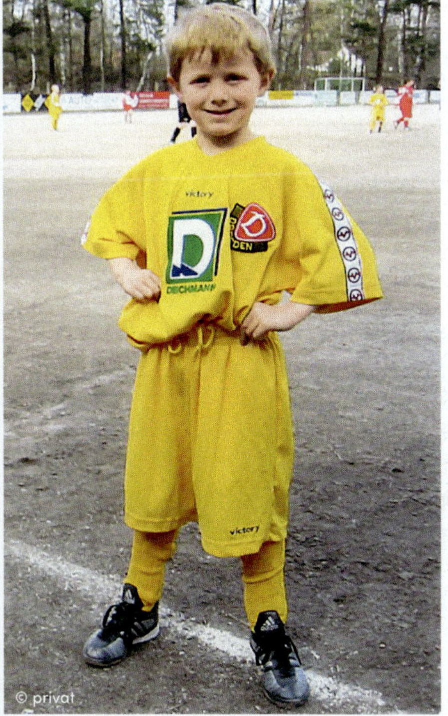

Stolz wie Bolle: 2004 feiert Alex bei den Bambinis von Dynamo Dresden sein Debüt. Im ersten richtigen Spiel trifft seine Mannschaft auf die SG Weixdorf. Natürlich weiß er das heute noch.

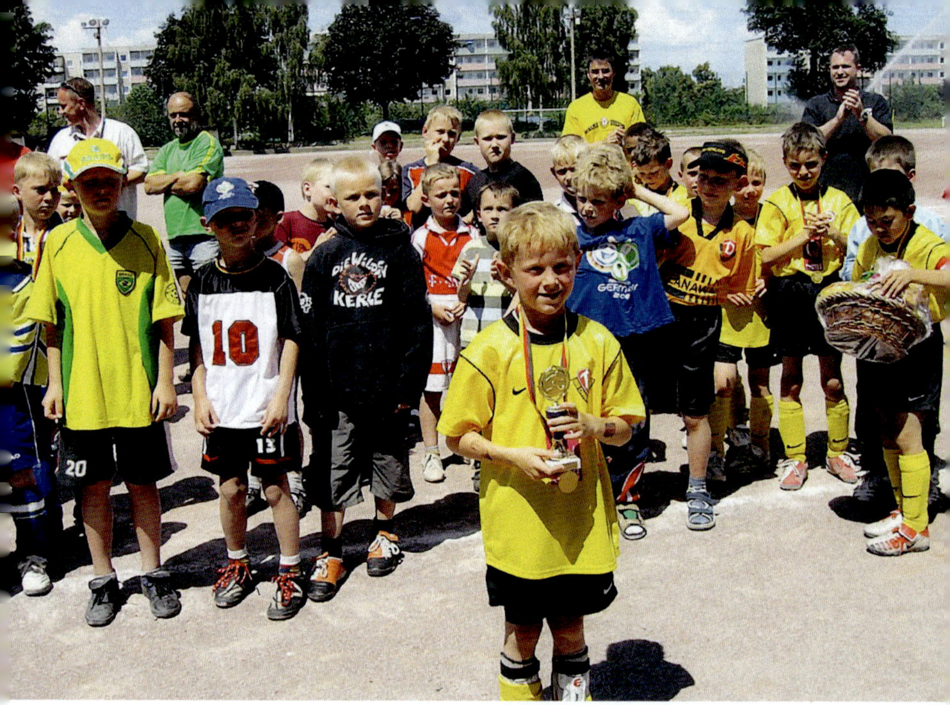

Sommerturnier in Dresden-Löbtau mit der F-Jugend, und dreimal dürfen die Leser raten, wer am Ende als bester Torschütze ausgezeichnet wird.

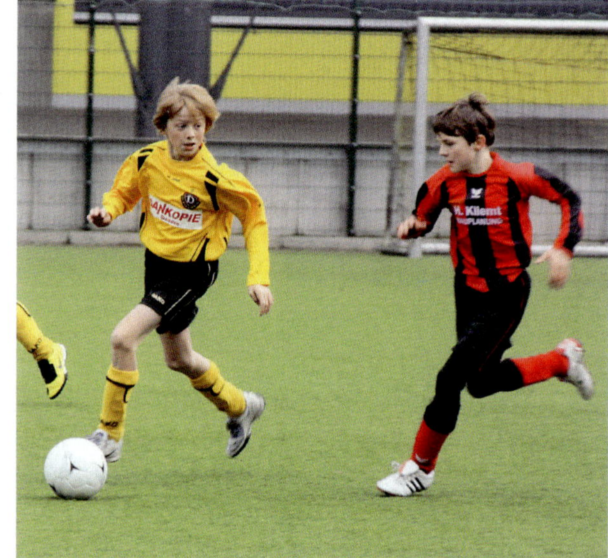

Immer einen Schritt voraus: In der Jugend von Dynamo Dresden reift Alex zu einem der besten deutschen Kicker seines Jahrgangs.

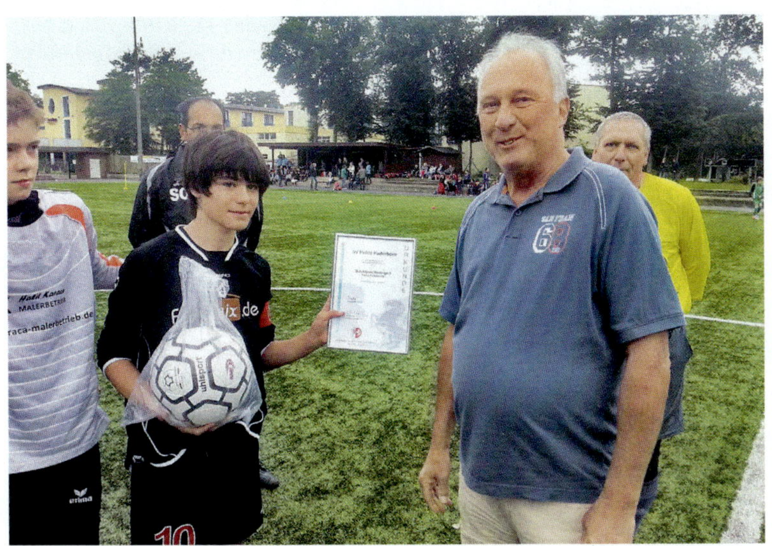

Titel und Auszeichnungen entgegenzunehmen, gehörte für Marius bald zum Alltag. Hier gratuliert der zuständige Staffelleiter dem Kapitän vom SV Heide zur Kreismeisterschaft in der D-Jugend.

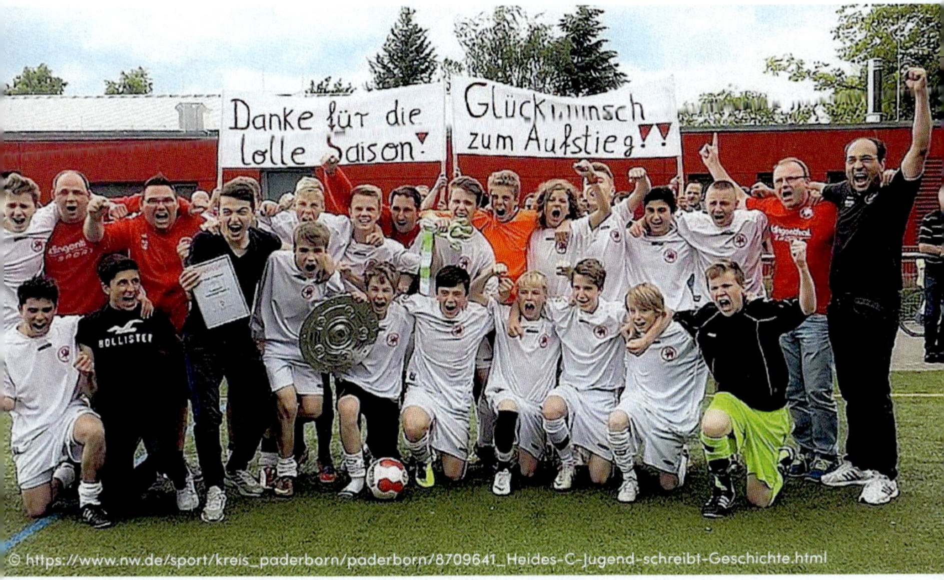

Kurz vor seinem Wechsel zu Borussia Dortmund schreibt Marius (untere Reihe ganz links) mit seiner C-Jugend Geschichte: erstmals überhaupt gelingt einem Juniorenteam vom SV Heide der Aufstieg in die Landesliga.

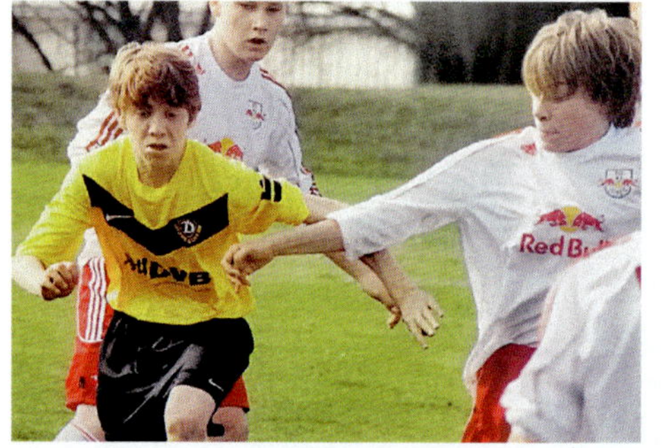

Durchsetzungsfähig: Auch gegen den Nachwuchs von RB Leipzig macht Alex eine gute Figur. Beinahe wechselt er zu Red Bull, am Ende wird es dann aber der große BVB.

In besseren Kreisen: Alex (hintere Reihe in der Mitte) als deutscher U15-Nationalspieler. Im Laufe der Jahre wird er die deutsche Auswahl sogar als Kapitän aufs Feld führen.

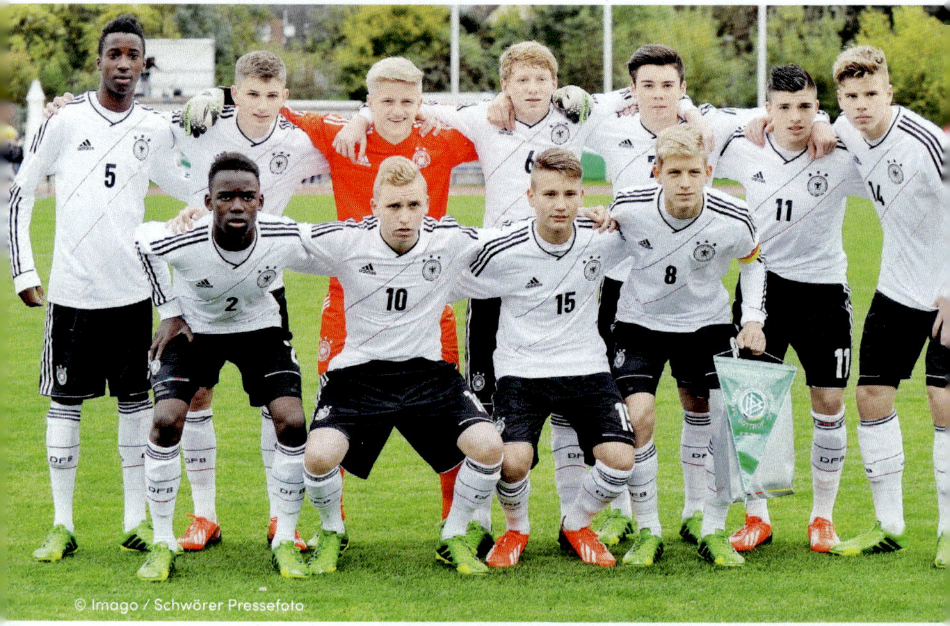

Hells Bells: Vor den Spielen gegen die U15-Nationalmannschaft aus den Niederlanden stimmen sich Alex und seine Kollegen mit AC/DC ein.

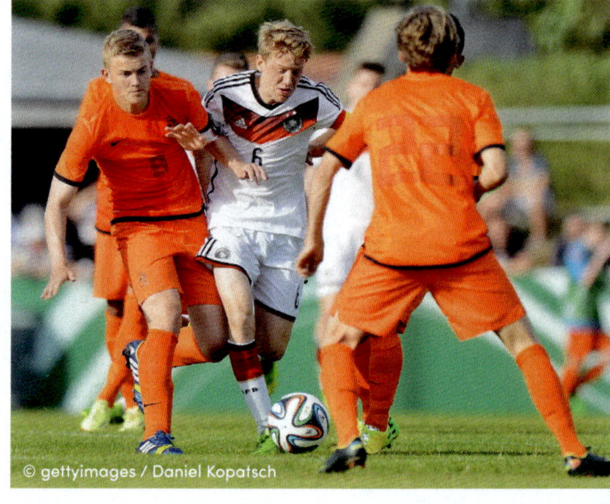

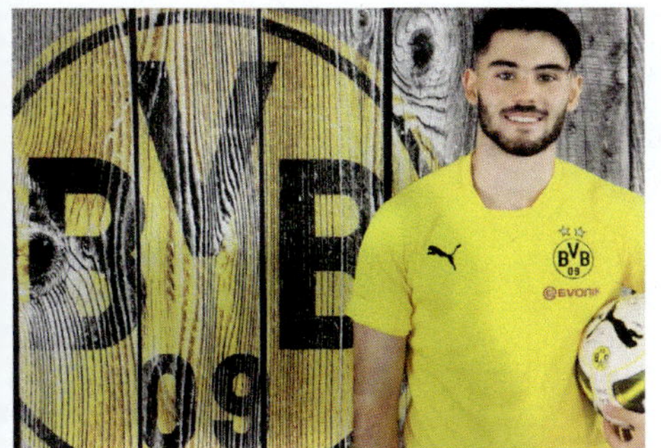

Holz vor der Hütte: Jeder Bewohner des Nachwuchsinternats von Borussia Dortmund hat so ein Foto vor seiner Eingangstür hängen. Mit dem Wechsel zum BVB erfüllt sich Marius einen Traum.

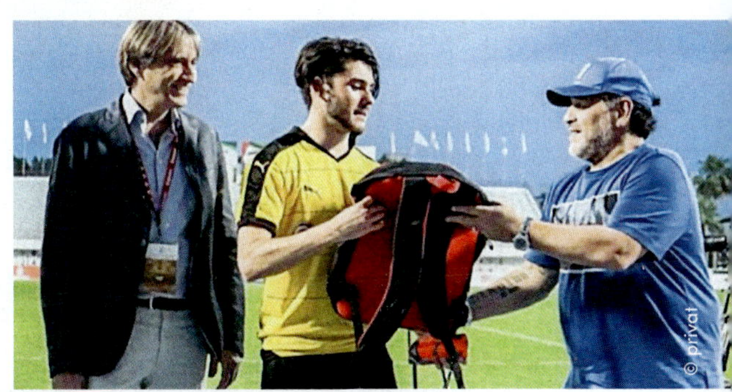

Alles eine Nummer größer: 2016 wird BVB-Mann Marius bei einem Turnier in Dubai zum »Man of the Match« gekürt, die Auszeichnung übernimmt kein Geringerer als Diego Armando Maradona.

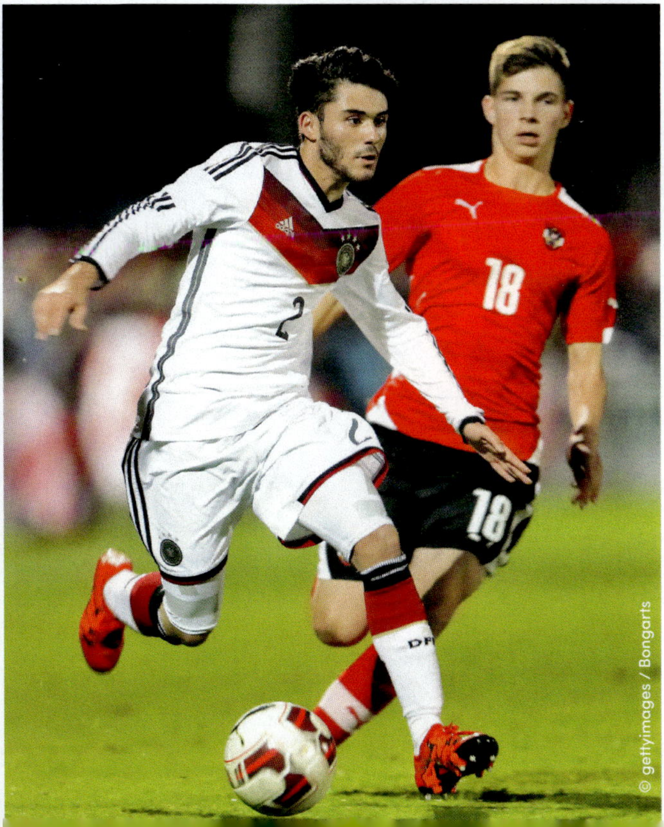

Debüt gegen den Nachbarn: Das erste Länderspiel seines Lebens bestreitet Marius gegen Österreich. Vor mehr als 3000 begeisterten Zuschauern.

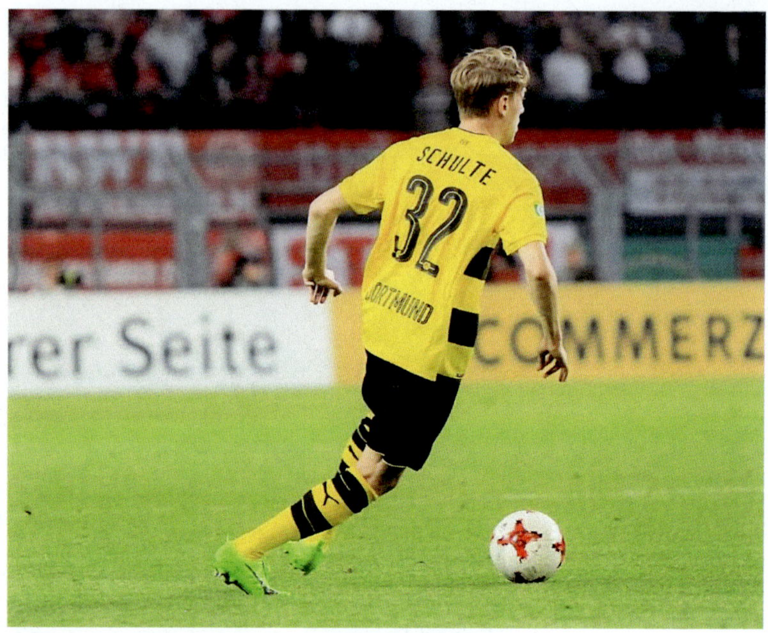

Blick in die Zukunft: Auf dem Rasen des Westfalenstadions darf Alex im Finale um den A-Jugend-Titel schon einmal testen, wie sich der große Fußball anfühlt.

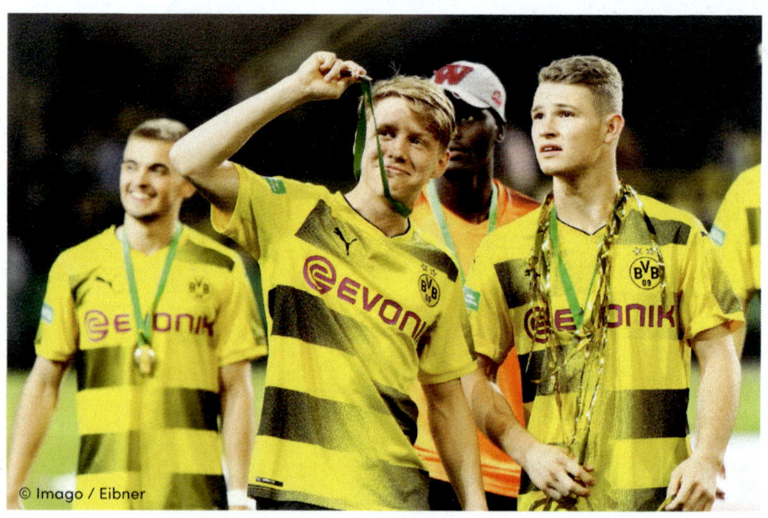

So sehen Sieger aus: Den größten Erfolg seiner Karriere feiert Alex (hier mit Freund Julian Schwermann, rechts) mit dem Gewinn der Deutschen A-Jugend-Meisterschaft 2017.

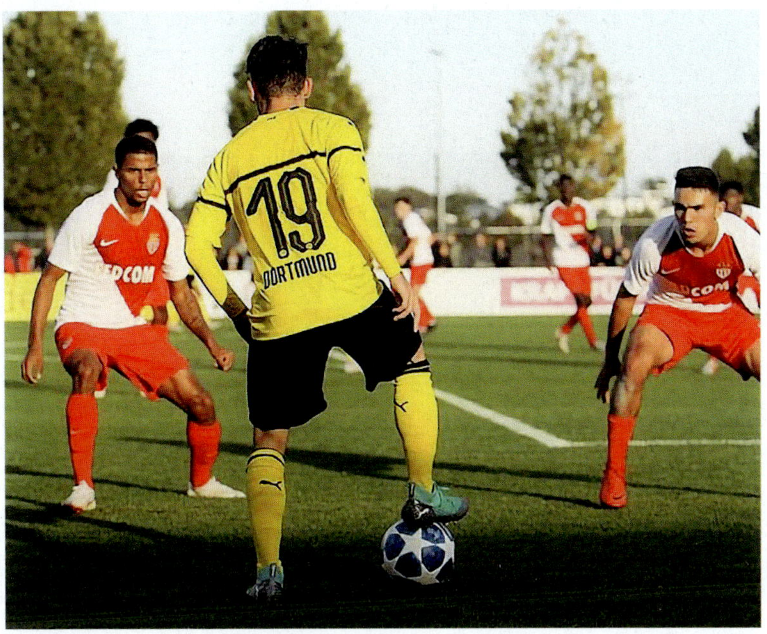

Alles unter Kontrolle: Mit dem BVB trifft Marius (am Ball) in der Youth League auf die Elite Europas, hier ist es der Nachwuchs vom AS Monaco.

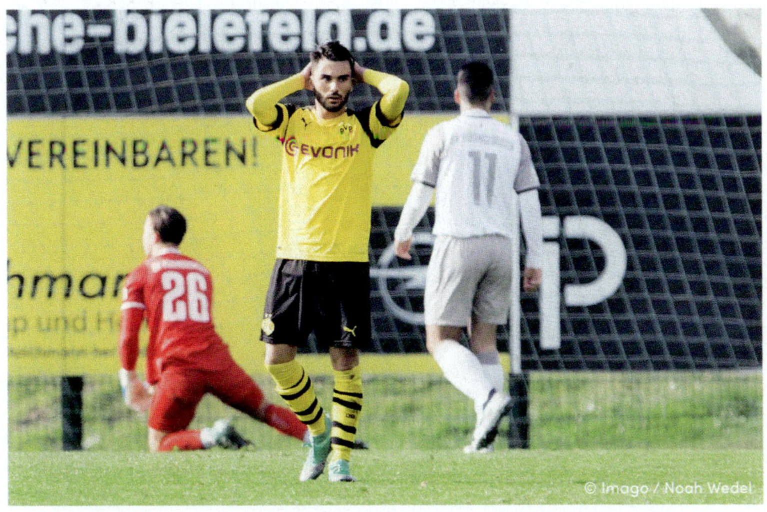

Schwere Zeiten: Dass es für Alex wie auch Marius nicht zum Profifußball reicht, hat am Ende viele Gründe. Doch die Entscheidung, sagen beide, würden sie immer wieder so treffen.

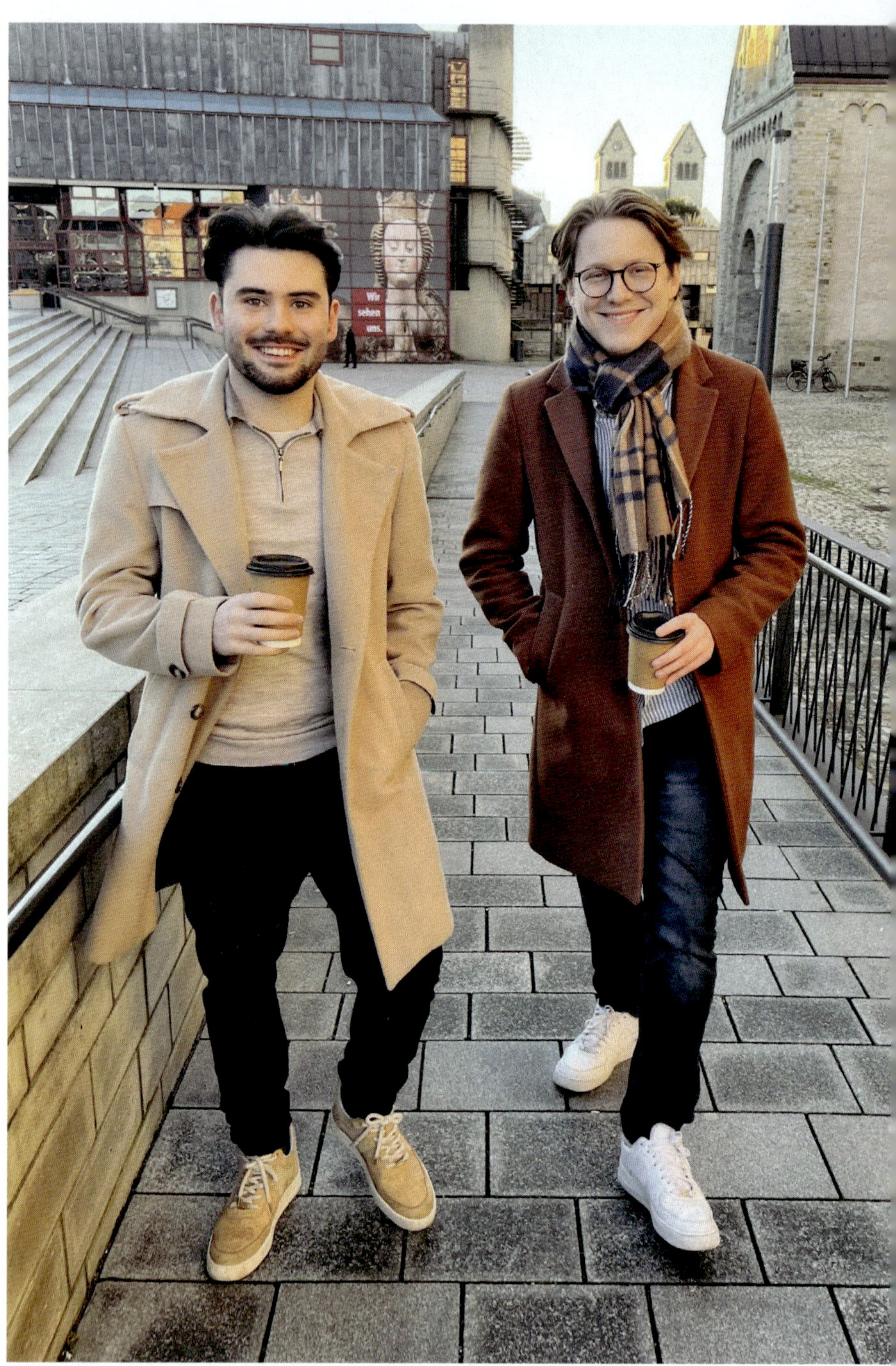

Zwei Jahrtausendtalente auf dem Weg in die Normalität. Die außergewöhnlichen Erfahrungen haben Marius und Alex zusammengeschweißt, heute wohnen die beiden Freunde in einer WG und studieren. Den Fußball vermissen sie nicht.

Die Pflichtspielrunde der neuen Saison startet der BVB in Lippstadt. Ein enttäuschendes Spiel, besonders für Marius. Seine Mannschaft erreicht nur ein 1:1-Unentschieden, er selbst verdreht sich den Knöchel. Eigentlich wollte er nach dem Match zu einem dreitägigen Lehrgang mit der Nationalelf aufbrechen, stattdessen muss er zum Arzt. Die Knöchelsache ist nicht allzu schlimm, aber der Lehrgang findet ohne ihn statt. Marius weiß, dass jeder dieser Lehrgänge der letzte sein könnte und dass es verdammt schwer ist, sich wieder ins Rampenlicht zu spielen, wenn man einmal von der Bildfläche verschwunden ist. Kleinere und größere Verletzungen gehören zum Leistungssport, doch die jungen Männer bedauern vor allem ihre verpassten Chancen. Sicherlich hätte es Marius geholfen, wenn sein Verein in solchen Fällen emotionalen Beistand gäbe, doch da dies nicht geschieht, ist der verletzte Fußballer mit seinen Gedanken allein. Wird es immer wieder so sein, fragt sich Marius, dass sein Körper in den entscheidenden Momenten streikt? Wird es am Ende an seinen Muskeln und Gelenken liegen, wenn es nicht zu einer Profikarriere reicht?

Wie nah Sieg und Niederlage auf diesem Niveau beieinanderliegen und welch tragende Rolle dabei die Gesundheit spielt, zeigt sich eine Woche später. Marius dürfte eigentlich noch gar nicht antreten, doch es geht gegen Schalke, und gegen Schalke zählen weder Schmerzen noch Verletzungen. Mit einem dicken Tape um den verdrehten Knöchel und ausreichend Ibuprofen im Körper zieht Marius durch, macht auf seiner rechten Seite ein tolles Spiel und darf hinterher in der Kabine einen triumphalen 6:1-Erfolg bejubeln. Vergessen ist da schon der Fauxpas seines Trainers, der vor dem Match bei seiner Ansprache vor lauter Aufregung eine Wasserflasche an den Kopf eines seiner Spieler gedonnert hat. In der Schalker

Kabine ist es auffallend leise, umso lauter dröhnt der Gesang der siegreichen Dortmunder: „Derbysieger, Derbysieger, hey, hey!“ Ein Umstand, den Marius gar nicht mitbekommen hat, der allerdings erheblichen Einfluss auf den Verlauf seiner Karriere haben wird, ist, dass auch Vertreter der U16-Nationalmannschaft das Derby aufmerksam verfolgt haben.

1000 Tage sind es noch. 1000 Tage bis zur nächsten Weltmeisterschaft, die im Sommer 2018 in Russland stattfinden soll. Um das eigene Image aufzupolieren, lädt der russische Fußballverband junge Spieler aus Spanien, Frankreich und Deutschland zu einer Mini-WM nach Moskau ein. Und weil sich die Russen mit werbewirksamer Symbolik auskennen, soll diese Veranstaltung nicht in einem schnöden Stadion stattfinden, sondern mitten auf dem Roten Platz. Ein großes Gettogether mit Nachwuchskickern aus den Siegerländern der vergangenen drei Weltmeisterschaften, medial aufgebrezelt und unterstützt von prominenten Fußballbotschaftern, das ist die Idee dahinter. Weil diese Idee allerdings recht kurzfristig entstanden ist, verzichtet der DFB auf die umständliche Suche nach einer geeigneten Auswahl (teilnehmen sollen zwar die besten U16-Kicker des Landes, nicht aber aktuelle Nationalspieler) und schickt kurzerhand die Westfalenauswahl ins Rennen. Sehr zur Freude von Marius und seinen Kollegen, die sich an einem Septembertag in einem schicken Hotel in Düsseldorf treffen, um dort vom DFB eingenordet und eingekleidet zu werden. Die Ansage ist klar und deutlich und nun auch für alle sichtbar: Diese Jungs vertreten Deutschland! Für Marius ist das alles ein riesiges Abenteuer.

Am nächsten Morgen sitzt er in einem Flugzeug nach Moskau und wird dort, von einer Polizeieskorte begleitet, im Bus zum Hotel gefahren. Was für ein Aufriss, denkt er sich. Was für ein verrückter und wunderschöner Aufriss!

Im Hotel geht das Spektakel weiter. Die Spieler der Westfalenauswahl kommen sich vor wie in einem Film über den Alltag von Fußballnationalspielern: aufgeregte Medienmenschen im Hotelfoyer, aufgeregte Hotelmenschen vor Medien im Foyer, der Adler auf der Brust, mit dem einem die Welt zu Füßen liegt. Es passt in diese kuriose Konstellation, dass der Trainer dieser Mannschaft seine Spieler gar nicht kennt. Anders der mitgefahrene Physiotherapeut, auf dessen Rat hin ein alter Bekannter zum Kapitän der Moskaureisenden ernannt wird: Marius von Cysewski. Mitten auf dem Roten Platz haben die Veranstalter ein Stadion aufgebaut, Mixed Zones für die Interviews nach dem Spiel inklusive. Was bei einer Mannschaft, die nicht mal der eigene Trainer kennt, einen ganz eigenen Humor hat.

Um die mangelnde Prominenz der jungen Fußballer etwas auszugleichen, hat jede Auswahl einen namhaften Paten an die Seite gestellt bekommen. Bei den Deutschen ist es Lothar Matthäus. Bei der pompösen Eröffnungsfeier steht Marius neben dem einstigen Weltfußballer. Während die FIFA-Funktionäre ihre Reden schwingen, unterhalten sich Matthäus und einer der jungen Spieler über Schuhe. Matthäus, ein Fußballer der alten Schule, macht sich über die rosa Treter von Marius lustig, der versteht den kleinen Spaß und muss sich im Stillen immer wieder sagen, dass er gerade neben dem Weltmeisterkapitän von 1990 auf dem Roten Platz in Moskau steht.

Sportlich ist die Reise wenig bedeutsam, die Deutschen beenden das Mini-Turnier nach einer Niederlage gegen Spanien und einem Sieg gegen Italien auf Platz 3. Für Kopfschütteln bei der Siegerehrung sorgt Matthäus, als er Marius und Co mit Blick auf die attraktiven Hostessen zuraunt: Ihr kriegt die Medaillen, ich die Mädels!

Zwei Wochen später wirken die Reise nach Moskau, das Treffen mit Matthäus und der Auftritt auf dem Roten Platz immer noch nach. Marius fehlt die Zeit, all die Eindrücke und Erlebnisse der vergangenen Wochen richtig zu verarbeiten. Es ist so, wie es Oliver Kahn einst verbal auf den Punkt brachte: Weiter, immer weiter! Immer weiter nach oben scheint es auch für den jungen Mann aus Paderborn zu gehen. Nach einer Trainingseinheit überbringt ihm sein Trainer die frohe Nachricht: Marius, du wirst für Länderspiele gegen Österreich nominiert!

Damit hat der niemals gerechnet, umso größer ist die Vorfreude auf das Debüt im Nationaltrikot. Zunächst steht allerdings das Spiel gegen Bochum auf dem Programm – nach einer schallenden 0:3-Ohrfeige reist Marius gemeinsam mit zwei ebenfalls nominierten Teamkollegen über Düsseldorf nach München. Schon am nächsten Morgen geht es nach Salzburg, eine Woche lang werden die besten U16-Kicker des Landes hier zusammen wohnen. Damit die Sportler auch wirklich begreifen, dass sie zur Elite gehören, fährt ein großer Truck von Adidas auf das Trainingsgelände, jeder Spieler darf sich mehrere Paar Schuhe aussuchen.

Marius beobachtet das alles mit großen Augen. Er macht sich Hoffnungen, im Testspiel gegen Österreich von Beginn an auf dem Rasen zu stehen. Je näher die Partie rückt, desto sicherer ist er sich, seinen Trainer überzeugt zu haben. Am Mittwochmorgen – abends findet das Spiel statt – kommen die Spieler nach dem Anschwitzen im Besprechungsraum zusammen. Per Laserpointer wird jede Position auf dem Bildschirm eingeblendet, und als sein Name als der des rechten Verteidigers aufleuchtet, fällt seine Reaktion gemischt aus:

Wie geil, denkt er, ich werde gegen Österreich in der Startelf stehen.

Ach du Scheiße, denkt er, ich werde gegen Österreich in der Startelf stehen.

Die Partie findet um 18.30 Uhr im nahen Örtchen Kuchl statt. Normalerweise treten die U-Mannschaften am frühen Mittag vor ein paar Hundert Zuschauern an, doch nach Kuchl sind knapp 3000 Menschen gekommen, das Flutlicht erleuchtet den feuchten Rasen wie Scheinwerfer eine Theaterbühne. Ganz cool saß Marius eben im Bus, die dicken Kopfhörer auf den Ohren, die vertraute Musik im Kopf. Doch so nervös wie heute war er noch nie. Und die Aufregung steigert sich noch, als er in der Kabine sein Trikot hängen sieht und kurz darauf zum Aufwärmen ins Flutlicht von Kuchl eintaucht. So viele Menschen! So viel Verantwortung!

Sidesteps gegen das Herzrasen, Hacken an den Hintern, um den flauen Magen in den Griff zu bekommen. Zurück in die Kabine, letzte taktische Anweisungen, Trikot in die Hose, wieder raus in den Kabinengang. Es ist eng, es ist dunkel, von draußen dringt die Vorfreude der Zuschauer in den langen Schlauch, in dem Marius jetzt ein Einlaufkind zur Seite gestellt wird. Ob seine Begleitung spüren kann, wie aufgeregt er ist? Aus den Lautsprechern klingen blechern die Mannschaftsaufstellungen, Laser zucken, Stollen klackern, Herzen schlagen, eine Blaskapelle untermalt die Szenerie. Und der arme Marius weiß nicht, wie er hier einen einzigen anständigen Pass spielen soll, wenn sich sein Puls nicht langsam mal beruhigt.

Doch in dem Moment, in dem der frischgebackene Nationalspieler den Rasen betritt und sich die Stollen in den weichen Untergrund graben, wandelt sich Nervosität in Selbstbewusstsein, Versagensangst in Zuversicht. Der Weg zum Mittelkreis führt von der Eckfahne einmal quer über den Platz, und Marius saugt in diesen Sekunden alles auf: das Dudeln der Kapelle, die jubelnden Schulklassen auf den Rängen, die deutschen und österreichischen Fahnen. Nationalspieler! Wenn sie ihm das damals beim SV Heide erzählt hätten. Aufgereiht stehen sie jetzt da, die Stars von morgen, und genau das macht den Reiz eines solchen Nachwuchsländerspiels aus. Welche der Jungs wird man in den nächsten Jahren in der Bundesliga wiedersehen? Vielleicht in der Premier League? Vielleicht in der Königsklasse? Vielleicht sogar in der A-Nationalmannschaft?

Bitte erheben Sie sich für die Nationalhymnen von Deutschland und Österreich, sagt der Stadionsprecher, und Marius steht stramm. Wie lange ist das her, seit er gemeinsam mit seinen Eltern vor der Glotze saß und im heimischen Wohnzimmer die Hymne schmetterte, als hinge davon der Ausgang des Spieles ab? Als jetzt die vertraute Melodie erklingt und sich ein Haufen Teenager am Text versucht, wird Marius von Ergriffenheit durchdrungen. Stolz ist wohl das richtige Wort für das, was seine Brust jetzt weitet. Stolz darauf, sein Land zu vertreten. Stolz auf diese besondere Belohnung für einen, der gerade dabei ist, sein Talent zu vergolden. Und während die Hymne noch läuft, beamt er sich hinter die Kamera und sieht sich selbst da oben stehen, angestrahlt vom Flutlicht.

Richtig heftig, sagt er heute dazu. Richtig heftig.

Heftig ist auch das Spiel: Die Deutschen verwandeln einen 0:1-Rückstand am Ende noch in einen 4:2-Sieg und bieten den Zuschauern eine Show. So stolz, so glücklich, so euphorisch war Marius noch nie nach einem Fußballmatch. Im Nachhinein findet er es schade, dass seine Eltern im Gegensatz zu allen anderen seiner wichtigen Spiele dieses Nationalelfdebüt nicht miterleben konnten. Doch damals überwiegen Zufriedenheit und die Zuversicht, am Ende dieser langen Ausbildung tatsächlich einmal zu den ganz Großen zu gehören. Als er Stunden später im Bett liegt und seine Gedanken sortiert, erkennt er erst den Mehrwert seines heutigen Auftrittes.

In diesem Moment wurde mir bewusst, dass ich es tatsächlich packen konnte. Dass ich richtig gute Chancen hatte, Profifußballer zu werden, sagt er dazu.

Am Morgen nach seinem Länderspieldebüt spürt Marius eine große Erleichterung. Auch das ist Teil des Fußballerlebens: dieses warme und leichte Gefühl, wenn nach einem guten Spiel alle Spannung und aller Druck abfallen. Wahnsinn, denkt der Teenager und starrt an die Decke seines Hotelzimmers. Nationalmannschaft, was für eine Ehre! Und was für ein Moment in seinem Leben als junger Fußballer. Kreisauswahl, Bezirksauswahl, Westfalenauswahl – er kennt den Genuss des Privilegs, aber das hier ist die Spitze der Pyramide. Mehr geht nicht. Jedenfalls in dem Alter. Mit ein paar Jahren Abstand wirkt die Erfahrung noch wertvoller: Die Erinnerung an dieses Spiel lässt ihn bis heute nicht los.

Einer der besten Fußballer meines Jahrgangs zu sein, empfinde ich heute als das, was es war: eine ganz besondere Auszeichnung.

Drei Tage nach dem 4:2-Erfolg treten die Deutschen erneut gegen Österreich an. Diesmal allerdings um 11 Uhr vormittags vor handgezählten 50 Zuschauern auf einer tristen Bezirkssportanlage. In der Startaufstellung stehen jene elf Spieler, die im ersten Spiel auf der Bank saßen. Was Marius gut verkraftet, schließlich haben ihn die Trainer in der Besprechung vor der Partie noch einmal ausdrücklich gelobt. Nach 60 Minuten steht es 1 : 1. Jede Mannschaft darf viermal wechseln. Neben drei Offensivspielern kommt auch der Rechtsverteidiger aus Dortmund in die Partie, die Zielvorgabe ist klar: das Spiel gewinnen! Beflügelt von der Situation liefert Marius erneut eine Bestleistung ab und hilft mit, einen 2:1-Sieg für Deutschland einzufahren. Zwei Spiele, 100 Minuten Spielzeit, zwei

Siege – viel besser hätte es für den neuen Nationalspieler kaum laufen können.

Es sind die Tage und Wochen mit den Auswahlmannschaften, die in dieser Saison 2015/16 einen bleibenden Eindruck bei ihm hinterlassen. Der schnöde Ligaalltag mit dem BVB ist für Marius mehr Pflichtprogramm denn Kür, es fehlt ihm an der Überzeugung, dass er sich in dieser Mannschaft und mit diesem Trainer wirklich weiterentwickeln kann. Umso dankbarer ist er, als er vier Wochen nach den Länderspielen gegen Österreich wieder mit dem DFB unterwegs ist. Diesmal geht die Reise nach La Manga, ins legendäre Trainingslager der bundesdeutschen Elitetalente.

Zwölf Tage lang bekommen die Spieler hier das volle Programm: Ganzkörperscreening, eine neue Ausstattung, Trainingseinheiten und Testspielgegner. Ein ehemaliger Olympiateilnehmer im Gewichtheben führt die Jungs in die hohe Kunst des Langhanteltrainings ein, damit sie ihre Schnellkraft verbessern können.

Auch spielerisch läuft es gut für den zweifachen Nationalspieler. Jeden Tag trainiert er zweimal mit den besten U16- und U17-Kickern des Landes und kann gleich im ersten Spiel gegen die U17 – mit einem gewissen Kai Havertz – an die starken Leistungen der jüngeren Vergangenheit anknüpfen. Was Nationalcoach Christian Wück natürlich auffällt.

Wie fandest du dich, fragt er seinen Schützling am Ende des Trainingslagers.

Och, ich fand mich ganz gut, antwortet der selbstbewusst.

Ja, wir auch, sagt Wück, und Marius ballt die Faust in der Trainingsjacke. Nur mit einer Einschätzung des Bundestrainers kann er weniger anfangen. Es sei großartig, dass er als Rechtsverteidiger so offensiv agiere, eine Qualität in seinem Spiel, die er beibehalten solle. Aber, so Wück: Ich weiß nicht, ob deine

Spielweise gegen die Topnationen nicht vielleicht zu offensiv ist.

Marius schätzt Wücks Ehrlichkeit, gleichzeitig weiß er diese Mischung aus Lob und Skepsis nicht richtig einzuordnen. Soll er lieber etwas defensiver spielen, damit er auch bei Topgegnern nominiert wird? Was Wück und seine Trainerkollegen allerdings auch sagen: dass ein Talent wie Marius unbedingt schon in der U17 mitmachen sollte, um sich schneller weiterzuentwickeln. Das klingt wie Musik in seinen Ohren. Als er wieder in Dortmund ist, trainiert er viermal mit den U17-Junioren und steht in einem Testspiel gegen die TSG Hoffenheim sogar mit auf dem Rasen. Das fühlt sich alles noch besser an, zumal ihn seine U17-Kollegen einhellig loben. Hinzu kommt, dass seine Spielposition in der Dortmunder U17 zu diesem Zeitpunkt verwaist ist, da sich der eigentliche Kandidat verletzt hat – ein gewisser Alexander Schulte.

Wenige Tage nach der Partie gegen Hoffenheim bittet der Trainer der U17 Marius zu einer gemeinsamen Videoanalyse. Auf der Leinwand erscheinen ausnahmslos Szenen, in denen er nicht gut aussah: Fehlpässe, Probleme beim Stellungsspiel, verlorene Zweikämpfe. Mit jeder Minute, die Marius im Analyseraum sitzt, wächst die Ahnung, dass der Trainer diese Szenen nur deshalb rausgesucht habe, um ihn zurück in die U16 zu schicken. Und genauso kommt es – trotz der guten Auftritte in Österreich und La Manga, trotz der Einschätzung seiner Teamkollegen. Für Borussia Dortmund bleibt Marius ein U16-Spieler. Warum das so ist, sagt ihm niemand.

Viel Zeit, um über seine Zwitterrolle zwischen Auswahlteams und Klubmannschaft nachzudenken, hat er nicht. Kaum, dass er sich in Dortmund wieder akklimatisiert hat, steht auch schon die nächste Reise an. Beim Algarve-Cup in Portugal bittet der Gastgeber zu einem kleinen, aber feinen Turnier mit

Frankreich, den Niederlanden und Deutschland. Edle Hotels, Flughäfen, neue Schuhe, Marius kennt das Prozedere schon. Gegen Portugal sitzt er nur auf der Bank, Deutschland verliert im Elfmeterschießen. Beim 2:0-Sieg gegen Frankreich steht er dann von Beginn an auf dem Platz, beim Abschlusskick gegen die Niederlande reicht es immerhin zu einer Halbzeit. Zwar gewinnen die Deutschen das Turnier, zwar hat Marius von sechs möglichen Halbzeiten drei absolviert, doch seiner Meinung nach hat er die Leistungen der vergangenen Monate nicht so bestätigen können, wie er sich das vorgestellt hatte.

Mit diesem Gefühl fliegt er zurück nach Deutschland. Hier nimmt ihn sein Co-Trainer auf dem Parkplatz vor den Trainingsplätzen zur Seite. Marius solle sich wegen des einen Turniers nicht so viele Gedanken machen, sagt er und verweist auf die starken Saisonstatistiken beim BVB: Wenn du fit bist, muss mir der Nationaltrainer erst mal einen besseren Außenverteidiger als dich zeigen!

Der Small Talk dauert nicht mal drei Minuten, hat auf den jungen Mann aber eine nachhaltige Wirkung. Warum nicht öfter so, denkt er, als er sich vom Co-Trainer verabschiedet.

Seinen Reisekoffer braucht er in diesen Monaten eigentlich gar nicht auszupacken. Wieder geht es auf große Tour. Im April 2016 fliegt die Westfalenauswahl nach Sofia, um sich in Bulgarien auf das anstehende Sichtungsturnier der Verbände vorzubereiten. Westfalenauswahl bedeutet für Marius Wohlfühloase, weil er hier unbestritten zu den Topspielern gehört und überdies einen Trainer hat, der seine Fähigkeiten schätzt. Hinzu kommt, dass er in dieser Mannschaft nicht als Rechtsverteidiger, sondern auf seiner geliebten Position im zentralen Mittelfeld auflaufen kann.

Wie erschrocken ist er aber erst mal, als er die bulgarische Hauptstadt sieht. Eine so kaputte und hässliche Großstadt hat er noch nie gesehen. Wie im Zweiten Weltkrieg, geht es ihm beim Anblick der vielen runtergerockten Gebäude durch den Kopf, auch das Hotel lässt sehr zu wünschen übrig. Marius ist jedoch nicht als Tourist nach Sofia gekommen, sondern um Fußball zu spielen, und das tut seine Mannschaft gleich zweimal gegen die bulgarische U16-Nationalmannschaft. Beide Partien werden gewonnen, der junge Kerl im Mittelfeld hat die Fäden geschickt zusammengehalten und gezeigt, was er mit der Nationalmannschaft alles gelernt hat.

Mit diesem guten Gefühl im Gepäck geht es zurück nach Dortmund, wo die Spielzeit auf Platz 2 beendet wird. Seine Schule hat er in dieser Saison nur selten von innen gesehen, doch wann immer er unterwegs ist, schicken Verein oder Verband Lehrer mit, die die Fußballer während ihrer Trips unterrichten. Vergleichbar mit einer richtigen schulischen Ausbildung ist das zwar nicht, insgesamt wird Marius durch den Fußball während seiner drei Oberstufenjahre mehrere Monate Unterricht verpassen. Doch er hat sich an diesen Zustand gewöhnt und kommt auch sonst sehr gut damit klar, ein anderes Leben zu führen als seine Freunde in Paderborn. Aber vermisste er denn gar nicht das normale Teenagerleben zwischen Schule, Party und freien Wochenenden?

Ganz und gar nicht, sagt er. Partys spielten bis zur U19 keine Rolle, und wenn es mal abends länger wurde, dann nur an der Playstation. Egal. Ich habe nie das Gefühl gehabt, auf etwas verzichten zu müssen. Stattdessen stand mir permanent dieses große Ziel vor Augen, es zu den Profis zu schaffen. Ein jahrelanger Tunnelblick.

Wie nah am Ende dieses Tunnels Himmel und Hölle beieinanderliegen, erfährt Marius auf einer 14-tägigen Tour in den Wüstenstaat Dubai. Hier findet im April 2016 ein hochkarätig besetztes Jugendturnier statt, prominentester Teilnehmer ist die U16 von Real Madrid. Um als Teil des Teams BVB dabei zu sein, hat Marius sogar der Nationalmannschaft einen Korb gegeben. Auswahltrainer Christian Wück wollte seinen Mittelfeldmann unbedingt für die Spiele gegen Italien dabeihaben. Entsprechend schwer fiel ihm die Entscheidung, entsprechend dankbar ist er, dass ihm sein Coach die Entscheidung abnimmt. Nach einem Gespräch mit Wück ist klar, dass Marius mit nach Dubai fliegen wird.

Diese Entscheidung bewirkt einen ersten Vertrauensbruch zwischen Spieler und Verein, der einen Anteil daran haben wird, dass Marius von Cysewski heute nicht in der Bundesliga spielt.

Die Reise nach Dubai ist für den jungen Mann aus Paderborn ein funkelndes Abenteuer. Hier liegt das Gold sprichwörtlich auf der Straße – schon der Anflug auf die glitzernde Drei-Millionen-Einwohner-Metropole fasziniert die Dortmunder Nachwuchselite. Das hier ist nicht nur die Teilnahme an einem Fußballturnier, sondern ein Vorgeschmack darauf, wie ein Leben als Profifußballer aussehen könnte. Keine Bezirkssportanlagen in Bottrop, sondern alles perfekt und voller Reichtum. Marius lebt für zwei Wochen den Traum aller Kreisligakicker, die am Wochenende ihre Autos pflegen und im Sommer nach Mallorca fliegen: Unterkunft in einem Fünfsternetempel und Ausflüge auf das höchste Gebäude der Welt, in einen gigantischen Wasserpark und eine der größten Malls des Planeten. Turbokapitalismus ohne Limit. Für die potenziellen Turbokicker der Zukunft sind der Glanz und Glamour Dubais daher umso reizvoller.

Abends sitzt Marius am Hotelpool und schaut seinen Kollegen beim Tischtennis zu. Das hier ist alles so großartig, so außergewöhnlich, so verlockend elitär, dass es dem Teenager nicht leichtfällt, auf dem Teppich zu bleiben. Heute war er mit drei Mitspielern auserkoren worden, ein Interview zu geben, war dafür von einem eigenen Chauffeur durch die Gegend kutschiert worden. Natürlich hatte er sich gefühlt wie ein Star, als er in seinem perfekt sitzenden schwarz-gelben Trainingsanzug und den nagelneuen Sneakern seines Sponsors aus der Limousine stieg, um über sein aufregendes Leben als Supertalent zu sprechen.

Kurz denkt er an seine Freunde in der Heimat. Was sie wohl gerade machen? Er begreift diese Tage in Dubai vor allem als Privileg, nur in wenigen schwachen Momenten denkt er kurz, dass all dies einem Star wie ihm doch wohl zustehe. Es gibt Kollegen, denen dieser Trip ziemlich zu Kopf steigen wird, deren pubertierendes Ego nicht so einfach damit klarkommt, in einem reichen Wüstenstaat auf Händen getragen zu werden. Ein Leben als Profifußballer kann sehr attraktiv sein, aber es birgt auch die Gefahr, als aufgeblasener Ignorant zu enden.

Einige von uns, sagt Marius im Frühjahr 2022, wurden etwas überheblich, wahrscheinlich ich selbst auch, ohne es zu bemerken. Man kann Jungs in dem Alter aber auch schlecht einen Vorwurf machen, wenn ihnen die Welt so früh schon zu Füßen liegt.

Um in dieser künstlichen Funkel-Bubble auf dem Teppich zu bleiben, findet er, braucht man Unterstützung. Von zu Hause, von Familie und Freunden. Aber auch vom Verein, der ja per Vertrag zugesichert hat, sich um die Ausbildung der Hochbegabten zu kümmern. Wie sinnvoll ist es da, einen Haufen Teenager durch die halbe Welt zu fliegen, statt dann lieber doch die Bezirkssportanlage in Bottrop anzusteuern? Fußballfans beschweren sich seit Jahren darüber, dass die Kluft zwischen dem einfachen Fanvolk und den Heroen auf dem Rasen immer größer wird, aber wenn es zur Ausbildung dieser Heroen gehört, dass man Jetski im Persischen Golf fährt, um anschließend gegen die Jugend von Real Madrid zu spielen, dann muss man sich nicht wundern.

Die allermeisten Profis haben ihre späte Kindheit und komplette Jugend in einer eigenen Welt verbracht, die sich aus eigenen Ausrüsterverträgen, dem Wappen auf der Brust und der Rationalität eines Börsenunternehmens speist. Den Spielern darf man nur bedingt vorwerfen, dass sie abgehoben und weltfremd seien. Verantwortlich dafür ist das System.

Dubai im Frühjahr 2016 ist ein feiner Vorgeschmack auf das, was vielleicht in der Zukunft noch kommt. Das erste Spiel gewinnen die jungen Borussen mit 2 : 0, beide Tore hat Marius vorbereitet. Nur folgerichtig, dass er nach dem Spiel als „Man of the Match" ausgezeichnet wird. Der Preis ist nicht etwa ein Gutschein für das nächste Restaurant oder ein hübscher Pokal, sondern eine Sporttasche, vollgepackt mit neuen Klamotten. Überreicht von Diego Armando Maradona!

In diesem „absoluten Highlight-Moment" seiner Karriere (O-Ton Marius) gehört er nicht nur zu den weltbesten Fußballern seines Jahrgangs, er wird auch noch vom weltbesten Fußballer aller Zeiten ausgezeichnet. Nach der Taschenübergabe nimmt sich Diego noch Zeit für ein Foto. Vielleicht denkt er in diesem Moment daran, wie es war, damals, mit 15 Jahren, als er kurz davorstand, den ganzen Fußballplaneten für ein paar Jahre mit seinen Füßen zu verzaubern. Ob Marius der nächste Maradona wird? Eher wohl nicht, bei allem Talent. Aber er ist gerade bei einem hochkarätigen Turnier voller Supertalente aus der ganzen Welt zum besten Spieler des Spieles gewählt worden und durfte sich für ein paar Sekunden mit der Legende Diego Maradona auf Augenhöhe fühlen. Vielleicht ist er in diesem Moment, vor zoomenden Kameras und noch von der Anstrengung des Spieles dampfend, auf dem Höhepunkt seiner Fußballkarriere.

Denn was folgt, ist etwas, mit dem sich Diego Maradona sehr gut auskennt. Der brutale Absturz von Wolke sieben. Der Moment, in dem Marius der Sonne zu nahegekommen ist und seine Flügel anfangen zu schmelzen. Im dritten Spiel des Turniers spürt er bei einem Sprint einen bekannten Schmerz im rechten Oberschenkel. Muskelfaserriss, da ist sich Marius sicher. Schon wieder. Ausgerechnet jetzt. Sofort lässt er sich auswechseln und pausiert auch im Halbfinale. Seine Mannschaft schafft es ohne ihn ins Endspiel.

Was nun folgt, ist im besten Falle eine Missachtung der Fürsorgepflicht. Denn obwohl Marius auf seine Schmerzen hinweist, obwohl er darauf beharrt, dass es sich um einen Muskelfaserriss handelt, und seinen Trainer darum bittet, nicht im Finale spielen zu müssen (obwohl er nichts lieber täte), ignoriert dieser die Einwände seines minderjährigen Spielers und setzt ihn unter Schmerztabletten ein. Das Match geht verloren.

Jahre später fasst Marius die Situation knapp und klar zusammen: Dieses Spiel hat meine Verletzung verschlimmert.

Dafür muss man kein Mediziner sein, dafür reicht eigentlich der einfache Menschenverstand. Das Schlimme an dieser Geschichte ist, dass es noch schlimmer kommt.

Zurück in Dortmund lässt sich Marius untersuchen. Als er im MRT liegt, sagt eine der Arzthelferinnen den Satz: Das sieht ja gar nicht gut aus.

Hätte jetzt auch nicht unbedingt sein müssen, denkt sich Marius und erfährt dann, was er ohnehin schon wusste: Er hat sich in Dubai einen fetten Muskelfaserriss zugezogen. Den dritten in seiner Laufbahn. Wochenlang wird er ausfallen, wochenlang wird er nicht trainieren können, wochenlang wird er von der Bildfläche verschwunden sein. Keine Auswahleinladungen, keine Scouts auf der Tribüne, keine Sporttaschen von Diego Maradona. Nur das Warten darauf, dass sich der zerschundene Muskel wieder erholt.

Mit diesen schweren Gedanken im Kopf geht er zu einem Treffen mit seinen Trainern und dem Physiotherapeuten. In dem etwa zehnminütigen Gespräch sprechen die anwesenden Funktionäre nicht etwa Entschuldigungen aus, sie haben sich stattdessen dafür entschieden, dem Spieler die Schuld in die Schuhe zu schieben. Er, Marius, solle gefälligst besser auf seinen Körper aufpassen. Warum hast du nichts gesagt vor dem Finale? Weshalb warst du so gut drauf, als du uns die Nachricht von der Verletzung überbracht hast?

Wollen die mich verarschen?, denkt Marius und bleibt vor Erstaunen stumm. Vor zwei Wochen hatte er doch vor seinen Coaches und seinem Physio gestanden und es allen klar gesagt: Ich bin verletzt, ich kann nicht spielen!

Nicht nur, dass man das Risiko eingegangen ist, seine Verletzung zu verschlimmern, jetzt fordert man ihn auch noch auf, diesen Fehler auf sich zu nehmen.

Es ist dies ein Moment, in dem ein junger Mensch das Vertrauen in Autoritätspersonen verliert. Wie soll man als Fußballer weiterhin den Ansagen seines Trainers folgen, wenn der einen so rücksichtslos behandelt?

In all den Jahren, sagt Marius, war ich nie so abgefuckt auf diesen Verein.

Dieser Verein, vertreten durch hoch qualifizierte Trainer und Therapeuten, macht mit dieser Schuldzuweisung einen immensen Fehler. Es sind Vorkommnisse wie dieses, die dafür gesorgt haben, dass die Mutter von Alexander Schulte nicht noch einmal über diese Jahre sprechen möchte, weil sie so sehr enttäuscht wurde.

Als das Gespräch im Kraftraum beendet ist und Marius sich wie erschlagen durch den Flur schleppt, fragt sich ein Teenager, warum erwachsene Männer nicht in der Lage waren, ihre Fehler einzugestehen. Und ein Fußballer sagt sich: Immerhin muss ich für diese Trainer kein Spiel mehr machen.

Es macht seine Situation nicht besser, dass er erneut die bitteren Wochen der Rehabilitation durchleben muss. Richtig weh tut der Verzicht auf den U16-Länderpokal, eine dieser besonderen Gelegenheiten für Ausnahmekicker wie Marius, ihre Fähigkeiten vor einem sehr breiten und vor allem fachkundigen Publikum zu beweisen. Und zu all der Arbeit, zu der ein angehender Leistungssportler sich disziplinieren muss, kommt bei solchen ausgewählten Auswahlspielen auch der Faktor Glück. Zum richtigen Zeitpunkt am richtigen Ort sein. Einfach mal zwei Traumtore schießen. Drei vorbereiten. Den besten Spieler des Turniers kaltstellen. Als Torwart fünf Paraden zeigen, die sonst für eine Hinrunde reichen. In dem schnelllebigen Geschäft geht es rasant zu. Innerhalb von 90 Minuten können Helden geboren und Verlierer beerdigt werden.

Marius wird nun weder das eine noch das andere erleben. Die U16-Saison ist für ihn gelaufen. Die meiste Zeit verbringt er damit, wieder gesund zu werden. Bei einem professionell betreuten Sportler wie ihm läuft das anders ab als bei Ottonormalversehrten. Keine Krankenkasse der Welt würde das Versorgungsprogramm bezahlen, das die Spieler eines Klubs der Größenordnung BVB erhalten. Gleichzeitig darf ein Sportler nicht nur einfach gesund werden, er muss es dabei auch noch schaffen, fit zu bleiben und nicht allzu viel Kondition zu verlieren. Und zu guter Letzt sollte er aus dieser Phase auch noch mental gestärkt hervorgehen, und nicht entnervt und gefrustet.

Das ist eine harte, eine schwere Aufgabe. Und auf dem Weg zum Comeback lauern für so einen Rookie wie Marius viele Gefahren, von denen er noch gar nicht wusste, dass sie existieren. Er ist zwar noch ein Teenager, aber sein Körper hat schon extreme Belastungen ertragen müssen. Seine Muskeln, Sehnen, Gelenke und Knorpel wurden deutlich mehr beansprucht als die von anderen Jungen in seinem Alter. Was zur Folge hat, dass der Heilungsverlauf nicht immer wie vorhergesagt vonstattengeht. So wie bei diesem Muskelfaserriss, der Marius sehr viel Geduld abverlangt.

Zeit also zum Nachdenken. Über diese Saison und wie gut sie eigentlich verlief. Bis zu diesem einen Sprint im dritten Gruppenspiel von Dubai. In der Ecke seines Zimmers liegt noch immer die Tasche von Maradona. Eine Erinnerung an eine kurze Zeit im Fußballhimmel.

Marius stellt sich Fragen. Wäre es klüger gewesen, auf die Reise nach Dubai zu verzichten, um mit dem DFB die Länderspiele gegen Italien zu bestreiten? Wie beeinflusst diese Entscheidung den weiteren Verlauf seiner Karriere? Er ist schon so lange dabei, dass er genau weiß, wie schwerwiegend so eine Verletzungspause sein kann, auch dann, wenn man gerade dabei war, sich unverzichtbar zu machen. Denn verzichtbar ist jeder, egal, wie gut er ist, egal, wie oft er früher 100 Tore pro Saison im Dorf geschossen hat.

Marius sagt dazu: Man muss halt mit 15 oder 16 bereit sein, dem Druck standzuhalten. Wenn nicht, fliegt man auf die Fresse.

Es gibt zwei Dinge, die diese Spielzeit im letzten Drittel überschattet haben. Zum einen der Vertrauensbruch von Trainer Flüthmann, über den Marius urteilt: Ich muss mich als Fußballer darauf verlassen können, dass die Gesundheit der Spieler für den Trainer über allem steht. Selbst in der Landesliga ist es normal, dass die Coaches darauf hinweisen, gut auf den eigenen Körper achtzugeben.

Noch unbefriedigender ist die Situation mit der Nationalmannschaft. Vor einem halben Jahr war Marius auf seiner

Position der beste U16-Fußballer des Landes. Jetzt bekommt er keine Einladung mehr. Eben noch hofiert und zu den Duellen gegen Italien eingeladen, nun auf dem Abstellgleis wie ein gerade erst gebauter ICE.

Was dem Fußballer in diesen Wochen hilft, ist seine Jugendlichkeit. Das Erwachsenwerden hat ja gerade erst begonnen, außerdem ist Marius immer noch ein 16-Jähriger, der für Borussia Dortmund spielt und mit Diego Maradona für Pressefotos posiert hat! Zudem zeigt der mentale Drill seine Wirkung: Das nächste Spiel ist immer das schwerste. Weiter, immer weiter. Gas geben! Dranbleiben! Nicht unterkriegen lassen. Ein Spiel hat 90 Minuten.

Die Saison ist noch gar nicht beendet, da ist für Marius schon wieder Gras über die Sache gewachsen. Die nächste Spielzeit ist immer die wichtigste.

HUH!

Zwei Jahre in der U16 waren mindestens ein Jahr zu viel für Alex. Im Sommer 2015 ist es endlich so weit: Doch der Sprung in die U17 wird zu einem Sprung ins Ungewisse. Alex hatte sich vor allem auf den neuen Trainer gefreut: Hannes Wolf, ein junger Mann, der sich einen Ruf als Kenner des Fußballes und guter Kommunikator erarbeitet hat. Für junge Fußballer auf diesem Niveau haben die Trainer noch einmal eine ganz andere Bedeutung als im Breitensport. Nachwuchstrainer bei einem Klub wie dem BVB sind Vaterersatz und großer Bruder, Lehrmeister und Schleifer, Henker und Richter in einer Person, zusätzlich aber entscheiden sie mit Stammplätzen und Startaufstellungen über die Zukunft von jungen Männern, die einem Traum hinterherjagen und dafür alles investieren.

Alex grübelt im Sommer 2015 darüber nach, welche Möglichkeiten er wohl unter Hannes Wolf haben wird, um sich weiterzuentwickeln und ein noch besserer Fußballer zu werden. Denn wahr ist: Jungs wie Alex und Marius haben auch deshalb so lange bei einem Verein wie Borussia Dortmund gespielt, weil sie tatsächlich jeden Tag besser werden wollten und sich nie auf ihren Fähigkeiten und ihrem Talent ausgeruht haben. Eines der Vorbilder dieser sehr disziplinierten Generation junger

Nachwuchsspieler ist Cristiano Ronaldo – nicht unbedingt wegen seiner Attitüde, sondern eher wegen seines Arbeitsethos. Dass Fußballer wie er oder Lionel Messi auch noch mit über 30 zu den Besten der Welt gehören, liegt einzig und allein daran, dass selbst diese Ausnahmesportler sich täglich verbessern wollten.

Und einer wie Hannes Wolf, sagt sich Alex, ist genau der richtige Mann für mich.

Kurz darauf wird Wolf befördert. Mit sofortiger Wirkung trainiert er die U19.

Das ist hart, findet Alex. Dann erfährt er, wer Wolfs Nachfolger wird: Es ist Benjamin Hoffmann. Der Trainer, der ihn in der U15 so blockiert hat, von dem er sich endlich lösen wollte, um neu anzugreifen. Umgehend kontaktiert er seine Eltern und seinen Berater. Welche Zukunft hat er unter einem Trainer, bei dem er es zwei Jahre zuvor so schwer hatte? Wäre ein Wechsel nicht die bessere Entscheidung?

Gemeinsam fassen Familie Schulte und der Berater ihres fußballspielenden Sohnes einen Entschluss: Alex wird sich der Herausforderung Hoffmann stellen, wird darauf hoffen, dass dessen jüngst abgeschlossene Fußballlehrerausbildung ihn zu einem besseren Trainer gemacht hat. Er selbst aber wird sich darauf freuen, endlich bei den Großen mitzumischen. Ab der U17 spielen die besten Teams in der Bundesliga, allein dieser Umstand ist Motivation genug.

Schwamm drüber, denkt er. Neue Saison, neuer Versuch. Also haut er sich rein, zieht in den strengen Einheiten der Saisonvorbereitung voll mit, präsentiert sich hervorragend in den Testspielen und fährt selbstbewusst zu einem großen Vorbereitungsturnier. Bei solchen Turnieren, in den Spielen gegen die besten Klubs der Welt, entscheidet sich, wer am Ende der wochenlangen Vorlaufphase zu den Spitzenspielern im Kader zählt. Alex ist sich sicher, einer von ihnen zu sein und bei den kommenden Turnierduellen in der Startaufstellung zu stehen.

Als Hoffmann seine Elf für das erste Match an die Tafel schreibt, fehlt Alex' Name. Mit dieser Aufstellung, sagt der Trainer, werden wir Stand jetzt auch in die Saison gehen.

Stand jetzt ist Alex fuchsteufelswild. Er hatte den kurzfristigen Trainerwechsel hingenommen, hatte in der Vorbereitung mehrmals unter Beweis gestellt, was für ein wichtiger Spieler für diese Mannschaft er sein kann, und jetzt wird er kurz vor Saisonbeginn hart abgegrätscht? Erneut sucht er das Gespräch mit seinen Eltern und seinem Berater.

Ich habe keinen Bock mehr, sagt er. Ich will wechseln.

Sein Berater beruhigt ihn und verspricht, mit Dortmunds Chefscout im Nachwuchsbereich zu reden.

Mit Wut im Bauch geht Alex in das Turnier, das für ihn mit einem Platz auf der Bank beginnt. Draußen zu sitzen ist für ihn kein generelles Problem, man kann nicht immer auf dem Platz stehen. Doch die Aussage seines Trainers über die momentan elf besten Spieler im Kader kann und will er nicht hinnehmen. Die Wut ist auch dann noch da, als er eingewechselt wird und seinen Frust in ein paar wilde Sprints umzuwandeln versucht.

Ich wusste, dass du hoch motiviert ins Spiel kommen würdest, wenn ich dich erst mal auf der Bank lasse, sagt sein Trainer nach dem Schlusspfiff.

Wieder so eine Aussage, mir der er nichts anfangen kann.

Schalke würde dich mit Kusshand nehmen, sagt ihm sein Berater. Aber nach dem angekündigten Gespräch mit dem Scout hat Trainer Hoffmann versprochen, Alex wieder spielen zu lassen. Allerdings auf einer neuen Position: Und tatsächlich schlägt sich Alex als Rechtsverteidiger gut. So gut, dass er von nun an als rechter Verteidiger gesetzt ist. Für viele mag das eine überraschende Wendung sein – der Sechser, der auf einmal rechts hinten spielt. Aber nicht für Alex. Klar, als sie ihn damals bei der Sachsenauswahl entdeckt hatten, spielte er im zentralen Mittelfeld. Aber eigentlich war er bei Dynamo Dresden zu einem der besten Außenspieler seines Jahrgangs ausgebildet worden. Mit etwas Verspätung ist das nun offenbar auch bis zum BVB durchgedrungen. Ihm soll es recht sein.

Das Verhältnis zu seinem Coach bleibt jedoch weiterhin schwierig. Weil er sich während eines Zweikampfes am Ende des Turniers die Nase verletzt hat, muss er ins Krankenhaus gefahren werden, um geröntgt zu werden, den Taxidienst übernimmt Hoffmann selbst. Als Alex die Diagnose erfährt – nichts gebrochen –, ist seine erste Reaktion: Super, dann kann ich ja weiterspielen.

Typisch für ihn, sagt Hoffmann. Der will halt immer spielen.

Und das tut er auch beim Saisonauftakt gegen Arminia Bielefeld. Beim souveränen 4:0-Sieg unterstreicht die BVB-Jugend ihre Titelambitionen. Nach dem etwas wackeligen 1 : 1 am zweiten Spieltag gegen Mönchengladbach folgt eine Erfolgsserie, die erst von der Winterpause unterbrochen wird. Diese Mannschaft ist stark. Richtig stark. Sie trainiert hervorragend, ist eingespielt und erfolgreich. In dieser gut geölten Maschine hat sich Alex zu einem wichtigen Teil entwickelt. Er ist für die Position als Rechtsverteidiger wie gemacht. Zwar ist er nicht der Schnellste, definitiv aber auch nicht der Langsamste, vor allem aber hat er die Kondition und Willensstärke, die ein moderner Außenverteidiger bei seinen langen Wegen nach vorne und hinten braucht.

Den Höhepunkt einer an Höhepunkten reichen Hinrunde erlebt Alex nach dem Heimspiel gegen den VfL Bochum. Beim 3:0-Sieg war er die treibende Kraft – und das als Rechtsverteidiger. Während eines Einzeltrainings am nächsten Tag steckt ihm sein Coach, dass beim Spiel gegen Bochum ein prominenter Gast im Publikum gewesen sei: Hans-Joachim Watzke, der Geschäftsführer von Borussia Dortmund. Und dieser Watzke sei anschließend auf die Trainer zugekommen und habe sich nach den beiden Außenverteidigern erkundigt, die die bedauernswerten Bochumer mit ihren Linienläufen mürbe gespielt hatten. Gute Jungs, findet Watzke. Und freut sich darauf, die weitere Entwicklung dieser guten Jungs zu verfolgen. So spricht ein zuversichtlicher Bauer, der weiß, dass die übernächste Ernte reichhaltig wird.

Früchtchen Alex ist begeistert von derlei Lobeshymnen. Früher nahm er seine Auszeichnung als bester Spieler der Hallen-Kreismeisterschaft mit ins Bett, heute weckt er das Interesse von Hans-Joachim Watzke. Endlich, nach Jahren der Unbeständigkeit und der hohen Hürden, fühlt er sich angekommen beim BVB. Der Geschäftsführer persönlich hat ihn als Erster begrüßt.

Es hat schon seinen Grund, warum selbst die besten Spieler der Welt nicht müde werden zu betonen, dass das nächste Spiel immer das wichtigste sei. Selbst dann, wenn das letzte Spiel ein gewonnenes Finale war. Leistungssportler dürfen sich nicht ausruhen auf ihren Erfolgen, dürfen nicht abspannen, die Konzentration schleifen lassen. Zu groß ist dann die Gefahr, wieder abzustürzen. Leistungssport ist Sisyphusarbeit. Der Weg nach oben ist steinig und schwer, aber noch schwieriger ist es, oben zu bleiben.

Als Nächstes spielt Alex mit seiner Mannschaft gegen Fortuna Düsseldorf. Auf dem Kunstrasenplatz gehen die vielen abrupten Richtungswechsel, die so ein Fußballspiel mit sich bringt, noch mehr in den Körper. Kurz vor der Halbzeitpause verspürt Alex ein heftiges Ziehen im unteren Rücken. Die Verkrampfung verhindert, dass er die Sprints voll durchziehen kann, und schränkt ihn merklich ein: In der Pause lässt er sich behandeln, bleibt aber bis zum Schlusspfiff auf dem Platz. Es läuft viel zu gut, als dass er sich jetzt von einer kleinen Rückenverletzung außer Gefecht setzen lassen würde.

Am Morgen danach steht Alex auf, geht zum Waschbecken und will sich nach vorne beugen, um sich kaltes Wasser ins Gesicht zu klatschen. Da überreicht ihm sein Rücken die Quittung für die vielen Sprints und Zweikämpfe mit dem verletzten Muskel. Oberhalb seines Steißbeins fängt der Körper an zu zittern, Alex bleibt die Luft weg, und nur, weil er sich rechtzeitig am Waschbecken festhalten kann, kippt er nicht einfach vornüber. Was ist denn jetzt los, fragt er sich, er fühlt sich wie ein Opa. Panik steigt auf, als Schmerzen im Rücken das Atmen erschweren und er nur mit Mühe Luft in seine Lungen saugen kann.

Vorsichtig versucht er, seinen Körper zu mobilisieren. Es ist der Körper eines Teenagers, gestählt von jahrelangem Fußballtraining. Aber auch der Körper eines Leistungssportlers, der seinen Knochen, Sehnen und Muskeln täglich Strapazen und Überstrapazen zumutet. Sobald Alex seinen Rücken beugt oder krümmt, schießen ihm scharfe Schmerzen durch die Körpermitte. Mit Mühe schleppt er sich zur Schule und danach zum Physiotherapeuten. Der sieht, was Alex eh schon ahnt: Die unteren Rückenmuskeln sind völlig verkrampft.

Es folgen frustrierende Wochen, in denen Alex oft daran denken muss, wie gut es doch eigentlich lief und dass er ein paar Monate lang einer der besten Außenverteidiger im deutschen U17-Fußball war. Wie lange hätte es wohl gedauert, bis sich die Nationalmannschaft wieder gemeldet hätte? Und jetzt? Geht er zur Reha, während seine Konkurrenten weiter nach den Sternen greifen. Warum muss es eigentlich immer gleich so eine komplizierte Verletzung sein? Warum nicht einfach mal eine handelsübliche Zerrung im Oberschenkel, die nach zwei Wochen auskuriert ist?

Nach der Weihnachtsfeier verabschiedet sich die U17 als Tabellenführer in eine kurze Winterpause. 14 Tage lang gönnt Alex seinem Rücken viel Schonung und bearbeitet die Muskeln mit der Blackroll. Vorsichtig kämpft er sich zu Beginn der Vorbereitung auf die Rückrunde zurück ins Mannschaftstraining. Eine Woche vor seinem 17. Geburtstag soll er erstmals wieder richtig mitmischen, doch dann erfährt er, dass die Einheit auf dem Kunstrasenplatz stattfinden soll. Dann vielleicht doch besser Laufschuhe anziehen und ein paar Runden um den weichen Rasenplatz laufen. So argumentiert er gegenüber dem Physiotherapeuten, der daraufhin zum Trainer geht und die Entscheidung des Spielers übermittelt. Nicht unbedingt diplomatisch, denn scheinbar ist die Vorsichtsmaßnahme als Missachtung fehlinterpretiert worden. Als Alex sich gerade die Laufschuhe überstreifen will, ruft der Physio: Hä? Du sollst doch mit der Mannschaft trainieren!

Wütend zieht Alex seine Fußballschuhe an, steht beim elf gegen elf auf seiner gewohnten Position auf dem Kunstrasen – und spürt nach 20 Minuten während eines Sprints, wie die Muskeln im Rücken wieder zumachen. Viel schwerer als der physische Schmerz wiegt die psychologische Keule, mal wieder den Berg hinuntergestürzt zu sein. Sisyphus lässt grüßen.

Diese Momente, sagt Alex später, sind mit die schlimmsten für einen Fußballer.

Sich zu verletzen, ist schon blöd genug. Aber sich nach Wochen der harten und mühsamen Arbeit am Comeback im allerersten Trainingsspiel an derselben Stelle erneut zu verletzen, ist eine Katastrophe.

Solch eine Erfahrung zu machen, ist selbst für Erwachsene schwierig, die schon oft verletzt waren. Für Jugendspieler ist das eine viel schwierigere Aufgabe. Erstmals stellen diese jungen Ausnahmeathleten fest, dass ihr Körper zwar ein Wunderwerk ist, aber keine Maschine. Während seiner Zeit beim BVB sieht Alex regelmäßig Kollegen, die in den langen Wochen oder Monaten der Rekonvaleszenz psychisch in tiefe Löcher fallen. Einige von ihnen so tief, dass sie, trotz ihres Talentes, aufgrund dieser Erfahrungen den Sprung zu den Profis nicht schaffen.

Der Geist ist willig, aber das Fleisch ist schwach. Für junge Menschen, die nichts lieber tun und nichts anderes so gut können wie Fußball spielen, ist es eine Tortur, wenn man es ihnen verwehrt, gegen einen Ball zu treten. Erst juckt es in den Füßen, die jetzt stillhalten müssen, statt zu zaubern. Dann wandelt sich das Jucken in Frustration und Ungeduld. Wer auch damit fertig wird, muss später das Misstrauen in den eigenen Körper überwinden, wenn die Probleme doch länger andauern, Medikamente oder OPs nicht so wirken, wie sie wirken sollten oder – noch schlimmer – alte oder neue Verletzungen wieder aufreißen und die Leidenszeit verlängern.

Auch Alex wird sich noch die Fragen stellen, die sich schon viele verletzte Sportlerinnen und Sportler (und nicht nur die) gestellt haben: Warum werde ich nicht fit? Warum ist mein Körper nicht mehr belastbar? Warum tut es immer noch weh? Wut mengt sich mit Tristesse und Zukunftsangst. Eine gefährliche Mischung.

Es gibt eine einfache Methode, diesen emotionalen Problemen entgegenzutreten: über diese Probleme und ihre Ursachen zu reden. Offen und ehrlich. Alex gelingt das glücklicherweise mit seinen Eltern, seine jahrelange Abwesenheit von zu Hause hat das enge Verhältnis nicht gelockert. Mit ihnen spricht er über seinen Frust, seine Ängste, seine Zweifel. Gut tut das, und heute weiß er noch mehr, wie wichtig es damals war, diese Möglichkeit zu haben.

Ohne meine Eltern, sagt er heute, hätte ich all die Rückschläge vermutlich nicht so gut gemeistert.

Doch so viel Glück wie er haben nicht viele Spieler. Entweder es fehlt die enge Bindung zu Familie oder Freunden, oder sie schaffen es nicht, offen über ihre Gefühle und Ängste zu sprechen. Die Fußballwelt ist auch im Jahr 2016 noch eine ziemliche Machoveranstaltung. Um diese im Rampenlicht und damit unter hohem Druck stehenden Teenager dabei zu unterstützen, emotionale Intelligenz nicht als Schwäche, sondern vielmehr als Stärke anzunehmen, bedarf es einer speziellen Vereinskultur, eines Klimas, das all die Ängste und Zweifel zulässt. Doch so ein Klima herrschte nicht in den Mannschaften, in denen Alex und Marius beim BVB gespielt haben.

Mit seinen Mitspielern kommt Alex gut zurecht, mit einigen ist er etwas enger, mit anderen etwas weniger, wie das so ist. Doch obwohl er mit den Jungs auch außerhalb des Platzes abhängt, obwohl er mit ihnen unter einem Dach lebt, schläft und isst, obwohl sie alle Leidensgenossen sind und eigentlich am besten wissen, wie es sich anfühlt, wenn es mal nicht so gut läuft, versuchen sie, so gut es geht, keine Schwäche voreinander zu zeigen. Das ist etwas, das man schwer erklären kann, wenn man es nicht selbst erfahren hat, glaubt Alex. Vielleicht liegt es ja daran, dass Leistungssport trotz all der Kameradschaft und des Zusammenhaltes immer auch Konkurrenzkampf ist. Das ist die Krux von Teamsportarten auf Leistungsniveau. Elf Freunde sollt ihr sein, elf Konkurrenten seid ihr schon.

Gerade im Nachwuchsbereich. Nicht das Team wird Profi, sagt Alex, sondern der Spieler. Es ist ein Dilemma: Der Konkurrenzkampf hilft, dass sich die Fußballer verbessern, auf der anderen Seite erzeugt er ein Klima, in dem junge Menschen nicht offen und ehrlich über ihre Gefühle sprechen.

Um an diesem Klima etwas zu ändern, bedarf es eines hohen Maßes an pädagogischem Verständnis, Empathie und Einfühlungsvermögen; Fähigkeiten, die beide Protagonisten dieser Geschichte eher selten bei ihren Trainern in Dortmund erlebt haben.

Eine Bestätigung dieser Regel erlebt Alex am 17. Januar 2016, seinem 17. Geburtstag. Schon seit Wochen schleppt er diese Verletzung mit sich herum, wartet auf einen Termin bei einem Rückenspezialisten, den ihm seine Eltern besorgt haben, nicht der Verein. Jetzt sitzt er in der Kabine und schnürt sich die Laufschuhe, während sein Coach die Mannschaft auf die nächste Übungseinheit einschwört. Als die Kollegen aufbrechen, will sich Alex gerade zum Fitnessraum aufmachen, um dort seine anstrengenden Rehamaßnahmen zu beginnen, als er von Hoffmann aufgehalten wird.

Ah, denkt Alex, der will dir noch zum Geburtstag gratulieren.

Hoffmann schaut seinen verletzten Schützling an: Alex, sag mal, hast du überhaupt noch Lust, Fußball zu spielen?

Wie bitte?

Ich habe zuletzt nicht den Eindruck gehabt, dass du wirklich daran interessiert bist, wieder richtig fit zu werden.

Wow. Das ist richtig starker Tobak, und Alex muss sich beherrschen, dem Trainer nicht seine ganze Wut und Frustration an den Kopf zu ballern. Was zum Geier hat Hoffmann dazu bewogen, ihn an seinem Geburtstag mit solchen Unterstellungen zu konfrontieren? Ruhig bleiben, Alex.

Mein Rücken tut leider immer noch sehr weh. Die Therapeuten wissen nicht, was genau die Ursache ist, aber ich habe bald einen Termin bei einem Spezialisten, auf den ich schon seit Wochen warte. Außerdem bin ich bei jeder Behandlung anwesend gewesen und habe im Rehatraining immer 100 Prozent gegeben!

Okay, sagt sein Trainer und geht raus zur Mannschaft.

Für einen Moment steht Alex perplex in der leeren Kabine. Dann geht er in den Kraftraum.

Der Trainer, sagt sein ehemaliger Spieler heute, hat nur den Fußballer gesehen, nicht den Menschen. Weil ich keine Leistung mehr brachte, wurde ich zu einem Problem. Leider war der Trainer nicht in der Lage, die psychische Situation seiner Schützlinge richtig einzuschätzen. Sonst hätte er wohl niemals so etwas zu einem Spieler gesagt, der seit Wochen hart an seinem Comeback arbeitet.

Als Alex wenige Tage nach seinem Geburtstag beim Arzt im Wartezimmer sitzt, ist der Ärger über die merkwürdige Reaktion seines Trainers noch immer nicht verraucht. Dafür erfährt er nun endlich die Ursache für seine ständigen Rückenbeschwerden. Völlig verstellt sei er, sagt der Spezialist, begradigt die geschundene Wirbelsäule und schwört Alex darauf ein, in Zukunft entsprechende unterstützende Übungen zu absolvieren. Außerdem, so schärft ihm der Mediziner ein, soll er unbedingt damit aufhören, die Knochen seiner Finger und in seinem Nacken zu knacken. Zwei Wochen nach der Behandlung lassen die Schmerzen tatsächlich langsam nach. Von nun an wird Alex vor jeder Einheit und vor jedem Spiel spezielle Übungen absolvieren, um seine Muskeln und Gelenke auf die nächste Herausforderung einzustellen. Er ist damit nicht allein: In diesem Alter kann fast jeder Spieler seine eigene Leidensgeschichte erzählen und seine Spezialübungen vormachen.

Doch diese Geschichte scheint ein Happy End zu haben. Der Besuch beim Rückenexperten und die beständigen Rehamaßnahmen zeigen ihre Wirkung: Kurz nach dem Beginn der Rückrunde erobert sich Alex seinen Stammplatz auf der rechten Seite zurück. Er wird ihn bis zum Saisonende nicht mehr hergeben. Die Dortmunder U17 macht da weiter, wo sie im alten Jahr aufgehört hat, und dominiert die Bundesliga West. An der Seite von Ausnahmetalenten wie Luca Kilian (der während der Arbeit an diesem Buch mit dem 1. FC Köln im Europapokal spielte) fliegt Alex durch die Zeit und vergisst in den schönsten Momenten beinahe seine Verletzung. Mag sein, dass das von außen gar nicht so sichtbar ist, aber die drei Monate Auszeit haben Spuren hinterlassen.

Weitere Ablenkung verschafft ihm eine außergewöhnliche Reise mit der Westfalenauswahl nach Namibia. Zwei Wochen bleiben die Elitekicker aus NRW in Afrika, gehen auf Safari, spielen Fußball mit den Einheimischen, verfolgen faszinierende Naturspektakel und erweisen sich beim eigentlichen Anlass der Reise – einem Turnier – als gute Gäste. Am Ende reicht es zu Platz 3.

Anders im nationalen Wettbewerb, den der BVB als Westdeutscher Meister abschließt. Damit hat sich das Team automatisch für die Deutsche Meisterschaft qualifiziert, vier Mannschaften aus drei Bundesligen suchen die beste U17-Auswahl des Landes.

Bevor es in die entscheidende Phase der Saison geht, muss Alex noch etwas Entscheidendes klären. Seine schwer angekratzte Beziehung zum Trainer schien sich zu Beginn der Spielzeit zu verbessern, doch inzwischen ist sie wieder so angespannt wie zu schlimmsten U15-Zeiten. Ständig muss er sich kritische Sprüche oder Zwischentöne anhören, und das geht ihm tierisch auf den Keks.

Aus Dresden ist er eine völlig andere Kommunikationskultur gewöhnt. Dort sprach man es offen aus oder an, wenn einem etwas nicht passte. Das ist hier nicht so. Er berichtet einem Sportpsychologen von diesem Dilemma. Der Experte gibt ihm den Rat, selbst das Gespräch zu suchen. Also tut

Alex genau das. Heute ärgert er sich darüber, dass er damals nicht darauf bestand, den Sportpsychologen bei diesem Treffen dabeizuhaben. Nee, nee, hatte der gesagt, macht das mal unter euch aus.

Im vorletzten Spiel der Saison gegen Duisburg macht die Dortmunder U17 – mit Alex auf dem Platz – keine gute Figur. Nur 2 : 2. Am Montag danach fragt Alex seinen Coach, ob der mal eine Minute für ihn hätte. Hoffmann nimmt ihn mit in sein Trainerbüro. Alex kommt gleich zur Sache.

Ich würde gerne wissen, ob da irgendetwas zwischen uns ist, rein menschlich. Gibt es da was, für das ich mich entschuldigen müsste? So fühlt es sich nämlich an.

Nee, sagt Hoffmann, da ist nichts.

Okay, sagt Alex.

Es läuft halt sportlich nicht so doll bei dir. Guck.

Und dann zeigt Hoffmann seinem Spieler 25 Minuten lang Szenen aus dem eher mäßigen Spiel gegen Duisburg. Jeden einzelnen Fehlpass, jeden Stoppfehler, jede falsche Bewegung bekommt Alex vor- und zurückgespult, und bei jeder einzelnen Szene fragt er sich, warum sein Trainer nicht kapiert, dass es ihm bei diesem Gespräch nur um das Zwischenmenschliche ging.

Als die Fehlerparade beendet ist, verlässt Alex wortlos das Büro.

Er ging überhaupt nicht darauf ein, was ich ihm versucht hatte zu erklären. Nach dieser Erfahrung dachte ich mir: Na, dann lass ich es eben.

Ein Jugendspieler bei einem Bundesligaverein sucht den ehrlichen Austausch mit seinem Trainer und wird ignoriert. Dabei, sagt Alex, darf so etwas niemals in einer Fußballmannschaft vorkommen: dass ein Spieler das Gefühl hat, dass ihn der Trainer nicht leiden kann. Als Trainer, findet er, muss man selbst auf die Spieler zugehen und offen für Dialog sein. Eine Fähigkeit, die für den Erfolg mindestens so wichtig ist wie der sportlich-taktische Bereich.

Wer das als Trainer begreift, bekommt die Chance, eine intensive Beziehung zu seinen Spielern aufzubauen. Im Idealfall eine Win-win-Situation. Mehr Vertrauen gleich mehr Selbstvertrauen gleich mehr Leistung. Mehr Austausch gleich mehr Meinungen gleich höherer Konsens.

Das Wichtigste in diesem Dialog, sagt Alex, ist, dass der Trainer die Größe hat, einem Spieler klipp und klar mitzuteilen, was Phase ist. Zu wenig Einsatz im Training, falsche Umsetzung der Vorgaben im Spiel, schlechte Vorbereitung, du laberst zu viel rum – was auch immer, nur bitte das Kind beim Namen nennen.

Über diese intensive und sehr wichtige Zeit in seinem Fußballerleben fällt Alex ein vernichtendes Urteil: Ein Trainer hat 23 Spieler, aber 23 Spieler haben nur einen Trainer. Ein guter Trainer versteht das. Benjamin Hoffmann hat das damals nicht verstanden.

Wie nun damit umgehen, so kurz vor den wichtigsten Spielen des Jahres? Alex versucht, die ganze Sache zur Seite zu legen, zumindest für den Moment. An seinem großen Ziel hat all das nichts geändert: Er will Fußballprofi werden. Er will so gut spielen, dass sie gar nicht anders können, als ihm irgendwann einen Lizenzspielervertrag vorzulegen. Dafür wären starke Auftritte in den kommenden Halbfinalspielen um die Deutsche B-Jugend-Meisterschaft sehr förderlich.

Gegner im ersten Halbfinale ist der Nachwuchs des VfB Stuttgart, frischgebackener Süddeutscher Meister. Bereits einen Tag später fahren die Dortmunder Richtung Süden. Die Abläufe im Hotel, die Macken des Zimmerkollegen, das richtige Frühstück – all das ist Alex bereits in Fleisch und Blut übergegangen, auch das gehört zu seiner Ausbildung. Eine gewisse K.-o.-Runden-Nervosität lässt sich allerdings nicht verhindern.

Am nächsten Vormittag geht die Mannschaft noch einmal spazieren und schwört sich dann auf das anstehende Duell ein. Die Stimmung in der Mannschaft ist gut, es geht um viel, die Spieler stehen unter Strom, auch Alex kann es kaum erwarten, aus dem Käfig gelassen zu werden.

Das Wetter in Stuttgart wird schlechter. Regen setzt ein, der immer heftiger wird. Erstes Donnergrollen kündet vom nahenden Unwetter. Noch ein letztes Mal in die Kabinen. Deutsche Meisterschaft, Halbfinale. Das sind die Spiele, in denen die Gewinner von morgen geschliffen werden. Und Alex möchte unbedingt dazugehören. Voll aufgeladen steht er im Spielertunnel und wartet auf den Anpfiff – da verkündet der Schiedsrichter, dass sich der Spielbeginn verzögern wird. Das Gewitter ist zu heftig geworden, die Gefahr zu groß.

Eine surreale Szene ist das. Da stehen sie: 22 junge Fußballtalente, alle mit ähnlichen Biografien, alle mit ähnlichen Brüchen, Hürden, Erfolgsmomenten. Gleich erwartet sie das wichtigste Fußballspiel ihres Lebens. Ein Leben, das fast nur aus Fußball besteht. Doch es regnet in Strömen, und die Blitze zucken, eine Naturgewalt verhindert das Schaulaufen der Naturtalente.

Etwa 20 Minuten dauert die Warterei, die Fußballer sind fast schon wieder kalt geworden. Dann geht es doch noch los: Anstoß in Stuttgart!

Schon die ersten Szenen zeigen: Gewinnen wird heute nur, wer mehr Einsatz, mehr Willen zeigt. Der Rasen ist miserabel, Passstafetten über mehr als drei, vier Stationen sind hier kaum möglich. Eine Schlammschlacht, wie sie im Fußballlexikon steht. In einem ausgeglichenen Spiel geht der VfB Stuttgart nach 30 Minuten in Führung. Doch der Schock über das Gegentor währt nur kurz, die Dortmunder Jungs haben in dieser Saison so viel Selbstvertrauen getankt, dass sie genau wissen, wie gut sie sind. Und dass sie gegen jede B-Jugend-Mannschaft des Landes in der Lage sind, einen Rückstand zu drehen.

Mit diesem Spirit geht es in Durchgang zwei. Und der Powerfußball aus dem Ruhrgebiet wird belohnt: Kurz vor dem Ende steht es 2 : 2. Die reguläre Spielzeit ist fast abgelaufen, da bricht Alex auf seiner rechten Seite durch und spielt von der Strafraumkante einen scharfen Pass genau auf die andere Seite des Sechzehners, wo bereits sein Mitspieler wartet, den Ball sauber annimmt und versenkt. 3 : 2 für den Westdeutschen Meister im ersten Halbfinale! Und was für eine Szene von Alex.

Die Freude und der Stolz erreichen ihn nur kurz, schon auf der Rückfahrt in die Heimat denken die Spieler an das Rückspiel und daran, dass sie noch lange 80 Minuten davon entfernt sind, ins Finale einzuziehen. Woran sie allerdings auch denken: dass dieses Endspiel in Dortmund stattfindet, und zwar im legendären Stadion Rote Erde, bis 1974 Heimstätte des BVB und heute Spielort der zweiten Mannschaft.

Die Woche vor dem Rückspiel verbringt Alex wie im Rausch. Er bezeichnet sie als eine der besten, die er während seiner Jahre beim BVB erlebt hat. Die Jungs sind nach der überragenden Saison und dem 3:2-Sieg im Hinspiel voller Zuversicht, voller Optimismus, voller Energie, voller Vorfreude auf ein Endspiel vor der eigenen Haustür. Und weil der Fußballgott solche Konstellationen liebt, schenkt er den Beteiligten am 12. Juni 2016 klassisches Kaiserwetter. Die Atmosphäre in der Kurve ist fantastisch, sämtliche U-Mannschaften, Freunde, Familien und Mitschüler sind anwesend, noch nie haben die Dortmunder vor so einer Kulisse Fußball gespielt.

Und die Euphorie von außen überträgt sich auf den Platz. 5 : 1 heißt es am Ende einer Begegnung, von der Alex jede einzelne Sekunde genießt. So also fühlt es sich an, wenn man seinen Traum leben kann: im Trikot eines großen Klubs Sieger eines großen Spieles zu sein. Der Kantersieg von heute ist das Ergebnis einer bärenstarken Saison. Oder wie es Alex heute formuliert: Wir haben die richtig aufgefressen.

Gegner im Endspiel ist Bayer Leverkusen. Der Erzrivale aus den Duellen um Platz 1 im Westen hat einen jungen Mann in seinen Reihen, der im Jahr 2022 deutscher Nationalspieler sein, einen Marktwert von 70 Millionen Euro haben und den FC Chelsea mit seinem Tor im Finale zum Champions-League-Sieger schießen wird. Vor Kai Havertz hat Alex Respekt – aber ganz bestimmt keine Angst. Die jüngsten Ergebnisse sprechen für die Dortmunder: Hin- und Rückspiel gingen jeweils mit 1 : 0 an den BVB.

Der Abend vor dem großen Spiel ist die Ruhe vor dem Sturm. Der DFB hat zu einem gemeinsamen Bankett geladen. Offizielle sprechen ein paar Worte, das Schiedsrichtergespann wird vorgestellt, die Spieler beider Mannschaften beäugen sich aufmerksam. Beide Teams wissen ganz genau, wer morgen auf der anderen Seite des Platzes stehen wird. Ein Spiel auf Augenhöhe, perfekte Bedingungen für ein Finale.

Mit dem Bus geht es am nächsten Tag zum Westfalenstadion und dort in das Allerheiligste: Die Teams dürfen sich in den Kabinen der Profis umziehen. Auf den Plätzen liegen schon die Trikots bereit. Zur Feier des Tages hat jeder Spieler ein Jersey mit aufgesticktem Namen. Das ist auch für Alex neu. Und es fühlt sich fantastisch an.

6100 Zuschauer sind ins Stadion Rote Erde gekommen, das Spiel wird live im Fernsehen übertragen. Nationalhymne, ein letztes Mal einschwören mit der Mannschaft, die letzte

Nervosität vor dem Anstoß, und dann hat das größte Spiel in der Karriere von Alexander Schulte begonnen.

Im Tor steht Mario Schragl, heute spielt er beim FC Astoria Walldorf in der Regionalliga Südwest.

In der Innenverteidigung der groß gewachsene Luca Kilian, heute Bundesligaspieler mit Europapokalerfahrung beim 1. FC Köln, Marktwert: 4,5 Millionen Euro.

Tim Sechelmann, 1. FC Magdeburg.

Ganz links in der Viererkette Jan-Niklas Beste, ehemals Bremen, ehemals Emmen, ehemals Regensburg, im Sommer 2022 für 1,2 Millionen Euro zum FC Heidenheim in die zweite Liga gewechselt.

In der Zentrale Kapitän Julian Schwermann (Alemannia Aachen, Regionalliga) und Yoel Yilma (SV Gonsenheim, Oberliga). Vor ihnen der spätere U21-Nationalspieler Polens und heutige Mittelfeldmann bei Drittligist FC Ingolstadt, David Kopacz.

Außerdem Dominik Wanner (spielt in der Regionalliga bei Kickers Offenbach), Emre Aydinel (SC Wiedenbrück, Regionalliga) sowie Gabriel Kyeremateng, der seine Brötchen im Herbst 2022 als Torjäger beim schweizerischen Zweitligisten FC Thun verdient.

Elf Teilnehmer des Endspiels um die deutsche B-Jugend-Meisterschaft. Darunter genau ein Spieler, der sechs Jahre später in der Bundesliga spielt.

An diesem Sonntag im Juni 2016 aber interessiert nur am Rande, was in der Zukunft passiert, die Gegenwart ist spannend genug. Alex erinnert sich daran, wie er und die Jungs knapp ein Jahr zuvor zusammensaßen und gemeinsam daran dachten, wie aufregend es sein müsse, ein Endspiel im Stadion Rote Erde auszutragen. Und hier sind sie nun, bereit für die Krönung.

Es wird das erwartet ausgeglichene Spiel. Einmal geht ein Dortmunder Schuss nur ans Außennetz, einmal hätte es auch Elfmeter gegen Leverkusen geben können, doch zur Halbzeit steht es 0 : 0. Alles ist möglich, nichts ist entschieden. Doch nach einer knappen Stunde Spielzeit wird Kai Havertz freigespielt und erzielt in seinem allerletzten Spiel als Jugendspieler das 1 : 0. Dortmund muss aufmachen, Leverkusen lauert, Leverkusen jubelt: Nach dem 2 : 0 durch Jakub Bednarczyk in der Schlussminute steht der Sieger fest. Am Ende einer langen Saison gelingt den jungen Leverkusenern das, was den Leverkusener Profis nie gelungen ist: die Meisterschaft. Der BVB-Traum indes ist geplatzt. Die Zeit von Alex als U17-Spieler endet im Wehklagen der Verlierer.

Er braucht allerdings nicht allzu lange, um die alte Spielzeit abzuschütteln und sich auf das zu freuen, was vor ihm liegt. Nichts weniger als die Zeit der großen Sehnsucht. Denn endlich wird er von einem Mann trainiert werden, von dem sie alle trainiert werden wollen. Ein Jahr zuvor hat Hannes Wolf die Dortmunder U17 mit einem souveränen 4:0-Sieg im Endspiel zur Meisterschaft geführt, anschließend übernahm er die U19 samt einem Großteil seiner alten Mannschaft. Dieser 98er-Jahrgang ist so voller Talent und Qualität, dass sich Alex automatisch hintenanstellt, als die Vorbereitung beginnt. Natürlich nur vorläufig, denn sein Anspruch ist, sich auch in dieser Truppe einen Stammplatz zu erkämpfen.

Und noch etwas motiviert ihn dazu, seinen brennenden Ehrgeiz im Zaum zu halten und den folgsamen Jungspund zu mimen. Schon als U15-Spieler hatte er mit Wolf zu tun, der ihm damals riet, körperlich zuzulegen. Einige Zeit später nahm ihn Wolf mit zu einem Lehrgang. Alex war so aufgeregt, dass er sich unter seinen Kopfhörern versteckt hatte – prompt hatte es dafür Kritik von Wolf gegeben. Und zu allem Übel ist das jüngste Aufeinandertreffen in gar nicht guter Erinnerung geblieben. Um sich nach seinen anhaltenden Rückenproblemen wieder in die erste Elf zu kämpfen, war Alex in der Vorsaison zu einem Spielersatztraining mit den Reservisten aus der U19 verdonnert worden. Seinen Frust hatte er in einem wüsten Tackling freien Lauf gelassen und dafür eine harte Rüge kassiert.

Wenn du so was in meiner Mannschaft machst, hatte Wolf ganz ruhig zu Alex gesagt, dann mach ich dich fertig.

Schwer schluckend hatte Alex die Ansage akzeptiert. Wie wird der Trainer wohl jetzt mit ihm umgehen?

In den Wochen der Vorbereitung wirft sich der frischgebackene U19-Spieler voll rein, zieht die Übungen konzentriert durch und akzeptiert klaglos die Rolle als Nummer 14 oder 15 in der Teamhierarchie. Ausgerechnet ihm hatte Wolf einst fehlerhaftes Verhalten im Training vorgeworfen, diesen Vorwurf kann er nur entkräften, indem er seinen Coach vom Gegenteil überzeugt. Nämlich davon, dass er einer ist, auf den man sich verlassen kann. Jetzt und hoffentlich in den kommenden beiden Spielzeiten.

Nach und nach erarbeitet er sich die Anerkennung von Wolf. Bei einem Vorbereitungsturnier probiert der ihn mal auf der Sechs aus, mal auf der linken offensiven Seite. Und als Mitte August die Saison der A-Jugend-Bundesliga beginnt, treffen sich die BVB-Boys einen Tag vor dem Auftakt gegen Fortuna Düsseldorf in der Kabine. Hannes Wolf gibt seine erste Aufstellung der Spielzeit bekannt. 3-5-2. Mit Alex auf der linken Seite im Mittelfeld! Als Wolf auf Alex' Namen zeigt, sagt er:

Und über links spielen wir mit Schulle.

Weil es mit Alexander Laukart noch einen zweiten Alex in der Mannschaft gibt, hat unser Alex einen neuen alten Spitznamen bekommen. Schon im Osten nannten sie ihn „Schulle", jetzt hat er diesen Namen zurück. Und Wolf hat diesem

Schulle noch etwas zu sagen. Und zwar vor der versammelten Mannschaft:

Vor der Saison dachte ich noch, dass du der größte Volldepp bist. Aber du hast hier richtig abgeliefert und mich vom Gegenteil überzeugt.

Äußerlich erlaubt sich Alex ein feines Lächeln, innerlich aber ballt er die Faust. Seine harte Arbeit hat sich bezahlt gemacht, er hat seine Chance genutzt. Gegen Düsseldorf steht er in der Startelf. Das ist alles, was er wollte.

Gegen Fortuna spielt Alex dann allerdings glücklos, zur Halbzeit wird er ausgewechselt. Im zweiten Match gegen Preußen Münster wird er eingewechselt, gegen Borussia Mönchengladbach sind es nur ein paar Spielminuten kurz vor dem Abpfiff. Die Intensität bei der U19 ist deutlich höher als bei der U17, sowohl im Training als auch in den Spielen. Nicht nur Alex bekommt das zu spüren, auch sein sonst so zuverlässiger Kumpel Julian Schwermann muss ganz schön malochen, um das Niveau zu halten.

Obwohl die ersten drei Spiele gewonnen werden, spart Hannes Wolf nicht mit Kritik. Einen Kollegen nimmt er sich zur Seite und wird deutlich: Ich sage dir, wie es ist: Du trainierst gerade ziemlich scheiße – konzentrier dich wieder auf deine Stärken!

Mit solch klaren Ansagen können die Fußballer etwas anfangen, ganz besonders Alex, der diese Form der Kommunikation seit Jahren beim BVB vermisst. Dass Wolf nicht nur Kritik äußert, sondern auch in der Lage ist, ehrliches Lob zu verteilen, hat Alex nach dem dritten Ligaspiel gegen Mönchengladbach erfahren. Gleich nach seiner Einwechslung hat er einen Einwurf schnell ausgeführt, die unsortierten Gladbacher kassierten daraufhin das 0 : 2. Als Alex sich nach dem Match aus der Kabine verabschieden will, ist Wolf auf ihn zugekommen: Schulle, geile Einwechslung!

So was kannte Alex bislang nicht. Aber es fühlt sich gut an. Noch selbstbewusster ist er, als Wolf ihn für das Spiel gegen den VfL Bochum zurück in die Startelf beordert. Da ist sie, die nächste Chance, von der sein Vater immer spricht, wenn er sich mit ihm über seine Aussichten als U19-Spieler austauscht. Alex muss sie nur noch nutzen. Fünf Minuten sind gespielt, als er im Zentrum auf die letzte gegnerische Kette zudribbelt und seinem Stürmer den Ball in die Schnittstelle passen will. Die Aktion misslingt, was eigentlich kein Drama ist, doch dieser Schnitzer bringt am heutigen Tag das Konstrukt Schulle ins Wanken und macht aus einem Toptalent innerhalb von wenigen Augenblicken ein Nervenbündel. Pässe kommen nicht mehr an, Zweikämpfe gehen verloren, das Stellungsspiel sitzt nicht richtig – Alex hat einen dieser schwarzen Tage erwischt, wie ihn jeder Sportler alle paar Monate mal hat.

In der Trinkpause nach 30 Minuten nimmt Wolf Alex vom Platz. Was für eine Demütigung. Als die erste Hälfte vorüber ist und die Spieler Richtung Kabinen trotten, macht sich Alex auf einen ordentlichen Einlauf gefasst. Kurz muss er an die Halbzeitpause damals gegen Bielefeld denken, an die Drohung seines Trainers, ihn zurück nach Dresden zu schicken. Doch dann wird sein Name nicht mit einem Wort erwähnt. Verwundert macht Alex seine Schienbeinschoner locker und merkt gar nicht, dass noch eine Person mit ihm in der Kabine geblieben ist. Hannes Wolf spricht ihn an:

Ich weiß, richtiges Scheißspiel. Aber mach dir nichts draus, so etwas passiert einem Jugendspieler, das gehört dazu. Verlier trotz allem nicht deine Entwicklung aus den Augen, denn auf die kannst du stolz sein.

Trotz der Leistung gegen Bochum, sagt der Trainer, sei er sehr zufrieden mit Alex und habe noch viel mit ihm vor.

Für einen Moment bleibt Alex allein in der Kabine sitzen und lässt das Gesagte nachwirken. Das ist es, sagt er sich. Ein Trainer, dem die Entwicklung seiner Spieler über dem Ergebnis steht. Das lautet an diesem Tag 2 : 2, doch entscheidend ist für Alex das, was er in der Halbzeitpause erlebt hat. Für diesen Trainer ist er gerne bereit, sein letztes Hemd zu geben.

Und das tut er dann auch im Training, was zwei Wochen später mit einer frühen Einwechslung gegen Bielefeld belohnt wird. Viel wichtiger für den weiteren Verlauf ist allerdings nicht das ungefährdete 5 : 0 gegen die Nachwuchs-Arminen, sondern das, was sich zwei Tage zuvor bei den Profis vom VfB Stuttgart in der Zweiten Bundesliga ereignet. Der Erstligaabsteiger verliert gegen Heidenheim sein zweites Saisonspiel und steht unter Trainer Jos Luhukay nur auf dem neunten Tabellenplatz. Viel zu wenig für die Ansprüche der Stuttgarter.

Am sechsten Spieltag verliert die BVB-Jugend mit 1 : 2 gegen den SC Schalke. Es ist das letzte Match unter Hannes Wolf, der beim VfB Stuttgart den nächsten Schritt auf der Karriereleiter machen möchte. Seine Spieler erfahren davon in einer Videobotschaft auf dem Handy. Nach der Schule schließt sich Alex in seinem Internatszimmer ein. Er kann und will diese Nachricht nicht wahrhaben. Endlich hatte er wieder das alte Feuer gespürt. Hatte das Gefühl, dass der Trainer ihn genauso nimmt, wie er ist. Hatte das Vertrauen gespürt, das jeder Fußballer braucht. Und jetzt ist Wolf nicht mehr da. Sein Wechsel hat das kleine Feuer wieder gelöscht.

Wütend und traurig kommt er zum Training in die Kabine – und schaut in das altbekannte Gesicht seines neuen Trainers. Es ist tatsächlich Benjamin Hoffmann. Nach der U15 und der U17 nun also auch in der U19. Dieser Brocken ist nur schwer zu verdauen. Nach der ersten Trainingseinheit nimmt sich

Hoffmann kurz Zeit für jeden Spieler. Zu Alex sagt er: Hannes war sehr zufrieden mit dir, du hast richtig gut trainiert.

Aber gegen Viktoria Köln will er ihn trotzdem auf der Bank lassen. Begründung: Hoffmann möchte einen neuen Offensivmann ausprobieren, der, Zitat, eine Wundertüte sei und deshalb solide Unterstützung aus der Defensive benötige. Genauer gesagt: Julian Schwermann.

Aha, denkt Alex, ich spiele also nicht, weil du lieber auf eine Wundertüte vertraust.

Geht der ganze Mist jetzt wieder von vorne los? Es mag Einbildung sein, aber unter Hoffmann spürt Alex mit jedem Tag, dass ihm das neu gewonnene Selbstvertrauen in die eigenen Fähigkeiten entweicht wie einem kaputten Fußball die Luft. Vertrauen, das war es gewesen, was er von Wolf bekommen hatte. Dieses bei aller Kritik und Deutlichkeit vorhandene Vertrauen. Wie viel ist davon noch übrig?

Nach wenigen Spielen als U19-Trainer entscheidet sich Hoffmann für eine besondere Lösung. Von nun an sollen sich Julian Schwermann und Alex Schulte mit ihren Einsätzen abwechseln. Beide gehören eigentlich in die Startaufstellung, aber offenbar ist nur für einen von ihnen Platz. Es könnte die Sache kompliziert machen, dass Alex und Jules befreundet sind und sich bei Auswärtsspielen das Hotelzimmer teilen. Doch die für beide unbefriedigende Entscheidung von Hoffmann schweißt die Freunde nur noch mehr zusammen. Jetzt zeigen wir es dem Trainer erst recht! So beschreibt Alex die Stimmung von damals.

Und obwohl Alex sowohl in der Bundesliga als auch in der UEFA Youth League – einer U19-Variante der Champions League – zu seinen Einsätzen kommt, spürt er mit jedem Tag, wie etwas von ihm verloren geht. Etwas, was er in den wenigen Wochen unter Hannes Wolf aufgebaut hatte. Die Rückbesinnung auf seine Charaktereigenschaften, für die man ihn in Dresden gefördert und in Dortmund gedeckelt hatte. Den Mut, auch mal den Mund aufzumachen. Den Mut, auch mal anders zu ticken als der Rest. Manchmal mag Alex gar nicht daran denken, was unter Wolf vielleicht möglich gewesen wäre. Welche Vorteile ein solcher Mentor für den Verlauf seiner Karriere gehabt hätte.

Ich würde mir nicht anmaßen zu behaupten, dass ich mit Wolf als U19-Trainer heute in der ersten oder zweiten Liga spielen würde, sagt er. Aber unter ihm hatte ich mental zu mir selbst gefunden. Durch dieses Vertrauen darauf, dass der Trainer an mich glaubt – wenn man so etwas hat, kommen alle anderen Dinge von allein.

Unter Wolf war Alex wieder zum alten Alex geworden.

Unter Hoffmann scheint dieser alte Alex wieder in sich zusammenzusacken.

Ende Februar 2017 kommt es zum vorentscheidenden Duell in der Westdeutschen Meisterschaft. Tabellenführer Schalke ist zu Gast im Fußballpark Hohenbuschei. Die Hausherren aus Dortmund stehen auf Platz 2. Ein Derby. Und dann noch ein so wichtiges. Laut der Hoffmann-Regel stünde Alex gegen Schalke auf dem Platz, doch am Spieltag steht er nicht mal im Kader. Im wichtigsten Ligaspiel der Saison lässt sein Trainer ihn draußen. Deprimiert erlebt Alex mit, wie seine Kollegen in einem packenden Derby mit 2 : 0 gewinnen. Wie gerne wäre er mit ihnen auf dem Rasen, wie schön wäre es jetzt, mit ihnen in der Kabine zu singen. Warum trainiert er eigentlich wie ein Irrer, nur um in den entscheidenden Momenten nicht mitmachen zu dürfen.

Die Stimmung wird von Tag zu Tag angespannter. Was nicht nur mit Alex zu tun hat – etlichen anderen Spielern geht es ähnlich wie ihm. Sie kommen nicht zum Einsatz, und niemand sagt ihnen, warum. Der Druck nimmt stetig zu und entlädt sich in einem Disput nach einer Trainingseinheit im März.

Warum spiele ich nicht, fragt einer der Reservisten den Trainer. Warum stehe ich nicht mal im Kader?

Das Recht, mit dem Trainer zu sprechen, antwortet Hoffmann mit erhobener Stimme, muss man sich als Spieler erst mal verdienen.

Wow. Was für eine Aussage. Verunsichert sitzt die Mannschaft anschließend in der Kabine. Alex hält es nicht aus. Er geht heim in sein Zimmer, schließt die Tür ab und brüllt den Frust über die letzten Wochen in sein Kopfkissen. Das Recht, mit seinem Trainer zu sprechen, muss man sich erst verdienen? WTF!

Das Recht, mit seinem Trainer zu kommunizieren, sagt Alex heute, ist unantastbar. Ganz gleich, welche Leistungen man vorher gezeigt hat.

Kurz darauf gibt Hoffmann seinen Kader für das Spiel gegen Rot-Weiss Essen bekannt. Alex ist mit dabei. Als alle die Kabinen verlassen, um auf den Platz zu gehen, hält der Trainer seinen Spieler zurück und bittet ihn zu einem Gespräch unter vier Augen. Wir sollten mal kurz quatschen.

Ja, denkt Alex, das sollten wir.

Hoffmann spricht von unruhigen Zeiten und vergleicht die Situation in der Liga mit einer stürmischen See, spricht davon, wie er mit einem harten Kern von 14, 15 Spielern das Boot in ruhigere Gewässer führen wollte. Das hätte Alex verstanden und akzeptiert. Wenn man es ihm vor drei Monaten mitgeteilt hätte.

Alex spricht offen aus, was ihn in der vergangenen Zeit gestört hat. Die fehlende Kommunikation, die Art und Weise des Umganges, die Nichtberücksichtigungen trotz klarer Absprachen.

Und er will wissen, welche konkreten Pläne Hoffmann für die kommende Saison hat, wenn Alex zum älteren U19-Jahrgang gehört und damit in seine letzte Spielzeit im Jugendbereich geht. Wird es wieder so unbeständig sein wie in dieser Saison? Welche Rolle plant Hoffmann für ihn, wenn die talentierten 2000er nach oben kommen, unter ihnen auch ein gewisser Marius von Cysewski?

Wenn das so weitergeht, sagt Alex, dann möchte ich lieber wechseln. Ist ja noch genügend Zeit, um bis zum Sommer einen neuen Verein zu finden.

Schlagartig ändert sich die Stimmung seines Trainers. Warum er denn jetzt über einen Wechsel nachdenke? Hat er für die nächste Saison keinen Vertrag mehr?

Doch, doch, sagt Alex. Sein Vertrag, in der U17 unterschrieben, gilt noch bis zum Ende der ersten U23-Saison. Die Frage ist nur, ob Hoffmann ihn überhaupt noch braucht.

Natürlich, antwortet der und zeigt sich ehrlich überrascht davon, dass sein Spieler solche Gedanken hat. Nicht nur, dass der in dieser Saison ein wichtiger Baustein sei, er plane auch fest mit ihm als Rechtsverteidiger in der neuen Spielzeit.

Gegen Rot-Weiss Essen steht Alex tatsächlich mal wieder von Beginn an auf dem Platz. Das erste Mal seit sechs Wochen. Fünf Tage später startet er auch im Spitzenspiel gegen Leverkusen. An diesem glutheißen Tag reißt er in der defensiven Fünferkette Meter ohne Ende ab und leistet seinen Beitrag zum wichtigen 2:1-Erfolg. Doch zum Saisonfinale scheint er wieder ausgedient zu haben. Für das erste Halbfinale um die Deutsche Meisterschaft gegen den VfL Wolfsburg steht er nicht mal im Kader, was auch daran liegt, dass die Dortmunder für die entscheidenden Spiele lieber auf einen Mann setzen, der den Sprung nach ganz oben bereits geschafft hat: Felix Passlack hat wenige Monate zuvor Julian Draxler als jüngsten deutschen

Champions-League-Torschützen abgelöst, jetzt steht er auf Alex' rechter Seite in der Startelf gegen Wolfsburg.

Der Dresdener hat nun zwei Möglichkeiten: Entweder er zieht sich frustriert zurück, oder er feuert noch einmal alles rein, was er hat, und provoziert damit vielleicht eine Reaktion seines Trainers. Alex entscheidet sich für Variante B und steht nach einer beeindruckenden Trainingswoche für das Rückspiel im Kader. Beim 2:1-Sieg (Hinspiel 3 : 2) bleibt er zwar nur Zuschauer, erkennt aber das Positive an der Situation. Immerhin stand er wieder im Kader. Von da ist es nicht mehr weit bis auf den Rasen.

Die nächste und letzte Chance in seiner ersten Saison als U19-Fußballer beim BVB bietet sich ausgerechnet im größten Match seines Lebens. Am 22. Mai 2017 kommen 33 450 Zuschauer ins Westfalenstadion, und sie sind nicht gekommen, um die Profis vom BVB zu sehen, sondern die beiden besten A-Jugend-Mannschaften des Landes. Gastgeber Dortmund empfängt den FC Bayern München zum Endspiel um die Deutsche Meisterschaft.

Für das Finale hat Hoffmann sogar zwei Spieler zu viel in den Kader aufgenommen. Als diese beiden überschüssigen Plätze am Morgen des 22. Mai gestrichen werden, gehört Alex immer noch zum finalen Kader. Wieder ein Etappenerfolg. Auf dem Weg zum Stadion, vorbei an den zahlreichen Fans und rein in den Bauch des riesigen Stadions, muss Alex an das Bankett vom Vorabend denken. Die Bayern-Spieler waren da gewesen, die Schiedsrichter, ein paar Offizielle. Auf einer Leinwand waren die besten Szenen der beiden Endspielteilnehmer eingeblendet worden. Was für eine Show.

Erneut dürfen sich die Mannschaften in den Umkleiden der Profis auf das große Match einstimmen, Alex sitzt auf dem Platz von Łukasz Piszczek und bewundert sein extra für diesen

Auftritt beflocktes Trikot. Noch ein paar Dehnübungen im Kraftraum, dann geht es raus auf den Rasen. Die Lautstärke ist unglaublich und faszinierend. Sie steigert sich noch, als die Teams Seite an Seite aus dem Spielertunnel laufen. Anstoß ist um 19.30 Uhr. Alex sitzt zunächst auf der Bank.

Er sieht ein beeindruckendes Spiel von zwei Mannschaften, die sich in allen Bereichen auf Augenhöhe begegnen. Zur Pause ist zwar noch kein Tor gefallen, aber die Qualität ist enorm hoch. Ein besseres 0 : 0, denkt sich Alex, kann es ja eigentlich kaum geben. Die zweite Halbzeit steht der ersten in nichts nach. Benjamin Hoffmann schickt seine Mannschaft unverändert auf den Platz, am Seitenrand laufen sich Alex und seine Kollegen warm.

Nach 55 Minuten muss Dominik Wanner verletzt vom Rasen, für ihn kommt Hüseyin Bulut. Zehn Minuten später ersetzt Jano Baxmann Julian Schwermann, in der 76. Minute geht Etienne Amenyido für Janni Serra runter. Hoffmann hat noch einen letzten Wechsel übrig. Tapfer absolviert Alex weiter seine Übungen. Aus den Augenwinkeln beobachtet er, wie einer seiner Innenverteidigerkollegen letzte Instruktionen bekommt. Wenn der tatsächlich eingewechselt wird, ist das Finale für Alex vorbei. In diesem Moment fasst sich Felix Passlack mit schmerzverzerrter Miene an die Wade. Alex hat es als einer der Ersten im Stadion gesehen. Ist das seine große Chance, diesem Endspiel doch noch seinen Stempel aufzudrücken? Schließlich wird klar: Passlack, der in dieser Saison 15 Pflichtspiele für die Profis absolviert hat, kann nicht weiterspielen.

Durch das Gejohle und Gebrülle hört Alex den Pfiff von der Trainerbank und weiß, dass jetzt seine Stunde geschlagen hat. So schnell, wie er kann, rennt er zu den Bänken, zerrt dabei sein Leibchen runter und bereitet sich gedanklich auf das vor, was gleich kommt. Mehr als 30 000 Zuschauer und am Ende vielleicht eine Meisterschale. Mein Gott, wie oft hat er davon geträumt, als er mit seinem Vater auf dem Bolzplatz übte. Zeit für nostalgische Gedanken hat er aber nicht. Konzentriert lauscht er den letzten Instruktionen seiner Trainer, er weiß ja alles, aber doppelt hält besser. Wo stehen bei Ecken und Freistößen. Wie verteidigen beim Konter, wie angreifen bei Ballbesitz. Woran er in diesem Moment nicht denkt (aber Jahre später): dass sein Glück der späten Einwechslung das Unglück eines anderen ist, der eben selbst noch an der Seitenlinie stand, nun aber wieder auf der Bank Platz nehmen muss, weil der Muskel eines Mitspielers übersäuert ist. Auch das ist Mannschaftssport: Irgendwer muss draußen bleiben.

Es geht los. Trikot straffziehen. Stutzen überprüfen. Tief durchatmen. Ein letztes Mal die Oberschenkelmuskulatur stretchen. Und dann hört Alex den Pfiff von Schiedsrichter René Rohde, sieht seine Nummer auf der elektronischen Tafel des vierten Offiziellen und hört, wie Tausende Menschen seinen Nachnamen schreien. Alexander … SCHULTE!

Was für ein Gefühl. Und es wäre noch grandioser geworden, wenn Alex kurz darauf völlig freistehend auf seiner rechten Seite entdeckt worden wäre. Nach einem irren Sprint hat er die Ketten der Bayern überlaufen, doch der Ball kommt einfach nicht. Für eine Schocksekunde sorgt wenig später das Führungstor der Gäste, das jedoch als Abseitstreffer gewertet wird. Nach 120 Minuten steht es weiterhin 0 : 0, dieses ausgeglichene Spiel muss im Elfmeterschießen entschieden werden.

Inzwischen ist es später Abend geworden. Als Hoffmann seine Jungs zusammenholt und sie fragt, wer sich einen Elfmeter zutraut, muss Alex nicht lange überlegen. Er war noch nie einer, der sich vor der Verantwortung gedrückt hat. Und jetzt hat er die Chance, diese so unbeständige und unbefriedigende

Saison mit einem einzigen Schuss zu retten. Also meldet er sich. Er möchte lieber eine Mitschuld an der Niederlage tragen, als sich ewig vorwerfen zu müssen, im entscheidenden Augenblick gekniffen zu haben.

Felix Götze, der jüngere Bruder von WM-Held Mario, eröffnet den Shootout für den FC Bayern. 1 : 0. Jan-Niklas Beste für Dortmund: 1 : 1. Weil Matthias Stingl die Führung für die Bayern verpasst, hat Alex nun die große Gelegenheit. Mit dem Ball in der Hand geht er vom Mittelkreis Richtung Tor, die gewaltige Südtribüne wird immer größer, und spätestens jetzt weiß er, warum sie von allen nur die „Gelbe Wand" genannt wird. Du hast es dir verdient, sagt er sich. Das ist dein Moment. Er weiß genau, wohin er schießen wird. Ohne großen Firlefanz in die rechte Ecke.

Doch Ron-Thorben Hoffmann hat die Ecke geahnt und kann parieren. Schockiert marschiert Alex zurück zu den anderen, doch der nächste verschossene Versuch der Konkurrenz macht ihm Mut. Verloren ist hier noch lange nichts. Die nächsten zwölf Schüsse gehen alle rein, dann patzt Timothy Tillmann im Duell gegen BVB-Torwart Eike Bansen. Amos Pieper ist es, der den Ball zum 8 : 7 ins Tor haut und das Match entscheidet: Deutscher A-Jugend-Meister 2017 ist – wie im Vorjahr – Borussia Dortmund! Alex ist der Erste, der Torwart Bansen in die Arme springt.

Die Zuschauer toben. Nach dem Vorbild der Isländer bei der Europameisterschaft 2016 stehen die glücksbesoffenen Nachwuchs-Borussen auf dem sattgrünen Rasen des Westfalenstadions und animieren die Massen zum urwüchsigen „Huh!", das wie ein Donnerhall über den Rand des Stadions schwappt und Alex das Gefühl gibt, es am Ende doch geschafft zu haben. Raus aus dem Kader, rein in den Kader, raus auf den Rasen, rein in die Glückseligkeit. Mit der Medaille um den

Hals tanzt Alex den Tanz der Sieger. No time for losers. Vielleicht sollten sie den Satz mit großen Buchstaben an die Front des Nachwuchsleistungszentrums montieren. Und mit einem letzten lauten „Huh“ endet für Alex die Saison 2016/17.

HERR VON CYSEWSKI, WIE SCHÄTZEN SIE DIE AUSGANGSLAGE FÜR DAS RÜCKSPIEL EIN?

Worüber man eher selten spricht, wenn es um pubertierende Nachwuchsfußballer in den Internaten der Bundesligaklubs geht: die eigentlich wichtigen Dinge. Die Einsamkeit in einem großen Haus voller Jugendlicher, die alle von zu Hause fort sind, um ihrem Traum hinterherzujagen. Die Schwierigkeit, in einem Leben voller Trainingstermine und Anstoßzeiten eine halbwegs fundierte schulische Ausbildung zu erhalten.

Die Teenagerzeit ist eine Zeit des Erprobens und Lernens. Wie jeder andere Bewohner im Internat macht auch Marius den FIFA-Fehler, eine „Erkrankung", die jeder hier durchstehen muss. Nächtelang hatte Marius zu Beginn seiner Zeit die neue Freiheit genutzt und Videospiele gezockt, um dann festzustellen, wie viel Energie ihm dadurch am nächsten Tag im Training fehlte.

Um die schulischen Defizite als fußballspielender Weltenbummler auszugleichen – Marius schätzt allein seine Fehlzeit in den drei Oberstufenjahren auf insgesamt drei Monate netto –, geben sich Schule und Verein redlich Mühe. Besonders die Spanisch- und die Englischlehrerin stechen hervor, sie verzichten einmal in der Woche auf ihre Mittagspause, um den Fußballern der Geschwister-Scholl-Gesamtschule dabei zu helfen, das fehlende Wissen aufzuholen. Als eine Delegation des DFB vorbeikommt, um zu begutachten, ob die GSG das Gütesiegel „Eliteschule des Fußballs" verdient, wird unter anderem auch Marius ausgewählt, um den Verbandsvertretern Rede und Antwort zu stehen. Anfang 2017 wird die GSG tatsächlich als Eliteschule ausgezeichnet.

Auf den Reisen mit dem BVB sind auch immer Lehrer dabei, jeden Tag finden Unterrichtseinheiten statt – wenn auch nur für die Hauptfächer. In den schicken Hotels zwischen Porto und St. Petersburg sieht man dann junge Männer in Trainingsanzügen und Badelatschen Lehrbücher lesen und Matheaufgaben lösen. Einmal schreibt Marius eine Spanischklausur vor passender Kulisse: mitten im spanischen Trainingscamp des DFB in La Manga.

Am Ende wird er ein relativ normaler Abiturient sein, seiner lokalen Prominenz zum Trotz. Ein anständiger Abschluss, ein paar Freundschaften, was will man mehr. Es war damals sicherlich nicht von Nachteil, ein Fußballer von Borussia Dortmund zu sein. Fazit heute: Wenn ein Spieler gewillt war, das Abitur an dieser Schule zu machen, und sich entsprechend verhielt, wurde er auf jede erdenkliche Art und Weise unterstützt.

Es wird schon einen Grund gehabt haben, warum das Sommermärchen 2006 ausgerechnet von einem Song begleitet wurde, in dem es heißt: „Dieser Weg wird kein leichter sein, dieser Weg wird steinig und schwer." Wer es als Fußballnationalspieler zu einer Weltmeisterschaft geschafft hat, hat unzählige Wochen in einem Rhythmus verbracht, wie ihn auch Marius spätestens in der Oberstufe erlebt: Training um

8 Uhr morgens, Schule, Training. Training Montag, Mittwoch, Donnerstag, Freitag und Samstag. Sonntag Spiel. Einziger (halber) freier Tag: Dienstag, Schulende um 13.15 Uhr. Hauptbeschäftigung in der freien Zeit: Schlaf nachholen. So ein Leben muss man als junger Mensch erst mal führen wollen. Und können. Das Dasein als angehender Profisportler kann sich auch ziemlich einsam anfühlen. Seinen 16. Geburtstag feiert Marius am 5. Januar 2016 im Trainingslager La Manga. Erst elf Tage später ist er wieder in Deutschland. Als er in sein Zimmer kommt, liegen Geschenkpäckchen seiner Eltern auf dem Bett.

Da sitzt er nun, 16 Jahre alt, schon ziemlich lebenserfahren, und wenn er ehrlich ist, würde er jetzt viel lieber am Esstisch seiner Eltern sitzen und Kuchenstücke verteilen; stattdessen hockt er hier in seinem Zimmer im Nachwuchsinternat von Borussia Dortmund. Nicht weit weg von zu Hause und doch irgendwie auf einem anderen Planeten. Marius fühlt sich aber auch erwachsen, als er so dasitzt, frisch zurück aus einem Trainingslager mit dem Deutschen Fußball-Bund, die Geschenke in seiner Hand.

Es ist ganz ruhig im Zimmer, nur das Knistern des Papiers ist zu hören. Die vergangenen Monate sind wie im Flug verrauscht. Wirklich Zeit zum Nachdenken, zum Sortieren, zum Hinterfragen hat es irgendwie nie gegeben. Ist jetzt endlich Zeit dafür, elf Tage nach seinem 16. Geburtstag? Marius spürt, wie er traurig wird. Wie ihn die Vorstellung, ganz allein seine Geschenke zu öffnen, betrübt. Er fühlt sich leer, irgendwie ausgesaugt.

Bis heute sind diese Stunden sehr präsent in seinem Kopf. Einordnen, sagt er, kann ich sie bis heute nicht.

Anderthalb Jahre später kommt Marius in die U17 von Borussia Dortmund. Ab der U17 spielen die besten Teams in der Bundesliga, schon der Name ist für die Nachwuchskicker eine riesige Motivation. Zwei Wochen hat er eigentlich Urlaub, doch die verbringt er in der Reha, um zum Start der Saisonvorbereitung topfit zu sein.

Das erste Turnier der Vorbereitung führt die BVB-Junioren nach Schwäbisch Hall. Zum Auftakt treffen sie dort auf Borussia Mönchengladbach. Schon beim Aufwärmen spürt Marius wieder diesen Schmerz im rechten Oberschenkel. Nicht jetzt. Nicht schon wieder. Marius spielt die Partie durch, hofft darauf, das drohende Unheil wegzulaufen, wegzugrätschen, wegzuarbeiten, doch nach dem Schlusspfiff ist der Schmerz nur noch größer. Auf Anraten seines Physiotherapeuten beendet er das Turnier und lässt sich in Dortmund untersuchen. Die noch schmerzhaftere Diagnose: Nach den beiden vorherigen Verletzungen ist nun auch die Faszie im Oberschenkel gerissen, gegen eine OP legt der Arzt der ersten Mannschaft nach Ansicht der Bilder sein Veto ein. Marius bleibt nichts anderes übrig, als erneut den Weg einzuschlagen, der, wie er weiß, kein leichter sein wird.

Erstmals lässt er den Gedanken zu, dass sein Körper ihm eventuell im Weg stehen könnte bei der Verwirklichung seines Traumes. Dreimal hat er sich bereits an seinem rechten Oberschenkel verletzt. Mit 16. Das ist so, als wenn sich ein angehender Tennisprofi regelmäßig die Schulter auskugeln würde.

Doch Aufgeben kommt für Marius nicht infrage. Er hat gelernt, dass es zum Leben eines Fußballers gehört, sich bestmöglich um seine Verletzungen zu kümmern. Also wirft er sich diesmal noch mehr in die Übungen mit den Therapeuten. Sitzt noch häufiger in der Eistonne. Lernt noch mehr, auf seinen Körper zu hören.

Vielleicht prägt sich sein Gehör sogar ein wenig zu gut aus. Denn als er wieder fit ist, als er wieder mit der Mannschaft trainieren, seinen Körper das erste Mal wieder voll belasten kann, hört er eine Stimme in seinem Kopf, die ihn mit mahnendem

Unterton daran erinnert, auf seinen Körper zu achten. Ein Kontaktsportler aber kann seine volle Leistung nur entfalten, wenn er sich zu 100 Prozent auf seinen Körper verlassen kann. Wenn Muskeln und Gelenke die Information weitergeben: rein mit dir in den Zweikampf, wir halten das schon aus! Der von nunmehr drei Oberschenkelverletzungen geplagte Marius aber bekommt diese Informationen nicht mehr bei jedem Zweikampf, bei jedem Dribbling. Ein Handicap, mit dem er jetzt umgehen muss.

Kurz nach seiner Rückkehr gibt es einen Trainerwechsel: Hannes Wolf geht als Chefcoach zum VfB Stuttgart. Seinen Posten in der U19 übernimmt U17-Trainer Benjamin Hoffmann, neuer U17-Coach wird der bisherige Co-Trainer Sebastian Geppert. Eine neue Situation, die für Marius zunächst wie gemacht zu sein scheint. In seinem ersten Match nach der Verletzung beginnt er gegen den FC St. Pauli auf seiner geliebten Position im Zentrum. Prompt gelingt ihm das einzige Tor der ersten Halbzeit. Nach dem Spiel erhält er ein Sonderlob. Doch in der nächsten Partie gegen Viktoria Köln wird er wieder als Rechtsverteidiger aufgestellt. Ja was denn nun?

Bis zur Winterpause wird er immer mal wieder im Zentrum agieren, doch die nötige Sicherheit scheint ihm sein Trainer nicht geben zu wollen. Nach einer überragenden Trainingseinheit brüllt Geppert über den Platz: „Ey, Xabi Alonso!" Der Mittelfeldorganisator aus Spanien genießt auf allen Plätzen dieser Welt höchstes Ansehen.

Du fühlst dich im Zentrum wohler, fragt der Trainer.

Das stimmt, sagt Marius.

Okay. Dann müssen wir mal gucken.

Mit einem Grinsen auf dem Gesicht schläft Marius an diesem Abend ein, er freut sich auf den morgigen Spieltag in der Gewissheit, von nun an im Zentrum gesetzt zu sein.

Das Spiel bestreitet er auf Rechts.

Das sind so Momente gewesen, sagt Marius, die mich vielleicht ein wenig gebrochen haben.

Die ihm den Glauben daran nehmen, jemals wieder auf seiner bestmöglichen Position seinen bestmöglichen Fußball zu spielen. Hätte er diese Möglichkeit und würde ihn sein Körper lassen, würde er zu den besten Spielern des Landes gehören. Dann wäre die Chance, es einmal auf den Rasen des Westfalenstadions zu schaffen, einmal vor die Gelbe Wand, tatsächlich sehr realistisch. Wie stehen seine Chancen nun?

Die Dortmunder spielen eine gute Hinrunde und halten ständig den Kontakt nach ganz oben. Nur die ersten beiden Mannschaften qualifizieren sich für die Deutsche Meisterschaft. Marius hat abgeliefert, wenn auch viel zu oft auf hinten Rechts. Eine Situation, die er ändern möchte. Mit guten Argumenten geht er ins Gespräch mit seinen Trainern – und doch haben die am Ende keine zufriedenstellende Antwort für ihn.

Ja, auch wir sehen dich eigentlich im Zentrum. Doch für hinten Rechts haben wir aktuell keinen besseren Spieler.

Okay, sagt Marius und weiß nun, dass er in dieser Saison niemals dauerhaft auf seiner Lieblingsposition performen wird. Ein Tennisspieler muss höchstens im Doppel auf seine Kollegen Rücksicht nehmen. Ein Boxer kennt das nicht: sich in den Dienst der Mannschaft zu stellen. Ein Golfer wählt immer die beste Ausrüstung für sich. Ein Fußballspieler aber teilt sich das Spiel mit zehn anderen. Plus elf auf der gegnerischen Seite. 22 Menschen, ein Ball, viele verschiedene Rollen, Positionen und Lücken, die es zu schließen gilt. So talentiert Marius auch ist, so sehr sie ihm bei Heide Paderborn für seine Fähigkeiten bewundern würden – in dieser Mannschaft hier muss er auch ein Lückenbüßer sein.

Was umso schwerer zu verdauen ist, weil sein Platz eigentlich im Zentrum ist. Dort, wo der Ausgang eines Fußballspiels entschieden wird. Wo Angriffe gesteuert und gegnerische Attacken abgefangen werden. Wo die Fäden zusammenlaufen. Die Ballkontakte eines Sechsers oder Achters mit einem rechten Außenverteidiger in einer Viererkette zu vergleichen, wäre ungerecht.

Heute, sagt Marius, verstehe ich, warum die Trainer so gehandelt haben. Damals war er furchtbar genervt.

In der Wintervorbereitung kommt es zu einem kleinen Zwischenfall. Der etatmäßige Kapitän rastet im Trainingsspiel aus und tritt bei einem Zweikampf nach. So etwas macht ein Kapitän nicht, und deshalb wird die Binde neu vergeben. Die Wahl fällt auf Tobias Raschl und Marius. Schön und gut. Aber die Sache mit der Position nervt ihn immer noch. Daran ändert auch der angenehme Druck der Kapitänsbinde nichts.

Weiterhin liefert er konstant seine Leistung ab. Aber der erhoffte Sprung ins nächste Level, der sich doch eigentlich in der Frühphase der U17 vollziehen sollte, findet nicht statt. Marius hat erstmals das Gefühl zu stagnieren. Was ihn nicht daran hindert, in besonderen Spielen besondere Leistungen abzuliefern. Im Auswärtsspiel gegen Borussia Mönchengladbach ist er der spielbestimmende Mann der ersten Halbzeit, ihm gelingt ein wunderbarer Treffer mit seinem schwächeren linken Fuß. Es ist der Beweis seines Talentes, seiner Klasse, seines Willens. In dieser Verfassung ist er einer der besten jungen Fußballer in Deutschland.

Doch wie so oft zuletzt in ähnlichen Momenten erinnert ihn sein Körper mitten im Spiel daran, dass es bei der Sache einen Haken gibt: seine Gesundheit. Gleich an mehreren Stellen seines Körpers schmerzt es, der Organismus ruft laut: Ende, aus, Spiel vorbei! Marius lässt sich auswechseln.

An der Seitenlinie stehen zwei Männer und leiden mit ihm. Sie haben die erste Halbzeit genossen, wie es nur Menschen tun können, die ein großes Talent als solches erkennen. Der eine ist Lars Ricken, Champions-League-Sieger, Ex-Wunderknabe, Nachwuchskoordinator. Der andere sein Kollege Eddy Boekamp. Ein Jahr nach diesem Spiel werden Boekamp und Ricken mit dem Vater von Marius zusammensitzen, über dies und das und Verträge sprechen und sich an diese erste Halbzeit gegen Mönchengladbach erinnern.

In diesem Spiel, wird Boekamp sagen, waren wir uns sicher, einen zukünftigen Fußballprofi gesehen zu haben. Aber dann diese blöde Verletzung.

Diese blöde Verletzung, die Marius im nächsten Spiel gegen den 1. FC Köln wegzuschlucken versucht, wegzuspielen, wegzutapen – und natürlich tut das seiner Gesundheit wieder mal nicht gut. Die Rückrunde absolviert er auf einem anständigen Niveau, aber es frustriert ihn, nicht am normalen Limit spielen zu können. Wenn man so sehr aus dem Gleichgewicht gekommen ist, ist es schwer, den Rhythmus wiederzufinden.

Ablenkung verschaffen ihm die Aktivitäten außerhalb des Bundesliga-Alltags. Wie die Stufenfahrt mit seiner Schule, die in diesem Jahr nach Calella geht, eine kleine Stadt an der katalanischen Küste, etwa 50 Kilometer von Barcelona entfernt. Normalerweise würde Marius am Freitag mit seinen Mitschülern in ein Flugzeug steigen, um dann kofferschleppend den Shuttleservice zur Unterkunft zu überstehen, doch Marius ist kein normaler Schüler. Stattdessen bekommt er die Sondererlaubnis, erst das Ligaspiel am Samstag zu bestreiten, um dann – in der Businessclass – nach Barcelona zu fliegen. Wo er und ein anderer fußballspielender Kollege von einer Limousine erwartet werden, die die Teenager direkt vor das Hotel bringt.

Das Gesamtbild von uns Fußballern, sagt Marius, war durch solche Aktionen natürlich etwas prollig.

Aber, sagt er, das war nun mal die einzige Möglichkeit, Schule und Fußball irgendwie unter einen Hut zu bekommen. Dass das Leben eines Profis in spe nicht nur aus Luxus und Vorzügen besteht, zeigt sich wenige Tage später, als die restlichen Schüler mit vielen neuen Geschichten und Erfahrungen im Gepäck von ihren Eltern am Gate abgeholt werden, während Marius nur eine Stunde nach der Landung bereits wieder auf dem Trainingsplatz wirbelt.

Eine andere Reise führt ihn im Frühsommer 2017 nach Oberhausen, wohin die Auswahltrainer Stefan Kramer und Hanno Balitsch zu einem DFB-Lehrgang eingeladen haben, und zwar all diejenigen, die momentan dem erweiterten Blickfeld der U17-Nationalmannschaft zuzuordnen sind. Marius freut sich „unnormal" über die Einladung, kommt auch hoch motiviert auf seine Einsatzzeit und muss doch feststellen, dass es momentan einfach nicht für den A-Kader reicht. Vom Talent und den Fähigkeiten her gehört er eigentlich genau dorthin: nach ganz oben. Doch sein immer noch unstabiler Körper und das fehlende Vertrauen in ihn klauen die entscheidenden Prozentpunkte, die es auf diesem Niveau braucht, um aus der Masse der Hochbegabten hervorzustechen. Ein frustrierendes Gefühl, doch Marius hat gelernt, es zu akzeptieren. Mit seinen 17 Jahren ist er ganz schön hartgesotten.

Die Saison 2016/17 geht auf die Zielgerade. Durch einen souveränen 4:0-Erfolg gegen die Jugend von Borussia Mönchengladbach qualifizieren sich die Dortmunder Jungs für das Halbfinale der Deutschen Meisterschaft. Die Pflicht ist erledigt, jetzt folgt die Kür. Im Halbfinale wartet die U17 von Werder Bremen, die in dieser Saison erst ein Spiel verloren hat und als Topfavorit auf den Titel gilt. Mit dem schwarz-gelben

Mannschaftsbus geht es an einem Dienstagmittag nach Bremen, kurz zuvor haben die Borussen noch ein letztes Mal auf der eigenen Anlage trainiert.

Körperlich und mental sind die Spieler auf die entscheidenden Partien der Saison gut vorbereitet, der Teampsychologe hat in den vergangenen Tagen und Wochen viel Feldarbeit betrieben und sich auch immer wieder einzeln mit den Fußballern beschäftigt. So wie mit Marius, der ihm von den Schwierigkeiten der Reha berichtet, aber auch von seinen privaten Sorgen und Ängsten. Er mag dem Psychologen nicht alles anvertrauen, was in seinem Kopf und Herzen passiert, aber wenigstens in Teilen über seine Gefühle zu sprechen, ist für einen 16-Jährigen schon eine Leistung. Einziger Nachteil an der Konstellation: Der Psychologe wird vom BVB bezahlt, was ihn als Therapeuten einer besonderen Stärke beraubt. Das Vertrauen zwischen Klient und Therapeut fußt in der Regel ja auch darauf, dass sich der therapierende Mensch in einer neutralen Position befindet. In einem Arbeitnehmerverhältnis ist diese neutrale Sicht aber nicht unbedingt gewährleistet. Wer kann Marius schon versprechen, dass seine Nöte wirklich im Büro des Psychologen bleiben und nicht nach außen dringen, wo sie Einfluss darauf haben, ob er beim nächsten Spiel auf dem Rasen steht?

Das Halbfinal-Hinspiel in Bremen findet an einem Mittwoch statt. Nach einer kurzen morgendlichen Trainingseinheit stimmen sich Trainer und Mannschaft mit Besprechungen und Videoanalysen auf das Match ein. Anstoß ist um 18 Uhr. Primetime. Im Ligaalltag finden die Spiele vor maximal 200 Zuschauern statt, jetzt sind fast 2000 gekommen, um das erste Halbfinale der Deutschen U17-Meisterschaft 2017 zu verfolgen. Auch Marius' Familie ist angereist, Eltern und Geschwister sitzen auf der Tribüne von Platz 11, unweit des Bremer Weserstadions, und warten auf den Anpfiff. Die Nervosität in der

Kabine ist mit Händen zu greifen, doch die Jungs, die heute auf dem Rasen stehen, haben gelernt, die Anspannung vor großen Spielen zu kanalisieren und darauf zu vertrauen, dass spätestens mit dem Anpfiff sämtliche Mechanismen greifen, Stress und Versagensängste sich in Energie und Motivation umwandeln.

Marius gelingt das besonders gut, und deshalb hat er nach wenigen Minuten auch die erste Torchance: Einen Konter über links schließt er mit einem herrlichen Schuss ab, der ihm leicht über den Schlappen rutscht, dadurch knapp am Tor vorbeisegelt. Zwar gehen die favorisierten Hausherren danach durch einen Freistoß in Führung, doch in der Halbzeitpause ist die Stimmung bei den Gästen aus Dortmund gut, weil jeder da draußen gesehen hat, wie sehr das Spiel auf Messers Schneide steht.

Durch einen Elfmeter kann der BVB ausgleichen, das anschließende Powerplay hätte mit etwas Glück zu weiteren Toren geführt, doch der Ball will nicht ins Tor – das erste Halbfinale endet 1 : 1. Für Marius war es trotzdem eine Art Sieg: 20 Minuten vor dem Ende hat er die Kapitänsbinde übernommen, die Krönung einer starken Leistung. Und das unter den Augen der anwesenden Nationaltrainer. Einziger Wermutstropfen: In Topform hätte er heute sicherlich noch mehr Duftmarken setzen können.

Eine zusätzliche Bestätigung seiner Leistung erfährt er einen Tag nach dem Spiel, als er von seinen Trainern ausgewählt wird, für die Homepage des DFB ein Interview zu geben.

Herr von Cysewski, wie schätzen Sie die Ausgangslage für das Rückspiel ein?
Wenn man uns vor dem Spiel gesagt hätte, dass es 1 : 1 ausgehen würde, hätten wir damit vermutlich gut leben können. Insbesondere, weil wir sehr heimstark sind und das Rückspiel in Dortmund stattfindet.

Was sagen Sie zu Ihrer eigenen Leistung?
Die war ganz ordentlich. *(Lacht.)* Sicherlich hatte ich ein paar gute Szenen nach vorne, als Außenverteidiger liegt meine Hauptaufgabe aber auf der Defensivarbeit.

Beschreiben Sie bitte Ihre Spielweise.
Für einen Außenverteidiger habe ich einen sehr starken Offensivdrang. Ich spiele gerne vorne mit und beschränke mich nicht auf das Verteidigen. Ich will auch als Defensivspieler Tore schießen, Vorlagen geben und unser Offensivspiel bereichern.

Wer ist Ihr Vorbild?
Mit Blick auf die Außenverteidiger sind Philipp Lahm und Dani Alves zwei Fußballer, von denen man sich als junger Spieler viel abschauen kann.

Die beiden haben viele Titel gesammelt, wie sieht es mit Ihrem ersten großen aus?
Wir haben gute Chancen, das Finale zu erreichen. Wir werden gut vorbereitet sein und wissen, wie wir die Bremer knacken können.

Und wie kann Ihnen das gelingen?
Das werde ich jetzt natürlich nicht verraten. *(Lacht.)*

Ist das Finale Ihr ausgegebenes Saisonziel?
Unser Saisonziel war die Teilnahme an der Endrunde, also das Erreichen des Halbfinals. Das ist uns gelungen. Nun denken wir – auch wenn es nach einer Floskel klingt – tatsächlich von Spiel zu Spiel. Wer jedoch so weit kommt, der will natürlich auch ins Finale einziehen.

Worüber „Herr von Cysewski" im Interview nicht spricht, ist die Erdkundearbeit, die er am Morgen nach dem Spiel schreiben musste und mit wenigen Stunden Schlaf in den Knochen irgendwie überstanden hat. Ein kurzer Ausflug in die Lebenswirklichkeit seiner Gleichaltrigen, denn kurz darauf betritt er schon wieder im Trainingsanzug das Radisson Blu Hotel in Dortmund, um sich auf das Rückspiel und den möglichen Einzug ins Finale vorzubereiten.

Am Abend sitzen die Spieler mit dem Teampsychologen zusammen, der sich für diesen Anlass eine einfache, aber wirkungsvolle Übung ausgesucht hat. Einer der jungen Kicker wird aufgefordert, einen Bleistift zu zerbrechen, was natürlich mühelos gelingt. Ein ganzes Bündel Bleistifte aber erweist sich als unüberwindbarer Gegner, trotz größter Anstrengungen schafft es kein Spieler, die Stifte zu zerbrechen.

Was will ich euch damit sagen, fragt der Psychologe, und Marius kann sich die Antwort denken.

Wenn ihr zusammenhaltet, dann kann euch niemand brechen.

Eine simple Botschaft, klar, aber manchmal sind es die kleinen Weisheiten, die große Wirkung entfalten. Mit dieser Erfahrung in den Köpfen, aber in Gedanken schon wieder beim Gegner, geht es am kommenden Morgen nach Dortmund-Brackel, wo viele Hundert Zuschauer auf Platz 1 sehen wollen, wer in das diesjährige Finale der U17-Junioren einzieht. Deutschland sucht die beste B-Jugend des Landes.

Es ist ein sehr heißer Sommertag, locker über 30 Grad. Bei solchen Temperaturen sollte man eigentlich keinen Hochleistungssport absolvieren, noch viel weniger sollte man bei einem Fußballspiel dieser Bedeutung schon nach wenigen Minuten in Unterzahl sein, doch genau das passiert am 11. Juni 2017. Bei einem langen Ball der Bremer in die Dortmunder Hälfte – Marius deckt seinen

Innenverteidiger ab – misslingt diesem Innenverteidiger die Ballannahme, das drohende Gegentor versucht er, mit einem rabiaten Zweikampf zu verhindern, und sieht dafür die Rote Karte. Zehn gegen elf und noch fast die komplette Spielzeit zu absolvieren. Bei über 30 Grad. Gegen eine Mannschaft, die in dieser Saison erst einmal verloren hat.

Doch die Bleistifte rücken zusammen. Zweimal hat der BVB die Chance zur Führung, zweimal lässt er sie liegen. Beim Pausenpfiff steht es noch immer 0 : 0, alles drin für beide Mannschaften. Dann aber fällt doch das Tor für Werder, die Dortmunder müssen mit mehr Risiko spielen und laufen in die gegnerischen Konter. Ergebnis bei Spielende: 3 : 0 für den Gast aus dem Norden (der später im Finale mit 0 : 2 gegen Bayern München verlieren wird).

Dass Trainer Geppert ebenfalls noch vom Feld verwiesen wird, ist da nur eine Randnotiz. Ganz klar, der Platzverweis hat den Borussen früh das Genick gebrochen. Matchpläne, Systeme, Aufgabengebiete, Zuordnungen – alles für die Katz. So eine dumme Niederlage hängt Fußballern lange nach, und auch Marius braucht ein paar Tage, ehe er die Enttäuschung halbwegs verdaut hat und sich zu einem Saisonfazit aufraffen kann. War sie gut, diese Spielzeit? War sie schlecht? Vielleicht irgendwas dazwischen. Nicht unbedingt unbefriedigend, aber auch nicht wirklich zufriedenstellend.

Ob sie das irgendwann auch mal über meine Fußballkarriere sagen werden, fragt er sich. Viel Zeit zum Nachdenken aber hat er nicht. In gerade einmal eineinhalb Wochen startet sein nächstes Abenteuer in der U19. Dieses Abenteuer wird richtungsweisend für seine Zukunft sein. Es wird ihn vor große Herausforderungen und unlösbare Probleme stellen. Aber es wird auch dazu führen, dass aus zwei Konkurrenten um den Stammplatz Freunde fürs Leben werden.

NBA2K

Im Profifußball gibt es keine Freundschaften. Sagt man so, seit es Profifußball gibt. Das stimmt natürlich nicht.

Hobbyfußball dagegen ist quasi dafür gemacht, Freundschaften aufzubauen und ein Leben lang zu pflegen.

Und wie ist es mit angehenden Profifußballern? Alex und Marius sind schon eine Weile WG-Nachbarn und Mitschüler, als sich ihre Freundschaft langsam entfaltet. Als Marius ins Internat von Borussia Dortmund zieht, spielt er einen Jahrgang unter Alex. In diesem Alter macht das schon eine Menge aus. Dazu kommt, dass Alex wohnlich davon profitiert hat, dass Marius' Vorgänger – ein talentierter Torwart aus Norddeutschland – das Projekt BVB schon früh abbricht und ein leeres Zimmer hinterlässt. Vorteil Alex: Er hat jetzt den Luxus, hinter verschlossener Eingangstür wirklich allein zu sein.

Marius und ich, sagt Alex heute, gingen uns am Anfang eigentlich ziemlich auf den Sack. Als der Neuling ins Internat zieht, verkleinert er nicht nur das Zuhause von Alex, er stößt auch auf eine eingeschworene Gemeinschaft von Teenager-Jungs, zu der nur Zugang findet, wer viel Geduld und ein dickes Fell mitbringt.

Alex ist zunächst nicht gewillt, Marius diesen Zugang zu ermöglichen. Der 00er interessiert ihn gar nicht, und wenn er mit ihm Kontakt hat, dann geht es meist um Zeiten im Badezimmer und den üblichen Haushaltskram. Der Dresdener ist genervt von dem Typen mit den dunklen Haaren, der ihm viel ähnlicher ist, als er es zu diesem Zeitpunkt erkennen kann. Und tatsächlich hat es einen Grund, dass die beiden in eine WG gesteckt werden – die Empfehlung kam von Herbergsmama Conny, die Alex für den richtigen Zimmernachbarn für Marius hält.

Auch in der Schule nimmt der Ältere wenig Notiz vom Jüngeren, obwohl doch beide in einer Klasse sind. Das ändert sich erst, als sich Alex und ein Mitbewohner aus dem Internat dazu entscheiden, nach der Krone des Konsolensports zu greifen. Leidenschaftlich zocken die Jungs in der Lounge im zweiten Stock das Basketball-Videospiel *NBA2K*. In der Regel finden solche virtuellen Duelle in deutlich verkürzten Spielzeiten statt, doch warum nicht mal in Echtzeit gegeneinander antreten? Warum nicht gleich eine Best-of-Seven-Serie durchzocken? Und warum nicht gleich mit vier verschiedenen Spielern im guten alten Zwei-gegen-zwei?

Auch Marius verbringt gerne seine freie Zeit mit dem Controller in den Händen vor dem Beamer, und so werden er und ein anderer Mitspieler zu Gegenspielern für Alex und seinen Kollegen. Jeden Abend treffen sich die vier jungen Männer im zweiten Stock und duellieren sich in Echtzeit auf der Konsole. So ein Großprojekt vor dem Bildschirm schweißt zusammen, und als diese Serie einen Sieger gefunden hat, haben Alex und Marius das Fundament für eine echte Freundschaft gegossen.

Die beiden Supertalente rücken von nun an immer enger zusammen. Zwei Sportler mit einem großen Traum und vielen Hürden, die auf dem bisherigen Weg zu überspringen waren.

Plötzlich, erinnert sich Marius, gab es nichts mehr, was wir nicht zusammen gemacht haben. Unsere Freundschaft wurde von Tag zu Tag stärker. Das Wichtigste für mich war, dass ich endlich einen Gleichgesinnten hatte, mit dem ich über alles reden konnte.

Er ahnt damals nicht, wie sehr er diesen Freundschaftsdienst noch in Anspruch nehmen wird.

Freundschaft durch Nähe, nennt es Alex, der am 27. Januar 2017 volljährig wird und bald darauf nicht nur einen Führerschein, sondern auch ein Auto sein Eigen nennen kann. Regelmäßig nimmt er Marius mit in die Schule oder fährt mit ihm nach Feierabend in die Dortmunder Innenstadt.

Doch die intensivste Phase der Freundschaft, sagen beide, begann in der Saison 2017/18.

Jetzt, im Sommer 2017, spielen Marius von Cysewski und Alexander Schulte tatsächlich das erste Mal zusammen in einer Mannschaft. Alex war Marius bislang immer eine Saison voraus gewesen; nun, in seinem letzten U19-Jahr, trifft er auf den anderen, der gerade in seine erste U19-Spielzeit geht. Was die ganze Konstellation noch interessanter macht, ist die Tatsache, dass die beiden angehenden besten Freunde als direkte Konkurrenten in die Saison gehen werden. Sowohl Marius als auch Alex sind im Laufe der Jahre auf die Position des rechten Verteidigers gerückt und werden fast immer dort eingesetzt.

Das müsste eigentlich zum Problem werden, wird es aber nicht. In ihrem noch jungen Alter sind sie schon so reif, das Berufliche vom Privaten trennen zu können. Der Fußball bietet die seltsame Möglichkeit, sich 90 Minuten lang über den Haufen treten zu können und anschließend trotzdem Arm in Arm das Feld zu verlassen. Was auf dem Rasen passiert, bleibt auf dem Rasen. Und deshalb hatte Alex in den vergangenen Jahren auch nie ein Problem damit, dass er im Training regelmäßig in seinen Stammplatzrivalen Julian Schwermann krachte. Er war und ist trotzdem mit ihm befreundet.

Hinzu kommt, dass er zwar viel von den Fähigkeiten seines neuen Kumpels Marius hält, sich als älterer Jahrgang aber keine großen Gedanken macht, dass der andere ihm den Platz streitig machen könnte. Es ist sein Anspruch, in jedem Spiel auf dem Rasen zu stehen, ganz besonders in seinem letzten Jahr in der U19, das für die jungen Talente ja das entscheidende ist. Wer hier auf seine Einsatzzeiten kommt, wer sich in diesem letzten Jugendjahr beweisen kann, steht automatisch auf den Zetteln der Klubs zwischen dritter und Erster Liga, bekommt die Chance, bei den eigenen Profis mitzutrainieren, und sorgt dafür, dass der eigene Berater alle Hände voll zu tun hat.

Wenn man denn zum Einsatz kommt. Wenn man denn das Vertrauen seines Trainers genießt. Wenn einem der eigene Körper nicht einen Strich durch die Rechnung macht.

Für Marius geht die Spielzeit sehr früh in eine ganz falsche Richtung. Er ist sich der Herausforderung bewusst, aber zumindest hat er sich erhofft, überhaupt Chancen zu bekommen. In einem Testspiel gegen den Nachwuchs von Eintracht Frankfurt gleich zu Beginn der Sommervorbereitung kommt er 45 Minuten lang zum Einsatz, erwischt aber einen schlechten Tag und verschuldet das einzige Gegentor. Am Tag danach sitzt die Mannschaft zusammen, das Trainerteam präsentiert die Analyse der gestrigen Niederlage.

In diesem Moment, sagt Marius, begann die Saison für mich zu kippen.

Dabei hat sie doch noch gar nicht richtig begonnen.

Seit Juli 2017 ist der Niederländer Peter Bosz Cheftrainer bei den Profis. Der Mann mit der Glatze steht für ein radikales Offensivspiel, bei dem insbesondere die Außenverteidiger sehr hoch stehen und früh pressen. Ein sehr ansehnlicher, aber auch sehr riskanter Stil. U19-Trainer Hoffmann möchte, dass seine Mannschaft dieses System kopiert. Doch das braucht Zeit und Geduld. Aber Geduld scheint es hier nicht zu geben.

Marius, dem bei der Umsetzung dieser Taktik der entscheidende Fehler passierte, muss mitansehen, wie seine Coaches diesen Fauxpas vor versammelter Mannschaft gleich dreimal sezieren. Es war ein offensichtlicher Stellungsfehler, warum macht der Trainer die Sache so groß?

Marius von Cysewski, schreit Hoffmann nach Ansicht der Bilder in den Raum, solche Fehler dürfen dir nicht mehr passieren! Du bist nicht mehr in der U15!

Warum erwähnt er die U15, fragt sich Marius und ahnt schon, dass diese Saison kein gutes Ende für ihn nehmen wird.

Eine Woche später fährt der BVB zu einem Turnier nach Schwäbisch Hall. Im gesamten Turnier – das hochkarätig besetzt ist – darf sich Marius nur in einem Spiel gegen einen Bezirksligisten beweisen. Ein klares Zeichen seines Trainers, der nicht offen mit Marius oder den anderen Aussortierten kommuniziert. Und davon gibt es viele. Der Kader ist mit fast 30 Spielern völlig aufgebläht. Wenn nur 11 spielen dürfen, bekommen 19 andere nicht die Möglichkeit, sich zu beweisen, das Vertrauen der Trainer zu erlangen, ihren Berater glücklich zu machen.

Was Marius verzweifeln lässt, ist die Tatsache, dass sein Trainer ihm nicht sagen kann oder will, was eigentlich Phase ist. So was wie: Hey, Marius, du musst körperlich zulegen, musst dein Stellungsspiel in der Rückwärtsbewegung verbessern, im Training mehr den Mund aufmachen.

Fußball ist einfacher Sport, wenn man ihn nicht zu kompliziert macht. Ein paar klare Ansagen, vielleicht 15 Minuten unter vier Augen, damit könnte Marius arbeiten. Aber ohne Krisenkommunikation fühlt sich die Krise noch viel schlimmer an.

Wütend und enttäuscht kotzt er sich bei seinen Eltern und seinem Berater aus. Dann fährt er erst mal nach Mallorca. Wegen der kurzen Sommerpause haben die Spieler aus der U17 eine zusätzliche Woche Urlaub bekommen, mit zwei Mitspielern fliegt Marius auf die Insel. Mit im Gepäck: ein Trainingsplan aus der Heimat. Jeden Tag sollen die Kicker ihrem Trainer einen Runtastic-Screenshot schicken. Doch als es am ersten Tag glühend heiß ist, entscheiden sie sich dafür, die fälligen Kilometer auf dem Laufband im hoteleigenen Fitnessraum abzureißen. Nach der Einheit schicken sie die Screenshots vom Laufband-Display und erklären, warum sie drinnen trainiert haben.

Seine Mitspieler erhalten keine Antwort vom Trainer. Bei Marius leuchtet eine Nachricht auf dem Handy auf:

Willst du mich verarschen?

DER FOOTBONAUT

Alex ist vergleichsweise gut durch die Vorbereitung gekommen. Von Marius' Problemen weiß er natürlich, er ist ja live dabei. Doch so ein Konkurrenzkampf verläuft nicht ohne blauen Flecken, das weiß Alex aus erster Hand. Er konzentriert sich voll aufs Training, versucht, in den Testspielen aufzufallen und das neue System so schnell wie möglich zu verinnerlichen. Im ersten Spiel gegen den VfL Bochum steht er in der Startelf. Alles andere wäre auch schwer zu akzeptieren gewesen.

Zum Pechvogel des Tages wird Innenverteidiger Sören Lippert, der in der Nachspielzeit ein Handspiel im eigenen Strafraum produziert und dafür die zweite Gelbe Karte kassiert. Bochum gewinnt durch den fälligen Strafstoß mit 2 : 1 und sorgt dafür, dass beim Rivalen aus Dortmund die Alarmsirenen schrillen. Marius und Alex sitzen in der Kabine, als Jugendleiter Eddy Boekamp die Tür aufreißt und seinen Ärger über diesen verpatzten Saisonauftakt in den Raum brüllt. Komplett ausgerastet sei er, sagt Marius, der das erste Mal aus Leistungsgründen nicht für den Kader nominiert worden war. Dass der Ton hier so rau und scharf sein kann, wusste er bis zu diesem Erlebnis nicht.

Auch Alex ist überrascht von der Vehemenz der Kritik, und es macht seine Situation nicht einfacher, dass die Verantwortlichen der U19 offenbar selbst unter Erfolgsdruck stehen. Er arbeitet so versessen daran, auf dem Platz zu stehen, dass er gar nicht merkt, wie sehr ihm diese Verbissenheit die nötige Ruhe und Entspannung nimmt. Das hat Folgen, wie er im zweiten Saisonspiel gegen Paderborn erkennen muss. Bei einem Angriff der Paderborner schießt er sich den Ball selbst ins Gesicht, von seiner Nase prallt das Spielgerät ins Tor. Ein furchtbares Slapsticktor. Nach 63 Minuten wird er ausgewechselt, das Spiel endet 2 : 2.

Indirekt hat Alex damit auch seinem Kumpel Marius eins reingewürgt. Der versprochene freie Tag nach dem Paderborn-Spiel wird gestrichen, statt wie geplant endlich einmal wieder bei seinen Eltern zu übernachten, muss er mit der Mannschaft zurück nach Dortmund fahren.

Ein Footbonaut ist 20 mal 20 m weit und 5,5 m hoch. Im Inneren dieses Trainingsgeräts befindet sich ein 14 mal 14 m großes Kunstrasenfeld. Hohe Töne signalisieren dem Spieler, aus welcher Richtung ihm der Ball vom Footbonauten zugespielt wird, blinkende Quadrate zeigen an, wohin der Ball gepasst werden soll. Als der Footbonaut 2013 von Borussia Dortmund erworben wurde, staunten Konkurrenten und Öffentlichkeit nicht schlecht. Die *FAZ* zitierte den damaligen BVB-Fitnesstrainer Andreas Schlumberger mit den Worten: „Wir sehen hier klare Trainingseffekte. Für die Spieler ist die Anlage auch ein riesiger Motivations-Push."

Vier Jahre später gibt es den Footbonauten zwar immer noch, von einem Motivations-Push kann allerdings nicht die Rede sein. Jedenfalls nicht bei den aussortierten Spielern der U19, für die der Gang in die „Wundermaschine" (*FAZ*) zur Metapher für das eigene Scheitern geworden ist. Schlimm genug, dass am Spieltag nur 18 Kicker nominiert werden und fast eine komplette Fußballmannschaft zum Nichtstun verdonnert ist. Aber richtig bitter wird es für die, die es nicht mal in die Mannschaften für das Abschlussspiel im Training geschafft haben. 22 spielen Fußball, eine Handvoll marschiert in den Footbonauten. Zu ihnen gehört in dieser Hinrunde nicht selten auch Marius. Für ihn fühlen sich schon die 250 m zwischen Trainingsplatz und Footbonaut furchtbar an, die Zeit im „Käfig" bezeichnet er später als maximale Demütigung.

Die ersten Monate dieser Saison hat er als die schlimmsten seiner kompletten Sportkarriere abgespeichert. Auch weil er das Gefühl hat, dass es völlig egal ist, wie gut er trainiert oder wie groß seine Fortschritte sind: Für seinen Trainer scheint er nicht zu existieren. Es gibt keine Kommunikation im Training, keine danach und erst recht nicht am Spieltag. So schlecht wie in dieser Zeit ging es ihm als Spieler von Borussia Dortmund noch nie. An den Wochenenden entwickelt sich ein Ritual, auf das er am liebsten verzichten würde. Wenn der Kader bekannt gegeben wird und Marius mal wieder nicht dabei ist, ruft er seine Eltern an und sagt kurz und knapp: wie immer.

Und noch etwas haben sich die Verantwortlichen ausgedacht, um die Aussortierten zu beschäftigen. Während die Kollegen am Spieltag auf dem Platz stehen oder zumindest auf der Bank auf einen Einsatz hoffen, werden sie zu Steigerungsläufen mit dem Fitnesstrainer beordert. Da sprinten sie nun, laufen sich die Seele aus dem Leib, und mit jeder Woche wächst die Frustration.

Die Atmosphäre in dieser Hinrunde ist dauerhaft angespannt. Irgendwie vergiftet. Was natürlich – wie immer – mit den Ergebnissen zu tun hat. Zwar steht die U19 Ende Oktober nach Siegen gegen Schalke und Duisburg auf dem ersten

Tabellenplatz, doch dann hängt nach nur einem Punkt aus drei Spielen der Haussegen wieder schief. Eines Tages hören sogar die Eltern von Marius, mit welcher Intensität in der Kabine kommuniziert wird. Den Anschiss hinter verschlossenen Türen hören die von Cysewskis bis auf den Parkplatz.

Die Ereignisse rund um das Auswärtsspiel gegen Fortuna Düsseldorf sind wie eine Blaupause für die gesamte Hinrunde. Es ist das 13. Spiel in Folge für Marius, bei dem er nicht im Kader steht. Die Wochen und Monate ziehen sich zwischen Trainingseinheiten, Footbonaut-Demütigungen und Ausdauerläufen quälend lange dahin. Wenn er abends einschläft, träumt er nicht mehr von Jubelläufen vor der Gelben Wand, sondern fühlt Wut und Unverständnis im Herzen.

Alex hingegen hat sich in der Vorwoche voll in die Trainingseinheiten geschmissen, hat die kleinen und großen Wehwehchen seines Körpers ignoriert oder weggelaufen. Nur damit er gegen Düsseldorf mal wieder auf der Bank sitzt. Das letzte Spiel über 90 Minuten ist mehr als eineinhalb Monate her, dazwischen liegen Steigerungsläufe und immer wieder Zwangspausen für die geschundenen Gelenke und Muskeln. Als er nach 65 Minuten eingewechselt wird, ist das Spiel fast entschieden: Dortmund verliert am Ende mit 1 : 2 und steht in der Tabelle nun hinter Schalke, Bochum und Leverkusen auf Platz 4. Nur die ersten beiden qualifizieren sich für die Deutsche Meisterschaft. Und alles andere als das Erreichen der Endrunde wäre für die Verantwortlichen des BVB eine Blamage.

Wie gehen diese Verantwortlichen damit um, als die Stimmung in der Mannschaft nach der Niederlage gegen Düsseldorf einen neuen Tiefpunkt erreicht? Am Morgen nach dem Spiel, Sonntag um acht Uhr, sitzt der komplette Kader im Videoraum und bekommt sämtliche Einzelheiten der Pleite vom Tag zuvor noch einmal auf die Leinwand gebeamt.

Wir wussten alle, dass wir nicht gekommen waren, um gelobt zu werden, sagt Marius, aber diese Videoanalyse sollte einmalig bleiben.

Stundenlang sehen die Spieler wieder und wieder Fehlpässe, verpatzte Konter, Stellungsfehler oder misslungene Abschlüsse. Für Marius und Alex werden es die längsten 90 Fußballminuten ihres Lebens. Erst am Nachmittag werden die Spieler entlassen. Falls es überhaupt einen Lerneffekt gegeben haben mag, so ist er inzwischen längst verpufft.

Dann kommt der Tag, an dem die Situation eskaliert. Bei einem der Dauerläufe, die den Verantwortlichen als sinnvolle Konditionseinheit erscheinen, sich für die betroffenen Kicker aber wie eine Bestrafung anfühlen, beginnt ein Disput zwischen Spielern und Fitnesstrainer, der den Lebensweg für drei junge Männer für immer ändern wird. Mit erhöhter Herzfrequenz schreien die Dauerläufer ihren Frust heraus. Was diese Läufe überhaupt bringen sollen, wo der Trainer doch eh seine Lieblinge hat und nicht nach Leistung, sondern Sympathie aufstellt. Wozu sich bis über die Schmerzgrenze hinaus schinden, wenn das rein gar nichts an der Situation ändert, nicht gesehen oder beachtet zu werden?

Alex hält den Mund. Aber er kann seine Kollegen gut verstehen. Er fühlt, was sie sagen. Und vermutlich hätte nicht viel gefehlt, und er hätte selbst zu den Protestlern gehört.

Bald darauf verkündet Eddy Boekamp gemeinsam mit den Trainern, welche Konsequenzen die Wutreden haben werden. Die Bestrafung ist brutal: Alle drei Spieler sind mit sofortiger Wirkung suspendiert. Die jahrelange Arbeit in den Jugendmannschaften, die vielen Tage, Wochen und Monate, die diese Jungs auf dem Fußballplatz gestanden haben, all ihre Träume, Wünsche und Ziele sind mit einem Schlag nichtig geworden. Und was noch dazukommt: Einer der entlassenen Spieler steht kurz vor seinem Abitur. Jetzt hat man ihn vor eine bittere Konsequenz gestellt: Wenn er weiter Fußballprofi werden will, muss er sich so schnell wie möglich einen neuen Verein suchen. Wer in diesem Alter und in dieser Phase seiner Ausbildung nicht regelmäßig auf höchstem Niveau spielt und trainiert, ist schnell weg vom Fenster und verschwindet vom Radar. Nur: Wenn er jetzt den Verein und die Stadt verlässt, bricht er damit auch das letzte Schuljahr ab und verzichtet auf sein Abitur.

Fußball oder Schulabschluss? Wie würde Alex sich entscheiden? Als Boekamp in die Kabine rauschte, war er sich einen Moment lang sicher, dass es auch ihn treffen würde. Jetzt pustet er tief durch, empfindet aber Mitgefühl mit seinen Leidensgenossen. Diese Hinrunde war eine Qual, gerade für diejenigen, die in ihrer letzten U19-Saison vom Trainer übersehen wurden und deren Felle mit jedem Spieltag weiter weggeschwommen sind. Auch Alex zählt die theoretisch noch möglichen Einsatzzeiten zusammen, prüft die noch vorhandenen Möglichkeiten, sich bei den Klubs in den Bundesligen zu präsentieren. Und erhöht damit selbst den Druck, was sich auf seine Leistung auswirkt. Ein Teufelskreis, aus dem diese drei Spieler nun entfernt wurden.

Entfernen, gutes Stichwort. Denn nur einen Tag nach der Suspendierung der drei entscheidet sich Benjamin Hoffmann, einen Satz von Eddy Boekamp weiterzugeben. Der soll gesagt haben:

Jetzt ist der Krebs entfernt, jetzt müssen wir schauen, ob wir noch zur Chemo müssen.

Ungeachtet der Respektlosigkeit gegenüber echten Krebskranken, die sich in diesem Satz verbirgt, überschreitet der Vergleich natürlich alle Grenzen des guten Geschmackes. Und wie pädagogisch wertvoll er ist, möge jeder selbst entscheiden.

Die laut Marius schlimmste Hinrunde aller Zeiten endet in einem Desaster. Am Ende gibt es nur Verlierer. Die bestraften Spieler, denen eine aus Wut und Frust erwachsene Disziplinlosigkeit die Karriere beim BVB versaut hat. Die Verantwortlichen des Klubs, die sich vorwerfen lassen müssen, in ihrer Verantwortung für drei junge Menschen versagt zu haben. Und der Rest der Mannschaft, der sich ewig daran erinnern wird, dass man Mitspieler mit einem Krebsgeschwür verglichen hat.

Keiner von den Verantwortlichen konnte sich eingestehen, dass die miserable Kaderplanung schuld an der Misere war, sagt Marius.

Die haben doch Menschen in ihre Obhut genommen, sagt Alex. Und keine Maschinen.

Einmal mehr ist den jungen Fußballern deutlich gemacht worden, was am Ende zählt in der Branche: Erfolg. Erfolg durch Leistung. Wer diese Leistung abrufen kann, kommt auch damit durch, dass er in der Berufsschule regelmäßig Scheiße baut oder seine Leistungskurse schwänzt. Wem das nicht gelingt, der wird aussortiert wie ein kaputter Hinterreifen in einer Fahrradwerkstatt. Und riskiert zu allem Überfluss auch noch seine berufliche Zukunft. Circa 95 Prozent aller Fußballer in den Nachwuchsinternaten, schätzt Alex, schaffen es am Ende nicht zu den Profis. Umso wichtiger, findet er, dass die Klubs dann zumindest dafür sorgen, dass diese 95 Prozent eine gute Schulbildung und einen bestmöglichen Abschluss erhalten.

Wenn man mit Profifußballern so umgeht wie mit den drei Suspendierten, sagen sowohl Alex als auch Marius, dann ist das eine Sache. Aber mit jungen Spielern, die vielleicht gerade einmal volljährig sind?

Aber es gibt auch Positives in dieser ansonsten so enttäuschenden Hinrunde. Marius wird zu einem U18-Sichtungsturnier der Westfalenauswahl eingeladen, steht in jeder Turnierminute auf dem Platz und kann sein lädiertes Selbstvertrauen etwas aufpäppeln. Und Alex darf nach den Auftritten im Vorjahr gegen Sporting Lissabon und Legia Warschau noch ein paar Spielminuten in der UEFA Youth League sammeln. Die, die für die Spiele nominiert sind, dürfen gemeinsam mit der ersten Mannschaft zu den Spielorten in Europa fliegen, gegen den Nachwuchs der Topteams antreten, das Match der Profis besuchen und gemeinsam mit den Stars die Heimreise antreten. Im letzten Spiel der Gruppe H trifft der BVB auf Real Madrid, die U19 wird vom dreifachen Champions-League-Sieger Guti trainiert. Alex steht als Linksverteidiger 90 Minuten auf dem Platz. Es wird sein erstes und sein letztes Pflichtspiel gegen Real Madrid bleiben. Die Königlichen gewinnen mit 2 : 1, Dortmund ist ausgeschieden.

Marius hat in der gesamten Hinrunde lediglich noch in zwei Testspielen auf dem Platz gestanden. Beim 2:1-Sieg gegen Hannover 96 hat er eine Torvorlage gegeben und auch sonst einen guten Eindruck hinterlassen. Dachte er jedenfalls. Bei der Analyse konzentriert sich sein Trainer lieber auf einen minimalen Stellungsfehler. Botschaft erhalten.

Zeit für ein Gespräch unter Männern. Sein Vater und sein Berater treffen sich mit Eddy Boekamp, Lars Ricken und Benjamin Hoffmann, um über die Zukunft von Marius zu sprechen.

Plant ihr überhaupt noch mit Marius, fragt sein Berater die BVB-Entscheider.

Natürlich, auf jeden Fall.

Aber so wie es läuft, ist es doch kein Zustand. Keine einzige Pflichtspielminute, nur ein paar Testspieleinsätze.

Stimmt schon, sagt Hoffmann, er müsste sich mal im Spiel gegen die erste Elf beweisen.

Marius muss an den Footbonauten denken. Das Treffen endet ergebnislos.

Zu allem Übel muss er kurz vor dem Jahreswechsel verletzungsbedingt drei Wochen pausieren. Das Schambein. Möge dieses Jahr doch bitte endlich enden!

WIE VIEL VOM TRAUM DER JAHRTAUSENDFUSSBALLER NOCH ÜBRIG IST

Am ersten Tag des neuen Jahres, den Alex und Marius wieder im Internat verbringen, kommt es zu einem denkwürdigen Erlebnis. Alex liegt in seinem Bett, Marius steht an den Türrahmen gelehnt. Sie sprechen über Weihnachten, Silvester, die Winterpause, vor allem aber über die morgen beginnende Wintervorbereitung und ihre Chancen in der Rückrunde.

Dass sie nicht direkt nach der U19 zu den Profis von Borussia Dortmund aufsteigen, ist den beiden seit Langem klar. Die intensive Hinrunde hat ihnen gezeigt, dass auch ein Platz bei einem der anderen 35 Erst- und Zweitligisten nur mit sehr viel Glück und Einsatzzeit zu ergattern ist. Ihre Ausbildung geht auf die Zielgerade, sowohl auf dem Platz als auch in der Schule. Time to say goodbye. Nur weiß keiner von ihnen, wo die Reise genau hingehen wird. Marius' Vertrag läuft bis Sommer 2018, er hat schon daran gedacht, sich mit dem Abi in der Tasche einen anderen Klub für das letzte U19-Jahr zu suchen. Doch Dortmund ist Dortmund, in den vergangenen fünf Jahren ist der BVB zweimal U17- und zweimal U19-Meister geworden, ist Stammgast in der UEFA Youth League und trägt einen international prominenten Namen, den die Konkurrenz aus Bremen, Bochum oder Stuttgart nicht vorweisen kann. Alex wiederum hat einen Vertrag bis Sommer 2019, er wird aller Voraussicht nach in die U23 gehen, um sich dort so gut wie möglich zu schlagen.

Es ist noch gar nicht so lange her, da waren sie beide in Ehrfurcht erstarrte Milchgesichter, die allein für die schicken Trainingsanzüge und neue Schuhe zu Fuß nach Dortmund gelaufen wären. Sie haben Titel gewonnen, vor vielen Tausend Menschen gespielt, waren Nationalspieler, haben mit Lothar Matthäus und Diego Maradona geschnackt und davon geträumt, es eines Tages auf die ganz große Bühne zu schaffen. Wie viel ist von diesem Traum unserer Jahrtausendfußballer noch übrig?

Die Stimmung ist seltsam in diesen Minuten, da Marius am Türrahmen lehnt und Alex auf dem Bett liegt. Irgendwie sentimental, auf jeden Fall sehr emotional. Dankbarkeit, das ist es, was sie beide in diesem Moment fühlen. Dankbarkeit für diese besondere Freundschaft, die spät begonnen hat, aber in kurzer Zeit sehr intensiv geworden ist. Wenn sie nicht gerade in der Schule sitzen oder auf dem Fußballplatz stehen, verbringen die früh gereiften Teenager jede freie Minute miteinander. Alex ist da für Marius, und Marius ist da für Alex. Der Konkurrenzsituation zum Trotz. Und Loyalität ist im Leistungssport ein hohes Gut, gerade dann, wenn man in einem Fußballerinternat mit 22 Individualisten wohnt, von denen jeder weiß, dass man es nur dann zu den Profis schaffen kann, wenn die Mitbewohner oder Mitschüler es nicht schaffen.

In diesem Moment wurde mir klar, sagt Marius, dass ich einen Freund fürs Leben gefunden hatte.

Gerade ihm, der in den vergangenen Wochen besonders leiden musste, hilft diese Beziehung, dass ihn die vielen Rück- und Nackenschläge nicht aus der Bahn werfen. Und für Alex wird Marius bald eine entscheidende Rolle spielen. Auch er genießt die Vertrautheit des Gespräches. Im Laufe der Jahre hat sich die Internats-WG zu einem Ort entwickelt, der sich wie ein Zuhause anfühlt.

Ein paar Wochen später kommt es in der WG zu einem weiteren sehr besonderen Abend. Marius will nach einem harten Trainingstag gerade ins Bett gehen, da setzt sich Alex mit seinem Laptop auf dem Schoß vor Marius' Tür auf den Boden. Er will Musik hören und alte Familienfotos durchforsten. Während Alex mit seinen Eltern virtuell in den Urlaub fährt und Geburtstage feiert, schläft sein Freund zu den Klängen seiner Musik friedlich ein.

CHANCEN? TOD.

Am 4. Februar 2018 beginnt mit einem Heimspiel gegen Bielefeld die Rückrunde. Neues Jahr, neues Glück? Marius hat seine Verletzung gut auskuriert und ist mit einer Jetzt-erst-recht-Haltung in die Wintervorbereitung gegangen, die tatsächlich Früchte trägt. Cisse, sagt Trainer Hoffmann in der Woche vor dem Bielefeld-Match, du spielst von Anfang an.

Wie jetzt? 15 Spiele nicht im Kader und dann direkt in die Startelf? Die Freude über diese Gelegenheit, endlich wieder Pflichtspielminuten zu absolvieren, wird nur ein wenig von der Sorge um Alex getrübt. Der hat sich, mal wieder pünktlich zum Winter, eine Verletzung zugezogen. Was besonders ärgerlich ist, weil er die letzten drei Spiele der Hinrunde als Stammspieler bestritten hatte und mit voller Energie in die zweite Saisonhälfte starten wollte. Doch in einem Freundschaftsspiel ist er mit dem linken Knöchel umgeknickt, hat den Schmerz wegtapen wollen und knickte dann erneut um. Diagnose: Knochenprellung, ein Monat Zwangspause. Um die Reha zu beschleunigen, nimmt er die modernsten Geräte der Profis in Anspruch.

Alex ist also nur Zuschauer, als Marius ein beeindruckendes Bundesligadebüt in der U19 hinlegt. Zwei der drei Dortmunder Treffer beim 3:2-Sieg gegen Bielefeld bereitet er vor, was ihm ein Sonderlob seiner Trainer einbringt. Doch nur eine Woche später, gegen Oberhausen, sitzt er auf der Bank. Systemänderung. Die Info darüber erhält er zwischen Tür und Angel, was es ihm erschwert, die Situation zu verarbeiten. Welche Sicherheiten kann er überhaupt noch erwarten, wenn das Vertrauen so wackelig ist wie ein Jenga-Turm kurz vor dem Einsturz? Dann, im nächsten Match gegen Fortuna Köln, steht er auf einmal wieder in der Startelf. Endergebnis: 4 : 0, Marius hat erneut seine Leistung voll abrufen können. Da ist sie, die große Chance, sich jetzt endlich oben festzuspielen. Sich auf die Zettel der Scouts von anderen Klubs zu kicken, vielleicht die eigene Chefetage auf sich aufmerksam zu machen …

Doch die nächsten drei Partien steht Marius nicht mal im Kader. Im Nachhinein urteilt er über diese Zeit: Ich konnte die ganze Saison nicht wirklich verstehen. Bei jedem Fehlpass hatte ich Angst, auf der Tribüne zu landen.

Kaum ist Marius wieder draußen, kehrt Alex auf den Platz zurück, der, wie er denkt, sein Stammplatz ist. Doch er wird in dieser Rückrunde nur ein einziges Spiel über die vollen 90 Minuten bestreiten. Tatsächlich werden er und Marius nicht ein einziges Mal zusammen auf dem Rasen stehen.

Was nicht nur an den Trainern lag, sagt Alex Jahre später. Den Druck, in seiner zweiten U19-Saison bestmöglich zu performen, hat er sich selbst gemacht. Druck, der ihn letztlich hemmt, seine volle Leistung abzurufen. Und es ist sein Körper, der der hohen Belastung auf Dauer nachgibt. Kaum ist er zurück in der Mannschaft, blockt er im Training eine Flanke mit der linken Fußspitze ab. Erneut knickt der Knöchel um, doch diesmal ist der Schmerz viel intensiver. Schreiend bleibt er am Boden liegen, irgendetwas ist ganz und gar nicht in Ordnung.

Schon wieder Reha, schon wieder Zwangspause. Und mit jedem verpassten Spieltag sinken die Chancen, dass sich ein interessierter Erst-, Zweit- oder Drittligist bei ihm meldet. Kaum steht er wieder auf dem Platz, schmerzt der Knöchel erneut. Diesmal scheint das Sprunggelenk verklemmt zu sein, die Schmerzen sind furchtbar, aber die Sorge ist fast noch größer.

Ihr könnt mich für einen Idioten halten, sagt er kurz darauf zu den Physiotherapeuten. Aber jetzt geht es wieder.

Irgendwas scheint da trotzdem nicht in Ordnung zu sein, Alex lässt das Gelenk von einem Spezialisten in Köln untersuchen. Offenbar ist der Knorpel beschädigt, ein freies Gelenkkörperchen kann jederzeit das komplette Gelenk verhaken. Knorpelschaden, für jeden Sportler eine Horrordiagnose. Für den Anfang bekommt er ein paar Übungen gezeigt, um die Gelenkstarre zu lösen, falls es wieder passiert.

Natürlich sollte ein Fußballer mit so einem Befund nicht kurz danach schon wieder auf dem Platz stehen, doch es sind jetzt nur noch zwei Spieltage zu absolvieren, und Alex wirft sich mit der Blindheit des Verzweifelten in das Match gegen Preußen Münster.

Nur durch ein kleines Wunder schafft es der BVB in die Endrunde der Meisterschaft. Am letzten Spieltag hat der VfL Bochum eigentlich alle Trümpfe in der Hand, auswärts gegen Paderborn reicht ein letzter Sieg für Platz 2, doch die Jungs aus Bochum kommen über ein 1 : 1 nicht hinaus. Es wirkt auf Marius wie ein mieser Streich des Schicksals, dass ausgerechnet er die frohe Kunde aus Paderborn überbringen darf – seine Eltern sind vor Ort gewesen. Jubel bei seinen Trainern und Kollegen, Wut und Unverständnis bei ihm. Vor knapp einem Monat haben sie ihm beim BVB einen neuen Vertrag für das zweite Jahr in der U19 vorgelegt, zu verbesserten Konditionen. Schon erstaunlich, dass er während der Vertragsverhandlungen beim wegweisenden Spiel gegen Leverkusen eingesetzt wurde. Kaum ist die Tinte trocken, spielt er schon wieder keine Rolle mehr.

Warum ich verlängert habe, fragt er sich heute. Wahrscheinlich aus Mangel an Alternativen und in der Hoffnung, dass die nächste Saison besser werden würde.

Weiter, immer weiter! Zu Ende ist erst, wenn der Schiri pfeift! Kämpfen bis zum Umfallen! Die Mantras eines angehenden Fußballprofis sind so fest verankert, dass jeder kleine Lichtblick sofort Hoffnung macht. Darauf, dass doch noch alles gut wird.

Die Saison 2017/18 geht mit den verlorenen Halbfinalspielen gegen Hertha BSC zu Ende. Weder Alex noch Marius haben gegen die Hertha auch nur eine Minute auf dem Platz gestanden. Bei einem letzten Teammeeting überreicht Trainer Benjamin Hoffmann jedem Spieler aus dem älteren Jahrgang ein Geschenk: jene Porträtbilder, die im Internat an den Eingängen der Wohngemeinschaften hingen, von den Fußballern „Knastfotos" genannt. Dazu ein paar warme Worte für die Zukunft. Als Alex sein Bild bekommt, sagt Hoffmann:

Lass doch noch mal deinen Fuß checken.

Damit enden fünf Jahre Jugendfußball bei Borussia Dortmund. Ohne sich zu verabschieden, steht Alex auf und verlässt den Raum.

CISSE, NIMMS NICHT SO SCHWER!

Den Kopf freikriegen, nennen sie es. Während die Mitschüler wochenlang voller Anspannung für die anstehenden Abiturprüfungen büffeln, versammeln sich die Fußballer vor der Glotze und zocken stundenlang an der Konsole. Für Marius ist diese Form der Vorbereitung nicht ungewöhnlich, er hat in den vergangenen Jahren für keine einzige Klausur gelernt. Heute sagt er über diese Zeit: Wer als Nachwuchsspieler vom BVB sein Abi machen wollte, der hat es auch durch die Prüfungen geschafft. So wie er.

Druck spüren er und Alex nicht. Druck kennen sie nur vom Fußball. Das Abi macht ihnen keine Angst. Beide bestehen ohne Probleme.

Kurz darauf erhält Marius auch seinen Führerschein, und die persönliche Freiheit wird wieder ein Stückchen größer. Auch er verlässt das Internat, er zieht es vor, gemeinsam mit einem Kollegen bei einer Gastfamilie im Dortmunder Kreuzviertel unterzukommen. Mit Alma und Ekki ist er heute noch befreundet.

Er weiß es noch nicht, aber jeder dieser Schritte emanzipiert ihn von der vorgefertigten Zukunft als Berufsfußballer.

Doch noch ordnet er alles dem Fußball und seinem großen Traum unter. Dieser Traum hat in den vergangenen Jahren immer mehr einen monetären Anstrich bekommen. Schön und gut, regelmäßig vor 30 000 Menschen Fußball zu spielen, Kindern Autogrammkarten und hübschen Frauen die eigene Nummer zuzustecken. Aber wenn er die kommenden 10 bis 15 Jahre seinen Körper der Extrembelastung Leistungssport aussetzt, dann soll sich das am Ende auch bezahlt machen. Wie Alex will auch Marius mit dem Fußball so viel verdienen, dass damit erstens dem ramponierten Körper Genüge getan wird und zweitens für den Rest des Lebens ausreichend Geld vorhanden ist.

Das zweite und letzte Jahr in der U19 beginnt mit einer Reise in die Vereinigten Staaten. Dortmunds Nachwuchs darf sich in Los Angeles auf die anstrengende Saison vorbereiten. Bei einem hochkarätig besetzten Turnier wächst die neue Mannschaft von Benjamin Hoffmann sportlich zusammen, bei Ausflügen zu den Warner Bros. Studios oder an den Strand menschlich. Es herrscht ein besonderer Spirit in dieser hochtalentierten Mannschaft, Marius spürt das schnell, und es fühlt sich verdammt gut an. Zumal Hoffmann ihm in dieser Spielzeit mehr zu vertrauen scheint. In den Vorbereitungsspielen und zum Start in die Saison ist er auf der rechten Abwehrseite gesetzt.

Wie talentiert und gierig diese Mannschaft ist, zeigt sich in den ersten Wochen und Monaten. Von den ersten zehn Partien gewinnt der BVB neun, steht mit 27 Punkten und einem Torverhältnis von plus 25 an der Tabellenspitze. Marius steht bei allen zehn Partien von Beginn an auf dem Platz. Auch in der Youth League ist er gesetzt, und im DFB-Pokal schenkt ihm sein Trainer gar einen Vertrauensbeweis, mit dem er schon gar nicht mehr gerechnet hat. Als es nach 69 Minuten im

Erstrundenmatch gegen Tennis Borussia Berlin immer noch 0 : 0 steht, schickt Hoffmann ihn aufs Feld, um die Wende zu bringen. Dortmund gewinnt mit 1 : 0, Marius neues Selbstvertrauen.

Es ist die vielleicht erfolgreichste Zeit seiner Karriere. Von 14 Spielen in der Hinrunde verpasst er nur 2 wegen seiner aufflackernden Schambeinbeschwerden. Nichts Wildes. Gehört halt dazu, dass der Körper ab und an eine Pause braucht. Ansonsten kann sich Marius in dieser Phase seiner Laufbahn auf seinen Körper verlassen. Der trägt ihn zuverlässig durch diese Halbserie, und es ist so ein befriedigendes Gefühl, dass sich nun, auf der Zielgerade der Ausbildung, doch noch alles zum Besten gewendet hat. Vergessen sind die merkwürdigen Entscheidungen des Trainers. Verziehen die unnötigen Bemerkungen, die Nichtbeachtung, die fehlende Kommunikation, wenn es mal nicht so gut lief. Benjamin Hoffmann ist fachlich ein sehr guter Trainer, und wer zu seiner ersten Elf gehört, der wird von ihm auch wahrgenommen. Sorry für all die Jungs, die in diesen Monaten das erleben, was Marius in der Vorsaison durchmachen musste. Aber so ist nun mal das Geschäft. Und ja, diese Phrase lässt sich viel einfacher sagen, wenn man zu den Gewinnern dieses Geschäftes gehört. No time for losers.

Mit jedem A-Jugend-Bundesligaspiel mehr auf dem Konto, mit jeder neuen europäischen Erfahrung in Brügge, Monaco oder Madrid wächst bei Marius die Zuversicht, am Ende seiner Ausbildung tatsächlich den Meister zu machen und einen guten Verein in der zweiten oder dritten Liga zu finden. Ein solider Klub mit gutem Gespür für junge Spieler. Perfekt, um die nächsten Schritte zu machen. Um dann vielleicht zu wechseln. Vielleicht in die Bundesliga. Was spricht im Herbst 2018 dagegen, dass Marius am Ende dieser besonderen Geschichte doch noch jubelnd auf die Gelbe Wand zuläuft und die Liebe der Zehntausenden einsammelt?

Eigentlich nichts, denn die Dortmunder U19 ist in diesem Jahr so stark wie seit Jahren nicht und in dieser Form heißer Kandidat auf den Titel. Verlässlich wie ein Schweizer Uhrwerk auf der rechten Seite in dieser Eleven: Marius von Cysewski, geboren als Jahrtausendfußballer, 1,70 m groß und bereit für den ganz großen Schritt in den Seniorenbereich.

In der Rückrunde macht er da weiter, wo er im Dezember aufgehört hat. Das Schambein hält, die Vorbereitung lief gut, und bereits im zweiten Spiel gegen Preußen Münster ist es vor allem Marius zu verdanken, dass der BVB in Unterzahl ein 1 : 0 über die Zeit rettet.

Das Momentum, sagt er, war auf meiner Seite.

Am 17. Spieltag kommt es zum ewigen Duell zwischen Königsblau und Schwarzgelb. Derby in Dortmund, 1000 Zuschauer, zehnmal so viel wie sonst. Ausgerechnet ein Spiel gegen Schalke 04 wird zum erneuten Wendepunkt in Marius' Karriere. 45 Minuten lang spielt seine Mannschaft, spielt auch er grottenschlecht. Noch ein letzter Eckball für die Dortmunder. Abgewehrt, noch ein Zweikampf zwischen Blau und Gelb. Mit voller Wucht rammt ihn sein Gegenspieler in den Oberkörper, Marius bleibt vor Schmerz die Luft weg. Mühsam schleppt er sich in die Kabine und lässt sich behandeln. Die Schmerzen sind immer noch atemraubend.

Kannst du weitermachen, fragt sein Trainer.

Ja, lügt Marius.

Aber an Fußball ist heute nicht mehr zu denken. Diagnose: Rippenprellung. Immerhin, nicht gebrochen, sagt sich Marius. In zwei Wochen wird er bestimmt wieder einsatzbereit sein.

Ist er auch. Aber ausgerechnet gegen den SC Paderborn sitzt er 90 Minuten lang nur auf der Bank. Genauso wie eine Woche später gegen den VfL Bochum. Das kann nicht sein, denkt Marius. Wie ist das möglich? Bis zum Spiel gegen Schalke war er bei Hoffmann gesetzt, war eine feste Größe in einer funktionierenden Mannschaft. Ist es da nicht nur logisch, dass diese feste Größe wieder eingebaut wird, sobald sie ihre Verletzung auskuriert hat? Oder gibt es einen anderen Grund dafür, dass er auf einmal keine Beachtung mehr findet?

So viele Fragen. Und nicht eine vernünftige Antwort. Erneut zieht es der Trainer vor, seinen Spieler wortlos auszumustern, als wäre er eine aus Holz geschnitzte Schachfigur, der es nichts ausmacht, nicht auf dem Feld zu stehen. Warum gibt es keine Erklärung, keine Analyse, keine Empathie für den 19-jährigen Fußballer, der sich noch bis eben Hoffnung auf einen Anschlussvertrag in der dritten oder zweiten Liga machen durfte und jetzt nicht mehr dafür ausgesucht werden kann, weil er von der Bildfläche verschwunden ist?

Ich sah zu, wie mein Traum vor meinen Augen den Bach runterging, sagt Marius.

Das dicke Ende aber kommt erst noch, und zwar nach einem demütigenden Acht-Minuten-Einsatz gegen den Tabellenletzten aus Rödinghausen am Vorabend des Spitzenspiels beim 1. FC Köln. Gegen den amtierenden Tabellenführer wird sich zeigen, wer am Ende die Bundesliga West bei der Deutschen Meisterschaft vertreten darf. Als Hoffmann die Namen für den Kader bekannt gibt, fehlt Marius. Im wichtigsten Spiel der Saison steht er, der annahm, einer der wichtigsten Spieler der Saison zu sein, nicht mal im Kader. Nicht, weil er schlecht trainiert hat, nicht, weil er beim Kiffen erwischt wurde, nicht, weil er nicht gut genug ist, sondern einfach, weil es so entschieden wurde.

Als sein Trainer den letzten Namen vorliest und Marius begreift, dass er gegen Köln nicht dabei sein wird, wird ihm übel.

Die Erkenntnis trifft ihn wie ein Schlag in die Magengrube: Das ist das Ende. Das Ende seiner Träume, das Ende seiner Karriere. Er wird keinen Vertrag in der dritten oder zweiten Liga bekommen. Er wird aller Voraussicht nach nie ein Spiel in der Bundesliga bestreiten. Er wird nie vor der Gelben Wand jubeln. Es ist vorbei.

Für ewig eingebrannt hat sich bei ihm der Moment, in dem das Teammeeting endet und die Spieler die Kabine verlassen. An der Tür steht Benjamin Hoffmann und reicht jedem die Hand. Marius schaut ihn an, Hoffmann schaut zurück.

Cisse, sagt er, nimms nicht so schwer.

Willst du mich verarschen, denkt Cisse. Selten war er so abgefuckt von diesem Verein, diesem Trainer, diesem ganzen Zirkus wie in diesem Moment. Warum hat der Coach nicht wenigstens den Mund gehalten?

Die Spieler, die jetzt siegeshungrig in den Mannschaftsbus steigen, der sie nach Köln fahren wird, werden es am Ende über die Halbfinalspiele gegen den FC Schalke bis ins Endspiel gegen den VfB Stuttgart schaffen und dort nach einem spektakulären 5 : 3 die Deutsche Meisterschaft feiern. Offiziell gehört auch Marius zu den Gewinnern. Inoffiziell ist seine Saison zu Ende, als er sich in sein Auto setzt und statt nach Köln nach Paderborn fährt. Dort, wo alles angefangen hat, wo eine Liebe zum Fußball erwachsen ist, die am 5. April 2019 ihre härteste Bewährungsprobe zu bestehen hat.

Noch ein allerletztes Mal rafft er sich auf und versucht, in den letzten Wochen dieser Saison, in den letzten Wochen seiner Zeit beim BVB, gute Miene zum bösen Spiel zu machen. Sich in den Dienst der Mannschaft zu stellen. Seinen Zimmernachbarn und Kapitän moralisch zu unterstützen und auf die entscheidenden Spiele einzuschwören, obwohl er längst keine emotionale Bindung mehr zu dieser Saison spürt.

Als wenn man in den Urlaub fährt, obwohl man gar nicht in den Urlaub fahren will. Alle freuen sich und sind ganz aufgeregt, nur man selbst wäre am liebsten woanders.

Marius war schon lange klar, dass der Fußball auch im Jugendbereich ein knallhartes Business ist und am Ende nur der Erfolg zählt, allen Ausbildungszielen zum Trotz. Und dass es bei so einer Zielsetzung nur folgerichtig ist, dass Spieler und ihre Träume auf der Strecke bleiben. Der Weg nach oben ist steinig und schwer. Aber runter geht es wahnsinnig schnell. Doch in dieser Härte und Brutalität hätte Marius das nie für möglich gehalten.

Inmitten des Jubels um den Gewinn der Deutschen A-Jugend-Meisterschaft 2019 steht ein trauriger junger Mann und hat keine Ahnung, wie es jetzt für ihn weitergehen soll. Das erste Mal in seinem Leben hat Marius von Cysewski das Gefühl, dass er der Situation nicht gewachsen ist.

ALEX IN AUSTRALIEN

Knapp ein Jahr zuvor startet Alex mit der U23 in die Vorbereitung zur neuen Saison. Er ist einer von insgesamt neun Spielern der U19, die zur Mannschaft stoßen. Ein Umstand, der die Verantwortlichen der U23 offenbar kalt erwischt hat. Niemand scheint damit gerechnet zu haben, dass so viele Jungs aus der U19 aufsteigen. Am Ende sind es 28 Spieler, die in die Vorbereitung starten, und Alex fragt sich mal wieder, wie es möglich sein kann, dass bei einem so professionellen Verein so unprofessionell gearbeitet wird. Dieser aufgeblähte Kader wird zwangsläufig zu Problemen führen.

An sich ist die U23 eine gute Idee. Ursprünglich sollte sie ein Bindeglied zwischen U19 und erster Mannschaft sein, eine Art Vorschule für den Profifußball. Problematisch wird es nur, wenn es bei der Zielvorgabe um den sportlichen Erfolg geht und nicht darum, wie viele Spieler man durch diese Vorschule geschickt hat. Die U23 vom BVB hat einen klaren Auftrag erhalten: Aufstieg in die dritte Liga.

Für Alex spielt das zunächst keine große Rolle. Er ist froh über den Tapetenwechsel. Neue Mannschaft, neuer Trainer, neue Leitung, neue Bude. Er hat sich eine Wohnung besorgt, die zum wechselhaften Leben eines zukünftigen Profisportlers passt: Sie ist jeden Monat kündbar. Alex will sich neu beweisen, will verhindern, dass man ihn wieder in die alten Schubladen steckt, will es über den Umweg U23 nach ganz oben schaffen. Wo auch immer das sein mag.

Im Juni holt er sich sein Abiturzeugnis ab und fährt auf direktem Wege nach Kitzbühel. Trainingslager statt Abiparty. Er kommt gut durch die Wochen, auch wenn sich sein kaputtes Gelenk immer mal wieder meldet. Der Knorpelschaden lässt nur zwei Optionen zu: weiterspielen, solange es geht, oder operieren und acht Monate Ausfallzeit in Kauf nehmen. Acht Monate? Er ist geradezu erleichtert, als ihm ein Spezialist von der OP abrät. Alex zieht durch, er ist bereit, All-in zu gehen. Er ist sogar bereit, sich entgegen seiner Natur unterzuordnen und den Platz auf der Bank als Sprungbrett zu sehen, nicht als Bestrafung.

Dann verliert die U23 ihr letztes Testspiel deutlich gegen eine Mannschaft aus England. Trainer Siewert ist stinksauer, kündigt Einzelgespräche und ein Straftraining an. Am nächsten Tag müssen die Fußballer so lange laufen, bis sich einige von ihnen übergeben, anschließend wird eine Handvoll Kicker zu den Trainern ins Büro beordert. Einer dieser Kicker ist Alex. Als er an der Reihe ist, erklären ihm seine Trainer, dass sie keine Perspektive mehr für ihn sehen. Als heiß gehandeltes Talent kam er einst zum BVB, jetzt wird ihm der direkte Weg zur Tür gezeigt. Da hilft es auch nichts, dass Alex verspricht, sich den erfahrenen Spielern unterzuordnen und noch härter an sich zu arbeiten, seine Coaches glauben nicht daran, dass er gut genug ist für ihre Mannschaft.

Das war es. In Minuten zerfließt sein Traum wie Wasser zwischen den Händen.

Jetzt muss er sich also einen neuen Arbeitgeber suchen. Das wird schwer. Die Kaderplanungen der Vereine sind längst abgeschlossen. Ein paar freie Türchen, mehr wird es nicht geben. Warum zum Teufel hat man ihn nicht gleich zu Beginn der Vorbereitung freigestellt, damit er noch genügend Zeit hat, sich einen neuen Klub zu suchen? Warum macht sich ein Verein wie Borussia Dortmund die Mühe, viel Kraft und Geld in einen jungen Fußballer zu investieren, um ihn am Ende mir nichts, dir nichts vor die Tür zu setzen?

Unprofessionell nennt Alex das, ein Vorwurf, den sich ein so hochprofessioneller Verein eigentlich nicht machen lassen dürfte. Das Problem ist, dass auch die U-Mannschaften unter dem Druck stehen, Titel zu gewinnen oder aufzusteigen. Ja, im Profisport geht es ums Gewinnen. Aber wie sollen sich die Verantwortlichen von Nachwuchsmannschaften darauf konzentrieren, junge Fußballer und Menschen bestmöglich zu begleiten, wenn es am Ende nur um den Saisonerfolg geht? Schon seltsam: Jeder Verein schmückt sich gerne mit den Talenten, die man in den frühesten U-Mannschaften gefördert hatte. Und trotzdem arbeitet das System eigentlich gegen sich selbst, wenn es von der U14 bis zur U23 nur darum geht, Spiele und Spielzeiten zu gewinnen. Ein Ansatz, der sich leider auch in den Breitensport überträgt und dafür sorgt, dass schon bei der U7 die Trainer am Seitenrand Tobsuchtsanfälle bekommen, wenn Lino oder Emma nicht das Tor treffen. Unsere Protagonisten sind sich einig, dass eine optimale Förderung nur dann möglich ist, wenn man sich erstens mehr um den Menschen hinter dem Supertalent kümmert und zweitens Erfolg im Nachwuchsbereich nicht über Pokale und Titelprämien definiert.

So viele Gedanken um das Wohl und Weh des deutschen Fußballes macht sich Alex in diesen Tagen natürlich nicht. Er versucht, Frust und Ärger auszublenden und realistisch über seine Zukunft nachzudenken. Dem Rauswurf zum Trotz ist er noch immer selbstbewusst genug, was seine fußballerischen

Fähigkeiten angeht. Er war Nationalspieler, war Führungsspieler, hat eine besondere Gabe und eine besondere Ausbildung genossen. Er wird schon irgendwo unterkommen. Die Frage ist nur: wo? Und: Will er das überhaupt?

Als seine Berater informiert sind und versprochen haben, den Markt zu sondieren, denkt Alex gründlich nach. Über das, was zuletzt passiert ist, vor allem aber darüber, wo er steht und was er jetzt machen wird. Er hat verschiedene Möglichkeiten. Wenn er weiterhin vom Fußballspielen leben will, muss er jetzt einen aussichtsreichen Drittligisten finden, mit dem vielleicht der Aufstieg in die Zweite Bundesliga möglich wäre. Direkt einen Job in der ersten oder zweiten Liga zu bekommen, ist nahezu ausgeschlossen, jedenfalls in Deutschland. Und er müsste darauf vertrauen, dass sein angeschlagener Körper die jahrelangen Belastungen aushält, zumindest so lange, bis er genug verdient hat.

Vielleicht würde er dann mit etwas Glück in der zweiten Liga spielen. Dann lebt er zwar in demselben engen Korsett wie die Superstars in den Topvereinen – Training, Spiel, Regeneration, Training, Spiel –, verdient aber viel weniger Geld und erhält viel weniger Aufmerksamkeit. Wie prickelnd findet Alex die Vorstellung, sich vor 15 000 Menschen in Braunschweig über den Haufen treten zu lassen, um eine Woche später in Heidenheim ums Überleben in der Liga zu kämpfen; wie erstrebenswert ist es, Geburtstage, Hochzeiten und Beerdigungen abzusagen, weil er im Mannschaftsbus Richtung Darmstadt oder Regensburg sitzt? Und was hat er am Ende von vielleicht zehn Jahren Profifußball wirklich zur Seite gelegt, wenn er seinen Lebensstil nicht allzu sehr runterfährt? Vielleicht eine Million? Wie lange reicht die, wenn er von einem Tag auf den anderen gar nichts mehr verdient und seine Karriere als Fußballer unweigerlich vorbei ist?

Alex hat kein Problem damit, seine Gesundheit zu opfern, sich der Gefahr auszusetzen, mit Mitte 40 neue Hüftgelenke zu bekommen – wenn das Schmerzensgeld denn angemessen hoch ausfällt. Und genau das ist der Punkt bei seinen Überlegungen. Wenn er ehrlich ist, ist klar: Er wird dieses Ziel nur schwer erreichen. Und noch eine andere Komponente spielt in seine Weichenstellung für die Zukunft hinein. Jetzt ist er 19 Jahre alt. Wie wird es ihm gehen, wenn er mit 33 seine Fußballschuhe an den Nagel hängt? Ein Jahrzehnt lang fünfstelliges Monatsgehalt, Haus mit Garten, zwei schicke Autos, Urlaube, Pool im Garten, ein über die Jahre aufgebauter gesellschaftlicher Status. Nur um dann in einem Alter, in dem andere richtig durchstarten in ihrem Job, noch einmal von vorne zu beginnen?

Mit jeder beendeten Saison stehen viele Fußballer vor genau diesem Neubeginn. Vielleicht haben sie ihr Abitur gemacht oder gar die Zeit gefunden, ein Fernstudium oder eine Ausbildung zu beginnen oder abzuschließen. Vielleicht waren sie so umsichtig und haben ihre Prominenz und Kontakte genutzt, um als Fußballer a. D. eine Versicherungsagentur zu übernehmen, als Berater zu starten oder als Sportlehrer anzuheuern. Vielleicht haben sie aber auch kein Abitur und sich nicht wirklich um das Leben nach dem Sport gekümmert. Dann müssen sie erst mal damit klarkommen, Bewerbungen aufzusetzen, statt für Torvorlagen oder Grätschen bejubelt zu werden. Dann müssen sie kleinere Brötchen backen, kleinere Autos fahren, kleinere Urlaube buchen. Nicht zu vergessen: Verletzungen sind in diesem Beruf an der Tagesordnung. Eine Karriere, in die sehr viel Zeit, Aufwand und Leidenschaft geflossen ist, kann mit einer falschen Knieumdrehung urplötzlich enden. Will Alex wirklich einer dieser Männer sein?

Von den Jungs, mit denen er und Marius Monate und Jahre verbracht haben, werden es nur wenige zu einem Verein in der ersten oder zweiten Liga schaffen. Nur ein oder zwei von ihnen haben derzeit überhaupt noch eine realistische Chance, mit ihrem Talent so viel Geld zu verdienen, dass sie nach dem Karriereende ein oberes Mittelschichtsleben führen können, ohne weiterhin zu arbeiten. Die meisten der früheren Wegbegleiter unserer Protagonisten kicken heute in der vierten oder fünften Liga. Von der Gelben Wand sind sie so weit entfernt wie Jamal Musiala von der Regionalliga. Sie haben trotzdem ihr komplettes Leben nach dem Sport ausgerichtet. Sie müssen jeden Tag trainieren, müssen auf jedes Kilogramm achten, können nicht mal eben für eine Woche mit den Jungs nach Mallorca und dort die Sau rauslassen. Und wenn am Wochenende der beste Freund umzieht und noch Helfer braucht, werden sie erst gar nicht gefragt, weil die Antwort ja eh Delmenhorst, Jena oder Lippstadt lautet. Sie fahren keine Porsches, geben keine Interviews bei *11Freunde* und machen nicht vor 60 000 die Humba. Sie sind einfach nur Berufsfußballer. Local heroes. Besserverdiener. Teenieschwärme aus der Kleinstadt, die sich von den Opas an der Bierbude anhören müssen, wie sie am nächsten Sonntag gegen Wattenscheid verteidigen sollten. Das ist bestimmt auch ein aufregendes Leben. Aber man muss es wollen. Und man muss es noch fühlen, wenn man mit 19 Jahren schon Deutscher Meister und Nationalspieler war und sich bei Aki Watzke bemerkbar gemacht hat. Abstriche machen. Fragt sich nur, wie viele.

Alex sitzt im Auto, als ihm all das durch den Kopf geht. Laut seinem Berater ist die U23 von Schalke an ihm interessiert, aber der Kader ist längst voll. Und dann gibt es da noch irgendeinen Fünftligisten aus der Nähe von Dresden. Verlockende Optionen sehen anders aus.

Alex, sagt er sich. Du bist zum Glück nicht auf den Kopf gefallen. Hast mit wenig Aufwand ein Abi mit 1,7 gemacht. Du hast alle Möglichkeiten, einen spannenden und gut bezahlten anderen Job zu erlernen. Du brauchst den Fußball nicht.

Klar, selbst auf ein paar Einsätze in der dritten Liga wäre er für immer stolz gewesen. Und er weiß auch, dass ihm der Reiz der täglichen Herausforderung fehlen wird, der gesunde Konkurrenzkampf, das Miteinander, die harte Arbeit im Training und die Belohnung am Wochenende. Er ist sein Leben lang nichts anderes gewesen als ein Fußballer. Wie viele Stunden er wohl schon bei zwei Grad plus und Schneeregen über eine Rasenfläche gesprintet ist? Wie viele Wochen musste er aussetzen, weil eine Sehne überdehnt oder ein Gelenk verdreht war? Er hat mit dem Fußball in wenigen Jahren Erfahrungen sammeln können, die andere in ihrem ganzen Leben nicht machen. Vor allem kennt er das erhabene Gefühl, in einer Sache der Beste zu sein. Der Beste aus der Straße, der Lokalmannschaft, der Kreisauswahl, der Nationalmannschaft. All das aufzugeben, ist nicht leicht.

Oder doch? Sein Wagen rollt über die Straßen des Ruhrgebiets. Die A1 wird zur A3, die B8 zur B275. Das Ziel heißt Niederense, heißt Mama und Papa Schulte. Seine Familie weiß Bescheid, als er zu Hause ankommt. Was sie nicht wissen können: dass sich Alex bereits entschieden hat. Nein, er will seine Gesundheit nicht für einen Resttraum aufs Spiel setzen. Seine Kniegelenke nicht gegen 150 Spiele in der Oberliga eintauschen. Sich nicht dem Stress und der Taktung eines Fußballerlebens aussetzen. Er will leben. Er will glücklich sein. Er will mit einem guten Gefühl das Kapitel Dortmund beenden und ein neues beginnen. Ohne Fußball. Aber mit ganz viel Alex und allen Möglichkeiten. Er ist 19 Jahre alt, hat eine Familie, die ihn unterstützt, einen Freund fürs Leben, Erfahrungen für die

Ewigkeit. Er kann jetzt einfach sagen: Das war's mit dem Fußball. Ich hör auf. Ich werde etwas anderes machen.

Und genau das tut er. Und es fühlt sich gut und richtig an. Nicht nur das: Wenige Tage später fährt er ein letztes Mal auf das Vereinsgelände von Borussia Dortmund, packt seine Sachen, verabschiedet sich von seinen Mitspielern und Trainern und klärt die letzten Formalitäten. Als er auf dem Parkplatz steht und begreift, dass er soeben endgültig seinen Traum begraben hat, fühlt er sich frei. Als habe er endlich seine Bleiweste ablegen dürfen, genau dort, in der Geschäftsstelle des BVB 09. Er setzt sich ins Auto, blickt zurück und denkt nach vorne. Alexander Schulte hat seine Karriere beendet.

Wenig später sitzt er in einem Flugzeug nach Australien. Seine Freundin hatte den Trip geplant, kurz entschlossen begleitet er sie auf der großen Reise. Australien ist ein Spektakel, in jeder Hinsicht. Und Alex genießt es, für die nächsten Monate einfach mal keinen Plan zu haben. Australien ist ein großes Land, die Distanzen sind gewaltig. Auf den langen Autofahrten hat Alex viel Zeit zum Nachdenken. Und dafür, Fragen zu beantworten. Fragen wie: Was mach ich jetzt? Was interessiert mich? Für was brenne ich? Und: Wie schaffe ich es, noch einmal so viel Leidenschaft und Disziplin aufzubringen wie für den Fußball? Als er wieder in Deutschland ist, spricht er viel mit seinen Eltern. Was ist wichtig für ihn? Welche Träume hat er? Wer möchte er sein?

Alex erkennt nach und nach, dass es nach dem Fußball nur noch eine Sache gibt, für die er so viel Herzblut investieren würde: seine Familie und seine Freunde. Er möchte ab sofort da sein für sie. Möchte eine Ausbildung oder einen Job, der ihm die Freiheiten gibt, immer da zu sein, wenn ihn seine Leute brauchen. Genau das empfindet er als Lebensqualität. Er möchte seine eigenen Entscheidungen treffen, sein eigener

Chef sein. Sich nicht nach vorgeschriebenen Arbeitszeiten richten, sondern seinen Alltag selbst gestalten. Welcher Job passt zu diesen Wünschen?

Unter Architekten gibt es eine der höchsten Selbstständigkeitsquoten. Nach Informationsgesprächen mit Insidern schreibt sich Alex im Herbst 2019 in Aachen für ein Studium ein. Das erste Semester ist großartig. Gemeinsam basteln die angehenden Architekten im sogenannten Baumhaus an ihren Modellen. Auch das zweite Semester macht ihm Spaß. Im dritten Semester fängt Alex allerdings an, daran zu zweifeln, dass Architektur das Gebiet ist, auf dem er in den nächsten Jahren und Jahrzehnten wirklich arbeiten möchte. Dann kommt die Pandemie. Und alles ist anders.

IRGENDWIE EIN TOTAL SCHÖNER TAG

Lübeck wäre eine Option. Der VfB will von der Regionalliga in die dritte Liga aufsteigen und scheint Interesse zu haben. Nicht erste Liga, nicht zweite Liga, nicht mal dritte Liga, aber immerhin eine Option. Doch dann verläuft der Kontakt zu Sportdirektor Stefan Schnoor im Sande. Aus den Niederlanden gibt es lose Anfragen, angeblich auch aus Essen. Aber will Marius das wirklich? Hat er überhaupt noch die Energie, um weiterzumachen? Er stellt sich die gleichen Fragen wie Alex. Und lässt sich dann doch überreden, die Vorbereitung in der U21 vom SC Paderborn mitzumachen. Er hat aber eine Bedingung gestellt: dass ihm seine Trainer die Chance geben, sich auch im Zentrum zu beweisen.

Doch als das Training losgeht, spielt er viel häufiger, als ihm lieb ist, wieder auf der rechten Verteidigerposition. Das war so nicht abgemacht. Und als der Körper wieder zickt, als Marius der alte ungute Erwartungsdruck befällt, zieht er nach nur fünf Wochen die Reißleine. Hier wird er nicht glücklich. So wird er nicht glücklich. Der Fußball war mal die Freude seines Lebens. Jetzt ist er nur noch eine Last, von der Marius gar nicht weiß, warum er sie eigentlich noch mit sich herumträgt. Ihm wird klar, dass er sich vom Fußball trennen muss. Ein für alle Mal.

Ich möchte aufhören, mein Geld mit Fußball zu verdienen, sagt er zu seinen Eltern.

Wenn du das möchtest, antworten Leyla und Theo, dann tu das.

Zu seiner Vertragsauflösung in der Geschäftsstelle erscheint Marius in einer karierten Chinohose und einem weißen Shirt. Vielleicht weiß er das heute noch so genau, weil er sich schon lange nicht mehr so frei und gut gefühlt hat wie in diesem Moment, als er seinen großen Traum begräbt.

Heute sagt er: Das war pure Erleichterung. Irgendwie ein total schöner Tag im Nachhinein. Und eine meiner wichtigsten und besten Entscheidungen.

Vorerst zieht er zu seinen Eltern nach Paderborn. Natürlich ist seine Entscheidung, dem großen Fußball den Rücken zu kehren, nicht unbemerkt geblieben. Viele seiner Mitspieler von früher sind immer noch beim SV Heide. Und möglicherweise, denken die sich, reicht es bei Marius ja noch für den kleinen Fußball. Am Ende lässt er sich überreden und hilft mit, dass seine neue alte Mannschaft in die Landesliga aufsteigt. Auf einmal, stellt er mit Erstaunen fest, wird im Training wieder gelacht und gescherzt. Macht es Spaß, aus Spaß am Spiel zu kicken statt unter Erfolgs- und Leistungsdruck. Jeden Freitag trifft sich die Mannschaft im Hemingway's und macht einen drauf. Marius genießt das alles in vollen Zügen. Kumpel Niklas kann sich noch gut daran erinnern, wie er auf einmal wieder mit seinem alten Buddy auf dem Rasen stand, als wäre er nie weg gewesen. Als wäre er nie bei Borussia Dortmund gewesen, nie in der Nationalmannschaft, nie mit der Black Mamba im Puma-Store. Für ihn ist der Beinaheprofi kein Gescheiterter, kein Verlierer. Sondern einer, der für sein junges Alter schon reif wirkt, vor allem aber einer, der mit sich im Reinen zu sein scheint.

Im Frühjahr 2020 kommt das Coronavirus auch nach Paderborn. Am 12. März feiert Papa Theo seinen Geburtstag. Es wird die letzte Party mit mehr als zehn Menschen für eine lange Zeit sein.

PADERBORNER

Als die Pandemie beginnt, ist Alex 21 Jahre alt. Seit er in Aachen ist, kommuniziert er wieder ständig mit Marius. Sein Freund spürt früh, dass die Entscheidung für Aachen und die Architektur vielleicht doch nicht die richtige für Alex war. Soll er wirklich in den kommenden Jahren mühevoll auf seinen Abschluss hinarbeiten, um dann entweder Architekt zu werden oder als Stadtplaner zu arbeiten? Zu Beginn klang das toll, doch der Reiz ist längst verflogen. Immer mehr wird Alex bewusst, dass er einfach nicht glücklich ist in Aachen. Mehr als einmal hat ihn sein Kumpel nach Paderborn locken wollen, vor allem aber hat er immer ein offenes Ohr für die Sorgen seines Freundes. Und die sind reichlich im Frühjahr 2020, jener merkwürdigen Zeit, in der das Leben, so wie wir es kannten, innerhalb von Tagen auf den Kopf gestellt wird.

Einen Tag nach ihrem Geburtstagsbesuch in Aachen meldet sich seine Mama bei ihm und sagt: So unglücklich wollen wir dich nie wieder an deinem Geburtstag sehen.

Und tatsächlich geht es ihm nicht gut. Er hat schon überlegt, sich professionelle Hilfe zu holen. Ende Januar zieht er selbst die Reißleine, erklärt seiner Freundin, dass er nicht mehr in Aachen leben und studieren kann, und zieht nach Paderborn.

Heute ist er Marius sehr dankbar für seine Freundschaftsdienste. Wer weiß, wo er ohne ihn wäre. In Paderborn nimmt Marius Alex mit zum SV Heide, ins Hemingway's, überall dorthin, wo es schön ist.

Alex will kein Architekt mehr werden. Nach einem Bootcamp für angehende Webdesigner schreibt er sich in Paderborn als Wirtschaftsinformatiker ein. Webseiten bauen, Onlinehandel einrichten – kann er bald alles. Er braucht nur seinen Laptop und funktionierendes Internet, um von überall auf der Welt zu arbeiten. Er will seinen Bachelor beenden und dann vielleicht einen Master dranhängen. Vielleicht steigt er in die Firma seiner Eltern ein, die seit vielen Jahren einen Onlinehandel für Kita- und Schulbedarf betreiben. Auch denkbar, dass er irgendwann etwas ganz anderes macht. Das Studium ist tough, aber die Möglichkeiten sind vielfältig.

Noch entscheidender ist für Alex, dass ihm der Job genau die Freiheit lässt, die er sich wünscht. Als vor einiger Zeit seine Schwester erkrankte, konnte er einfach so mit ihr nach Valencia fliegen. Und darauf ist er mindestens so stolz wie auf seine Einsätze in den U-Nationalmannschaften.

Marius, über den Alex sagt, dass es vollkommen klar ist, dass der noch in 50 Jahren in Paderborn wohnt, hat sich entschieden, in die Fußstapfen seines Vaters und seines Großvaters zu treten. Sein Opa hat die Steuerkanzlei in der Friedrichstraße gegründet, sein Vater führt das Büro seit vielen Jahren. Marius studiert seit Frühjahr 2021 den dualen, ausbildungsorientierten Bachelorstudiengang BWL und Steuer. Das Steuerberater-Examen bestehen zwar nur 50 Prozent, aber Marius hatte in seinem Leben als Fußballer schon mit mieseren Chancen zu tun, er macht sich keine Sorgen. Anschließend wird er in die Firma seiner Eltern einsteigen. Und irgendwann, so der

Plan der von Cysewskis, wird der Senior den Staffelstab an den Junior übergeben. Ihm gefällt der Job, ihm gefällt die Herausforderung.

Seit Sommer 2021 wohnen Marius und Alex zusammen. Es ist eine große und schöne Wohnung. Die beiden Jahrtausendfußballer sind zu normalen Studenten geworden, die gerne feiern, neuen Zielen hinterherjagen und mit ihrer Zeit als Fußballer weitestgehend abgeschlossen haben.

Was auch mit der Arbeit an diesem Buch zu tun hat. Wie oft saßen sie früher zusammen mit ihren Kollegen beim BVB und sagten sich: Wäre doch super, wenn einer mal aufschreiben würde, was eigentlich bei uns abgeht. Was gut und was schlecht läuft. Wie so eine Ausbildung zum Profifußballer in Deutschland wirklich aussieht.

Beide sind froh, dass sie den Absprung geschafft haben. Einfach sei es nicht, der eigenen Fußballer-Bubble zu entfliehen, aber wenn man es erst einmal geschafft hat, fühlt es sich gut an. Neulich war Marius mit ein paar früheren Kollegen aus der letzten U19-Saison essen. Wenn er sieht, wie die jede Woche ums Überleben kämpfen, ist er froh, ausgestiegen zu sein.

Alex hingegen hat sich neulich mit einem erfahrenen Unternehmer über Ziele und Pläne unterhalten. Das Allerwichtigste für Alex: Er möchte sich nie vorwerfen lassen, für Leute, die ihm wichtig sind, nicht da gewesen zu sein. Einmal Teamplayer, immer Teamplayer.

Apropos: Gemeinsam haben sie bis zum Sommer 2022 beim SV Heide gespielt und standen dabei endlich die ersten Pflichtspielminuten gemeinsam auf dem Rasen. Nach der Saison haben beide die Fußballschuhe an den Nagel gehängt. Reicht jetzt mal mit Fußball. Die Jahrtausendfußballer haben sich von der großen, schicken Fußballwelt verabschiedet. Beide sind sie fein damit. Vorerst.

Marius von Cysewski und Alexander Schulte zogen einst los, um die aufregende Fußballwelt im Sturm zu erobern. Das hat nicht geklappt. Dafür sind sie heute zwei junge Menschen, die die Erfahrung gemacht haben, einem ganz großen Traum hinterherzujagen und trotzdem mit beiden Beinen im Leben zu stehen.

Zum Profifußball hat es nicht gereicht. Als Menschen haben sich die beiden jungen Männer weiterentwickelt. In ihrer neuen Berufswelt profitieren sie von ihren Extremerfahrungen. Im Privaten fast noch mehr.

Es ist tatsächlich so, wie es Albert Camus gesagt hat: Alles, was sie im Leben über Moral oder Verpflichtungen des Menschen gelernt haben, verdanken sie dem Fußball.

Und die Zukunft hat ja gerade erst begonnen.

DANKSAGUNG

… von Alex Raack

Alex Raack bedankt sich bei Alex und Marius, die genauso ehrgeizig, leidenschaftlich und zielführend an ihrem Buch mitgearbeitet haben, wie es sich für zwei Jahrtausendfußballer gehört. Ganz starker Auftritt, Jungs!

Danke an Marten Brandt, ohne den es dieses Buch nicht gegeben hätte und der mal wieder bewiesen hat, warum er zur Champions League im Verlagswesen gehört.

Apropos Königsklasse: Besonderen Dank an Milena, ohne die es auf der Zielgeraden ganz schön eng geworden wäre und mit der ansonsten alles einfach nur schön ist.

… von Alex Schulte

Zuallererst bedanke ich mich bei meiner Familie. Ohne euere bedingungslose Unterstützung wäre all das nicht möglich gewesen und ich wäre nicht der, der ich heute bin.

Danke an Marius, der einmal mehr beweist, dass aus einem schwierigen Start eine wahre Freundschaft fürs Leben entstehen kann.

Danke auch an Jules. Neben all der Professionalität und Konkurrenz haben wir beide nie den Spaß und unsere Freundschaft aus den Augen verloren.

Danke an Familie Kleinsteiber, Andi, Lukas und all die Jungs aus dem Internat. Ihr habt mir über die gesamte Zeit ein wahres

Zuhause geschaffen, an das ich mich immer wieder gern zurückerinnere.

Danke an Alex Raack, der dieses Projekt mit Leidenschaft in Worte gefasst hat und den ich nach unzähligen Gesprächsstunden einen Freund nennen darf.

Und zu guter Letzt bedanke ich mich bei Marten Brandt und Edel Sports. Ihr habt von der ersten Sekunde an uns und das Projekt geglaubt und uns in allen Belangen unterstützt.

… von Marius von Cysewski

Ich bedanke mich bei meinen Eltern für die endlose Unterstützung in jeder Spielminute meines Lebens. Danke auch an meine Geschwister Kathi und Luki, mit denen ich zusammen eine super Dreierkette bilde.

Zu einer fantastischen Dreierkette haben mir auch Alex Schulte und Alex Raack verholfen. Ganz herzlichen Dank an Alex Schulte für unsere Freundschaft, die dieses Buch ermöglicht hat. Alex Raack danke ich für die freundschaftliche Zusammenarbeit auf Augenhöhe an diesem Buch. Es war grandios!

Und natürlich danke an Edel Sports und vor allem Marten Brandt, der sofort Feuer und Flamme für unsere Idee und das Buch war.

Wir haben uns bemüht, alle Rechte bezüglich der verwendeten Fotos zu klären. In einigen Fällen ist es uns trotz intensiver Recherche nicht gelungen, die Rechteinhaber zu kontaktieren. Bei etwaigen Rechtsansprüchen wenden Sie sich bitte an uns.

Edel Sports
Ein Verlag der Edel Verlagsgruppe

Neumühlen 17, 22763 Hamburg
www.edelsports.com

Projektkoordination: Dr. Marten Brandt
Lektorat: Ingo Joel Meyer, Dr. Marten Brandt
Layout und Satz: Datagrafix GSP GmbH, Berlin | www.datagrafix.com
Umschlaggestaltung: Felix Schlüter, Typeholics
Gestaltung Bildstrecke: Groothuis. Gesellschaft der Ideen und Passionen mbH | www.groothuis.de
Lithografie: Frische Grafik, Hamburg
Druck und Bindung: GGP Media GmbH, Pößneck

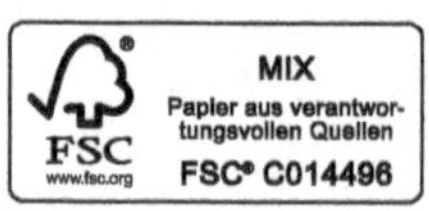

Printed in Germany
ISBN 978-3-98588-009-6